VOYAGES DANS TOUS LES MONDES

NOUVELLE BIBLIOTHÈQUE HISTORIQUE ET LITTÉRAIRE

Publiée sous la direction de M. Eugène MULLER, conservat. à la Bibliothèque de l'Arsenal.

DEUX VOYAGES EN ASIE AU XIIIᵉ SIÈCLE

PAR

GUILL. DE RUBRUQUIS

ENVOYÉ DE SAINT LOUIS

ET

MARCO POLO

MARCHAND VÉNITIEN

PARIS
LIBRAIRIE CH. DELAGRAVE
15, RUE SOUFFLOT, 15
—
1888

AVANT-PROPOS

Quelque vingt ans avant d'avoir découvert le Nouveau Monde, et alors que déjà l'idée de cette expédition obsédait sans cesse son esprit, Christophe Colomb recevait d'un savant physicien florentin nommé maître Paul des lettres où se trouvaient les passages suivants :

J'apprends le noble désir que tu as de passer dans les régions où croissent les épices (les Indes). C'est pourquoi, en réponse à la lettre où tu me demandes mon avis sur ton projet, je t'envoie la copie de ce que j'écrivais dernièrement à mon ami Fernand Martinez, chanoine de Lisbonne.

Je suis heureux de savoir que tu as un grand crédit auprès de ton illustre roi. Tu m'annonces que, malgré nos fréquents entretiens au sujet de la route qui doit exister entre l'Europe et les Indes, et que je crois beaucoup plus courte que celle que suivent ordinairement les Portugais en côtoyant la Guinée, tu m'annonces, dis-je, que Sa Majesté désirerait encore quelques éclaircissements sur cette nouvelle route, afin que ses vaisseaux pussent la tenter. Quoique je ne doute pas que l'étude de la sphère ne vienne à l'appui de mon opinion sur la conformation du globe, je t'envoie, pour rendre mes explications plus faciles à saisir, une carte où j'ai tracé toutes les îles qui, selon moi, se trouvent le long de la route qui de *l'Occident doit mener aux Indes et représente l'extrémité orientale du continent asiatique, avec les îles et les ports où l'on doit mouiller...*

... Ne t'étonne point que je désigne sous ce nom d'*Occident* les contrées où croissent les aromates, et que l'on appelle vulgairement aujourd'hui Orient, puisque, la terre étant sphérique, en faisant voile vers le couchant, on doit finir par trouver ces régions que trop de gens prétendent ne pas s'étendre au delà du Levant...

Ce pays, considérablement peuplé, est divisé en beaucoup de provinces et même de royaumes, contenant d'innombrables villes, qui sont sous la domination d'un prince appelé le Grand Khan, qui fait le plus souvent sa résidence en la province du Cathay. Les prédécesseurs de ce prince furent très désireux d'entrer en relation avec les princes chrétiens. Il y a environ deux siècles, l'un d'eux envoya des messagers au souverain pontife, pour l'engager à lui donner des savants, des docteurs, qui l'instruisissent, lui et ses peuples, dans notre foi ; mais les envoyés trouvèrent sur leur route de tels obstacles qu'ils durent s'en retourner sans avoir accompli leur mission. (Voy. *Marco Polo,* liv. Ier, chap. IV.)

De notre temps, le pape Eugène IV (qui régna

de 1431 à 1447) reçut de la part de ce souverain un ambassadeur qui lui rappela l'estime que sa nation professait pour les chrétiens. Me trouvant alors à Rome, je m'entretins avec lui de son pays et notamment de la beauté des villes, des monuments, des rivières qui s'y trouvent. Il me rapporta toutes sortes de choses merveilleuses sur la multitude des cités, des bourgs bâtis le long des cours d'eau ; il m'en cita surtout un qui baigne plus de deux cents villes, où l'on voit des ponts de marbre très larges, ornés de milliers de colonnes...

Cette contrée mérite donc qu'on en cherche le plus court et le plus facile chemin ; car il peut nous en venir de grandes richesses en or, argent, pierres précieuses, qui n'ont pas encore été apportées chez nous... Cette vaste contrée est, paraît-il, gouvernée de fait par des philosophes, des savants, qui excellent dans les arts, les lettres, et qui ont aussi le commandement des armées.

Tu verras qu'à partir de Lisbonne, en allant par mer vers l'occident, j'ai tracé les degrés à franchir pour atteindre la célèbre cité de Quittai, qui mesure environ trente-cinq lieues de tour. Son nom signifie la Ville céleste. On raconte des merveilles des hommes de génie auxquels elle a donné le jour, de ses richesses, de ses édifices...

J'ai marqué aussi l'île de Zipangu, qui doit être rencontrée d'abord, et où se trouvent en quantités considérables de l'or, des perles et pierres précieuses. C'est avec des plaques d'or fin qu'on y couvre les temples et les demeures des souverains... La route pour atteindre cette île est inconnue, mais je suis certain qu'on peut s'y rendre avec toute sûreté...

Or, si le savant florentin envoyait au « futur amiral des mers océanes » ces lettres, qui — à ce qu'affirme Fernand Colomb, dans l'histoire qu'il a écrite des découvertes de son père — furent d'une grande et décisive autorité sur ses déterminations, nous avons la preuve que ce n'était pas seulement à ses entretiens avec l'ambassadeur du souverain asiatique qu'il devait la connaissance des choses énumérées par lui pour surexciter l'esprit d'entreprise du hardi navigateur.

Cette preuve nous l'avons en cela que, depuis plus d'un siècle et demi, d'assez nombreuses reproductions avaient été faites, en diverses langues, de la relation que le Vénitien Marco Polo avait publiée de ses voyages et de son long séjour en ces lointaines contrées. Les principaux détails que contiennent les lettres du savant se retrouvent, en effet, mentionnés dans cette relation.

Les frères Nicolo et Matteo Polo, marchands vénitiens, après un premier voyage en Orient, avaient momentanément reparu à Venise, d'où ils étaient repartis, l'un d'eux emmenant son fils Marco, alors âgé de quinze ans[1]. Ils n'étaient revenus qu'après avoir passé vingt-six ans au milieu des populations asiatiques. « Ils eurent, dit M. Pauthier, beaucoup de peine à se faire reconnaître par les parents et amis qu'ils avaient laissés dans leur patrie. Ils ressemblaient à des Tartares par leur costume, leur figure même et leur langage, qui était à peine intelligible ; car ils avaient presque oublié leur langue maternelle; ils ne la parlaient qu'avec un accent étranger, et sans doute aussi avec un singulier mélange de mots en usage aux pays d'où ils revenaient. » Ils ne tardèrent pas cependant à reprendre les habitudes européennes et à se voir d'autant mieux recherchés par la société distinguée de Venise qu'ils faisaient volontiers montre des objets précieux qu'ils avaient rapportés de leur voyage; et comme, en outre, quand ils parlaient des richesses des Tartares, ils ne comptaient jamais que par millions, leur logis avait reçu le nom de *maison des millionnaires,* et le plus jeune n'était jamais appelé autrement que *Marco Millioni.* »

Il va de soi qu'en vertu même de l'opu-

---

[1]. Marco Polo, né à Venise en 1251, y mourut en 1324.

lence résultant de leur voyage, les voyageurs auraient dû trouver quelque créance pour les récits qu'ils faisaient sur les pays visités par eux. Mais il y avait dans ces récits tant de prodigieuses assertions ; la généralité des faits qui en formaient le fond s'éloignait tellement des réalités européennes, qu'on soupçonnait les trois millionnaires de traduire non de fidèles souvenirs, mais les suggestions d'une très féconde et très fantaisiste imagination.

« A beau mentir qui vient de loin, » disait déjà le proverbe, qui leur était communément appliqué. Et c'était avec des sourires d'incrédulité que leurs compatriotes les écoutaient affirmer à qui mieux mieux les merveilles du lointain empire. « Bah! paroles en l'air ; autant en emportera le vent ! »

Et autant, en effet, en eût emporté le vent si un jour Marco, alors prisonnier de guerre des Génois, ne se fût avisé de dicter à un nommé Rusticien, de Pise, son compagnon de captivité, — qui d'ailleurs les transcrivit en français du temps, — la relation circonstanciée de son voyage et le tableau des choses vues et observées par lui.[1]

---

[1]. Cette relation, que le Vénitien avait tout simple-

Et ainsi fut fait le livre que nous reproduisons aujourd'hui, et qui longtemps encore ne fut considéré, aussi bien que les récits verbaux des trois voyageurs, que comme une très romanesque et très amusante fiction, bonne tout au plus à fournir des thèmes et des situations invraisemblables aux poètes et aux conteurs, qui d'ailleurs ne se gênèrent pas pour y puiser des types de héros et des descriptions imaginaires. (L'Arioste notamment parle souvent de la reine du Cathay.)

Peu à peu, toutefois l'attention et la curiosité que le livre de Marco Polo avaient dirigées sur l'extrême Asie eurent à compter avec une suite de témoignages bien propres à changer du tout au tout le caractère attribué jusqu'alors aux assertions extraordinaires du Vénitien. Tantôt c'étaient des voyageurs qui avaient contrôlé sur divers points ses itinéraires; tantôt des cosmographes qui reconnaissaient, démontraient la certitude de ses données topo-

---

ment intitulée : *le Livre de Marco Polo*, changea plusieurs fois de titre dans les reproductions et traductions qui en furent faites à diverses époques et en divers pays, par exemple : *le Devisement du monde*, *le Livre des Merveilles d'Asie*, *le Livre de Marco Polo et des Merveilles du monde*, *le Livre des mœurs et coutumes des pays d'Orient*, etc.

graphiques; puis, la facilité, la fréquence des relations devenant plus grande, des envoyés des diverses cours d'Asie arrivant en Europe confirmaient à qui mieux mieux les dires du narrateur.

Tel celui avec lequel s'était entretenu le correspondant de Christophe Colomb. Nourri de la lecture du livre de Marco Polo, le savant florentin devait naturellement en faire une sorte de questionnaire à l'adresse de l'étranger, qui ne trouvait rien à démentir dans ces récits qu'on avait si longtemps regardés comme absolument fabuleux.

A ce moment, la preuve semblait donc déjà faite pour l'ensemble de l'œuvre, qui, cessant d'être une production de fantaisie, devenait le plus respectable, le plus magistral des documents historiques, et devait exercer d'ailleurs une influence considérable sur le mouvement cosmographique d'un siècle où, comme le dit un poète historien, « l'homme, prisonnier terrestre, allait enfin savoir faire le tour de sa prison ».

Une conséquence, indirecte en réalité, de cette influence ne fut rien moins que la découverte du Nouveau Monde. Ainsi que nous l'avons remarqué, les arguments que le savant florentin fit valoir, de par Marco Polo, auprès de Christophe Colomb, achevèrent de fixer les projets de l'illustre Génois, qui, en partant de Palos avec ses trois caravelles, ne doutait nullement qu'il dût atterrir aux pays visités et décrits par Marco Polo : savoir le Cathay (la Chine) ou l'île de Zipangu (le Japon). Quelques jours après avoir découvert les premières Antilles : *Les indigènes, écrivait-il sur son journal, m'ont fait comprendre que l'or suspendu à leurs narines se trouve à l'intérieur de leur île; mais je ne le fais pas rechercher pour ne pas perdre mon temps, voulant aller voir si je puis aborder à l'île de Zipangu.*

Et ailleurs : *Lorsque j'arrivai à l'île que j'avais nommée de la Juana, j'en suivis la côte, vers le couchant; je la trouvai si grande que je pus croire que c'était la terre ferme, ou province du Cathay.*

L'erreur, si grande qu'elle fût, était explicable en l'état des connaissances possibles à cette époque; mais, en somme, quel résultat!

Toujours est-il que plus les temps ont passé, rendant moins rares les communications entre les points extrêmes de la terre, et plus s'est confirmée la véracité, partant la haute valeur du livre de Marco Polo.

« Il ne faut pas s'étonner si la relation de Marco Polo a tant occupé les savants, écrivait en 1826 Walckenaer dans son *Histoire générale des voyages*. Lorsque, dans la longue série des siècles, on cherche les trois hommes qui par la grandeur et l'influence de leurs découvertes ont le plus contribué au progrès de la géographie ou de la connaissance du globe, le modeste nom du voyageur vénitien vient se placer sur la même ligne que ceux d'Alexandre le Grand et de Christophe Colomb. »

Et nul aujourd'hui n'est tenté de contredire cette flatteuse appréciation.

Quelques mérites qu'ait un homme, encore lui faut-il l'aide de certaines circonstances pour qu'on les lui reconnaisse. Marco Polo fut, en ce sens, servi à souhait.

Au commencement de ce treizième siècle où il vivait, les destinées de l'extrême Orient avaient été soumises à une profonde perturbation, par l'avènement du fameux Djengis-Khan, qui, devenu, encore enfant, chef d'une bande mongole, avait successivement envahi et asservi tous les grands royaumes de l'Asie centrale. Mais le terrible conquérant, même au milieu de ses victoires sur les peuples les plus avancés en civilisation, était resté le Tartare vivant de la vie en quelque sorte sauvage de ses pères. Cette vie, ses premiers descendants la continuèrent, bien que par la conquête ils fussent en contact avec l'état social dont le merveilleux tableau devait faire paraître imaginaires les relations de Marco Polo.

A quelques années près, c'est-à-dire à la distance d'un règne assez court, tout autres eussent été pour Marco Polo et l'accueil du monarque et l'aspect de la région et de la cour où il eût été reçu. La preuve nous en est fournie par le très curieux récit qui, dans le présent volume, précède celui du Vénitien.

Vers le milieu du treizième siècle, le roi Louis IX, alors engagé dans sa première croisade, avait ouï dire que le grand khan des Tartares mongols, petit-fils de Djengis, avait témoigné d'assez formelles sympathies à un prince chrétien d'Arménie. Il lui sembla de bonne politique de chercher, par delà les limites de l'islam qu'il combattait, de puissantes alliances morales, dont l'influence pût, au cas échéant, fournir un appui efficace aux revendications des peuples chrétiens. De Chypre, où il était alors, il députa donc une ambassade caractérisant bien les idées qu'elle devait tâcher de faire prévaloir auprès du souverain mongol. Trois pauvres moines partirent chargés de démontrer au prince asiatique tous les avantages moraux et matériels qui pourraient résulter pour lui et pour ses peuples d'embrasser la foi chrétienne, ou tout au moins d'accueillir et protéger les hommes qui viendraient la prêcher dans son empire.

Comment ces moines furent reçus par le petit-fils de Djengis-Khan et quel fut le résultat de leur mission, on le verra dans la relation même du voyage que l'un deux, Guillaume de Rubruquis, d'origine flamande, rédigea en latin, sous forme de lettre au saint roi.

Or ce voyage eut lieu dans les années 1252-1254. Alors sur le vaste domaine de Djengis régnait Mangou-Khan, qui, en vrai Tartare, avait gardé les goûts et les mœurs de son aïeul. Les envoyés de saint Louis durent l'aller chercher dans ses campements des montagnes et le visiter sous la tente du nomade.

Six ou sept ans plus tard, à Mangou-Khan succédait son frère Koubilaï, qui, s'étant définitivement rendu maître des dernières provinces du grand empire civilisé, s'y établit en s'assimilant, avec une véritable supériorité d'instinct, toutes les traditions de grandeur et de magnificence de la dynastie détrônée. C'est à la cour de Koubilaï et sur divers points de ses opulents domaines que vécut pendant plus de vingt ans Marco Polo.

Ainsi s'explique le contraste des deux récits, le premier d'ailleurs ne le cédant en rien au second pour l'évidente véracité, et pour le pittoresque, pour l'intérêt des tableaux.

Bien que le récit sincère du moine fût de nature à parler moins vivement à l'imagination des lecteurs d'Occident, nul doute que s'il eût été connu peu après sa rédaction, comme le fut celui du Vénitien, il n'eût valu à l'auteur l'honneur des reproductions, des traductions, qui donnèrent une notoriété universelle au livre de Marco Polo.

Mais la précieuse épître, que peut-être même le royal destinataire ne reçut jamais, devait rester dans l'ombre jusque vers la fin du seizième siècle, où un compilateur anglais (Hakluit) la découvrit et l'inséra dans un recueil de navigations et découvertes. Quelque cinquante ans plus tard, Pierre Bergeron, géographe français, écrivain assez habile, en publia la traduction que nous reproduisons.

Comme nous l'avons remarqué plus haut,

d'après l'autorité des commentateurs les plus compétents, il serait aujourd'hui avéré que la relation de Marco Polo fut primitivement écrite en français. Plusieurs versions de ce texte ont été publiées, dont l'une en 1845, à la librairie Didot, avec des notices, remarques et annotations du très savant sinologue G. Pauthier, qui a fait de cette publication un véritable monument à la gloire du célèbre voyageur.

Si curieux et intéressant que soit le texte publié par M. Pauthier, d'après deux magnifiques manuscrits de la Bibliothèque nationale, ayant appartenu à Jean, duc de Berry, frère de Charles V, nous ne pouvions songer à le reproduire dans une collection populaire, où sa forme par trop archaïque eût assurément déconcerté la majorité des lecteurs.

Il nous a semblé préférable d'adopter le texte que ce même Bergeron, traducteur du récit de Rubruquis [1], donna, d'après un ma-

---

[1]. Bien que portant l'une et l'autre l'empreinte littéraire du temps où elles furent publiées, chacune de ces deux traductions — dont nous avons cru devoir respecter presque toujours l'extrême simplesse et même les naïves incorrections — affectent cependant une forme particulière évidemment due à l'art instinctif du traducteur, qui a su se pénétrer intimement, en quelque sorte, du tempérament propre à chacun des narrateurs.

nuscrit latin de la bibliothèque de Brandebourg, qui fut publié vers 1670 par le célèbre orientaliste André Muller, et que l'on considéra longtemps comme une des versions les plus exactes, — selon quelques-uns même comme l'original du fameux voyage. Dans ce texte, en effet, comme il résulte de l'attentive revision que nous en avons faite sur les meilleures éditions modernes, et notamment sur celle de Pauthier, rien n'est omis des faits généraux ni des détails qui caractérisent le récit primitif. Tout au plus y voyons-nous une tendance à la condensation des parties, dont le développement peut, dans un texte archaïque, offrir de l'intérêt aux philologues, mais qui a le désavantage de paraître oiseux quand le document est destiné aux lecteurs ordinaires. Toutes les

La première version, faite d'après un assez pauvre latin, conserve bien l'humble et touchante ingénuité qui caractérise le messager du saint roi, tandis que la seconde, non moins simple pourtant, se ressent, par une allure plus ferme, du naturel et de la condition du conteur. Ainsi se trouve établie une différence vraiment intéressante entre le pèlerin en robe de bure et aux pieds nus, qui ne rapporte de la visite faite aux tentes des Tartares que sa pieuse indigence, et le marchand vénitien qui, tout fringant d'honneurs et d'opulence, revient éblouir ses compatriotes avec ses souvenirs du pays des merveilles.

fois d'ailleurs que l'abréviation nous a paru passer sous silence la moindre indication curieuse, nous avons eu soin de combler la lacune à l'aide des meilleurs textes. Le présent volume renferme donc bien, en substance toujours, et le plus souvent avec ses expressions simplement modernisées pour la lecture courante, la véritable et entière relation de Marco Polo.

Mais si, pour les raisons que nous venons de dire, nous nous sommes éloignés du précieux texte reproduit par M. Pauthier, une raison majeure nous a fait n'en appeler pour ainsi dire qu'à la seule autorité du docte commentateur, quand il s'est agi des annotations indispensables à une œuvre de ce genre, et plus particulièrement en tout ce qui concerne les nombreuses concordances géographiques. Sa vaste et magnifique étude ayant fait partout et définitivement la lumière sur les points les plus obscurs de la vieille narration, nous ne pouvions que recourir sans cesse à ce guide sûr. Nous avons d'ailleurs marqué de l'initiale du savant les emprunts textuellement faits par nous à son travail, objet de notre reconnaissante admiration.

Eug. Muller.

VOYAGE
DE
GUILLAUME DE RUBRUQUIS

VOYAGE
DE
GUILLAUME DE RUBRUQUIS

I

Notre départ de Constantinople, et notre arrivée à Soldaïa, première villes des Tartares.

Vous saurez, s'il vous plaît, sire, qu'étant parti de Constantinople le 7 de mai de l'an 1253, nous entrâmes en la mer du Pont, que les Bulgares appellent la Grande Mer, laquelle, selon ce que j'ai appris des marchands qui y trafiquent, a environ mille milles, ou deux cent cinquante lieues d'étendue en sa longueur de l'orient à l'occident, et est comme séparée en deux. Vers le milieu il y a deux provinces : l'une vers le midi, nommée Sinope, d'une forteresse de ce nom qui est un port du soudan de Turquie ; l'autre vers le nord, que les chrétiens latins appellent Gazarie, et les Grecs qui y demeurent *Cassaria*, comme qui dirait Césarée. Elle a deux promontoires ou caps, qui s'étendent en mer vers le midi et le pays de Sinope ; il y a bien trois cents milles entre Sinope et Gazarie ; de sorte que de ces pointes jusqu'à Constantinople on compte sept cents milles, tant vers le midi que vers l'orient, où est l'Ibérie, qui est une province de la Géorgie. Nous vînmes donc au pays de Gazarie, qui est en forme de triangle, ayant à l'occident une ville appelée

Kersona, où saint Clément, évêque d'Ancyre, fut martyrisé; et, passant à la vue de la ville, nous aperçûmes une île, où est une église qu'ils disent avoir été bâtie de la main des anges.

Au milieu et comme à la pointe vers le midi est la ville de Soldaïa[1], qui regarde de côté celle de Sinope : c'est là où abordent tous les marchands venant de Turquie pour passer vers les pays septentrionaux; ceux aussi qui viennent de Russie et veulent passer en Turquie. Les uns y portent de l'hermine et autres fourrures précieuses; les autres des toiles de coton, des draps de soie et des épiceries. Vers l'orient de ce pays-là est une ville appelée Matriga, où s'embouche le fleuve Tanaïs (le Don) en la mer du Pont (mer Noire, ancien Pont-Euxin); ce fleuve, à son embouchure a plus de douze milles de large : car, avant qu'il entre en cette mer, il fait comme une autre mer vers le nord, qui s'étend en long et en large quelque sept cents milles[2], et sa plus grande profondeur ne va pas à six pas; de sorte que les grands vaisseaux n'y peuvent aller. Mais les marchands venant de Constantinople à Matriga envoient de là leurs barques jusqu'au fleuve Tanaïs, pour acheter des poissons secs, comme esturgeons, thoses, barbotes et une infinité d'autres sortes.

Cette province de Gazarie est environnée de mer de trois côtés, à savoir : à l'occident, où est la ville de Kersona; au midi, où est Soldaïa, où nous abordâmes, et où est la pointe du pays; et à l'orient, où est Materta ou Matriga et l'embouchure du Tanaïs. Au delà est la Zichie, qui n'obéit pas aux Tartares, et les Suèves et Ibériens à l'orient, qui ne les reconnaissent pas aussi. Après, vers le midi, est Trébizonde, qui a un seigneur particulier, nommé Guion, qui est de la race des empereurs de Constantinople et obéit aux Tartares; puis Sinope, qui est au soudan de Turquie, qui leur

---

1. Aujourd'hui Soudak, en Crimée.
2. La mer d'Azof, le *Palus-Meotide* des anciens.

obéit aussi; de plus la terre de Vastacius ou Vatace, dont le fils, appelé Astar, du nom de son aïeul maternel, ne reconnaît point les Tartares. Depuis l'embouchure du Tanaïs, tirant vers l'occident jusqu'au Danube, tout est sujet aux Tartares, et même au delà du Danube vers Constantinople. La Valachie, qui est le pays d'Assan, et toute la Bulgarie jusqu'à Solinia leur payent tribut. Ces années passées, outre le tribut ordinaire, ils ont pris de chaque feu une hache et tout le blé qu'ils ont pu trouver. Nous arrivâmes donc à Soldaïa le 21 mai, où étaient venus avant nous certains marchands de Constantinople, qui avaient fait courir le bruit que des ambassadeurs de la Terre Sainte, qui allaient vers le Tartare Sartach, y devaient bientôt venir; et toutefois j'avais dit publiquement à Constantinople, prêchant dans l'église de Sainte-Sophie, que je n'étais envoyé ni par Votre Majesté[1] ni par aucun autre prince, mais que seulement je m'en allais de moi-même prêcher la foi à ces infidèles, suivant les statuts de notre ordre. Quand je fus donc arrivé là, ces marchands m'avertirent de parler discrètement, parce qu'ils avaient dit que j'étais envoyé vers eux, et que je me gardasse bien de me désavouer pour tel, car autrement on ne me laisserait pas passer. Je dis donc à ceux qui y commandaient en l'absence des chefs (qui étaient allés porter le tribut à Baatu et n'étaient pas de retour), que nous avions entendu dire en la Terre Sainte de Sartach, leur seigneur, qu'il était chrétien, dont tous les chrétiens de delà s'étaient grandement réjouis, et surtout le très chrétien roi de France, qui était en pèlerinage en ces pays-là et combattait contre les Sarrasins et infidèles, pour leur ôter les Saints Lieux d'entre les mains. Que pour moi, mon intention était d'aller vers Sartach et lui porter des lettres du roi mon seigneur, par lesquelles il lui donnait avis de tout ce qui concernait le bien du christianisme. Ils nous reçurent fort

---

1. C'est pendant le cours de la première croisade que saint Louis confia à Rubruquis la mission qui fait l'objet de la présente relation.

honnêtement, et nous donnèrent logement en l'église
épiscopale. L'évêque du lieu, qui avait été vers Sartach,
nous en dit beaucoup de bien, que depuis nous ne trouvâmes guère véritable. Alors ils nous donnèrent le choix
de prendre des charrettes à bœufs, pour porter nos
hardes, ou bien des chevaux de somme; les marchands
de Constantinople me conseillaient de ne point prendre
de leurs charrettes, mais que j'en achetasse moi-même
en particulier de couvertes, comme celles dont les Russiens se servent pour porter les pelleteries, et que je
misse dedans tout ce que nous aurions besoin de tirer
tous les jours; d'autant que si je prenais des chevaux,
je serais sujet de les faire décharger en chaque hôtellerie pour en prendre d'autres, et d'aller lentement à
cheval, en suivant le train des bœufs. Je suivis leur
conseil, qui ne se trouva pas toutefois si bon, d'autant
que nous fûmes deux mois entiers à aller vers Sartach,
ce que nous eussions pu faire en un mois avec des
chevaux.

J'avais fait provision à Constantinople de fruits secs,
de vin muscat et de biscuit fort délicat, par le conseil
de ces marchands, pour faire présent aux premiers
capitaines tartares que nous trouverions, afin d'avoir
le passage plus libre : car ces gens-là ne regardent pas
de bon œil ceux qui ne leur donnent rien. Je mis donc
tout cela en un chariot, et, n'ayant trouvé là aucun
des capitaines de la ville, ils me dirent tous que si je
pouvais faire porter le tout jusqu'à Sartach, il en serait
fort aise. Nous commençâmes à prendre notre chemin
le 1er juin avec quatre chariots couverts, et deux
autres qu'ils nous donnèrent pour porter nos lits et
matelas à reposer la nuit, outre cinq chevaux de selle
pour nous, car nous étions autant de compagnie, à
savoir : mon compagnon frère Barthélemy de Crémone,
Gozet, porteur des présents, un bonhomme turcoman,
ou interprète, un garçon nommé Nicolas, que j'avais
acheté de nos aumônes à Constantinople, et moi. Ils
nous avaient aussi donné deux hommes pour mener
les chariots et avoir soin des bœufs et des chevaux. Il y

a de grands promontoires ou caps sur cette mer depuis Kersona jusqu'aux embouchures du Tanaïs, et environ quarante châteaux entre Kersona et Soldaïa, dont chacun a sa langue particulière; il y a aussi plusieurs Goths, qui retiennent encore la langue allemande. Ayant passé les montagnes vers le nord, on trouve une belle forêt en une plaine remplie de fontaines et de ruisseaux; après quoi se voit une campagne de quelque cinq journées, jusqu'à bout de cette province, qui s'étrécit vers le nord, ayant la mer à l'orient et l'occident, qui est comme une grande fosse ou canal d'une mer à l'autre.

Cette campagne était habitée par les Comans, avant la venue des Tartares; et ils contraignaient toutes les villes susdites, châteaux et villages de leur payer tribut; mais quand les Tartares y arrivèrent, une si grande multitude de ces Comans s'épandit par le pays en fuyant vers le rivage de la mer, qu'ils se mangeaient par grande nécessité les uns les autres presque tous en vie, ainsi qu'un marchand qui l'avait vu me l'a conté : ils déchiraient à belles dents et dévoraient la chair des corps morts, ainsi que les chiens font les charognes.

Aux extrémités de ce pays, il y a de fort grands lacs, sur le bord desquels se trouvent plusieurs sources d'eaux salées : sitôt que la mer est entrée dedans, elle se congèle en un sel dur comme la glace. De ces salines Baatu et Sartach tirent de grands revenus : car de tous les endroits de la Russie on y vient pour avoir du sel, et pour chaque charretée on donne deux pièces de toile de coton. Par mer il vient aussi plusieurs navires pour charger de ce sel, et on paye selon la quantité qu'on en prend.

Après être partis de Soldaïa, au troisième jour nous trouvâmes les Tartares; et quand je les eus vus et considérés, il me sembla que j'entrais en un nouveau monde. Mais avant que de poursuivre mon voyage, je représenterai à Votre Majesté la façon de vie et mœurs de ces gens-là le mieux qu'il me sera possible.

II

De la demeure des Tartares.

Les Tartares n'ont point de demeure permanente et ne savent où ils doivent aller habiter le lendemain : car ils ont partagé entre eux toute la Scythie, qui s'étend depuis le Danube jusqu'au dernier Orient, et chaque capitaine, selon qu'il a plus ou moins d'hommes sous soi, sait les bornes de ses pâturages et où il doit s'arrêter selon les saisons de l'année. L'hiver approchant, ils descendent aux pays chauds vers le midi; l'été ils montent aux régions froides vers le nord. En hiver ils se tiennent aux pacages destitués d'eaux, quand il y a des neiges, à cause que la neige leur sert d'eau. Les maisons où ils habitent pour dormir sont fondées sur des roues et des pièces de bois entrelacées et aboutissent en haut à une ouverture comme une cheminée, faite de feutre blanc, qu'ils enduisent de chaux ou terre blanche, ou de poudre d'ossements, pour la faire reluire, quelquefois aussi de couleur noire; cette couverture de feutre par le haut est embellie de diverses couleurs de peinture. Au-devant de la porte ils pendent aussi un feutre tissu de diverses couleurs, qui représentent des ceps de vignes, des arbres, des oiseaux et autres bêtes. Ils ont de ces maisons-là de telle grandeur qu'elles ont bien trente pieds de long : j'ai pris la peine quelquefois d'en mesurer une qui avait bien vingt pieds d'une roue à l'autre; et quand cette maison était posée dessus, elle passait au delà des roues. Chacun des côtés avait pour le moins cinq pieds de large, et j'ai compté jusqu'à vingt-deux bœufs pour traîner une de ces maisons, onze d'un côté et onze de l'autre. L'essieu entre les roues était grand comme un mât de navire, avec un homme à la porte pour guider les bœufs. Ils font aussi comme de grands coffres ou caisses de petites pièces de bois en carré, qu'ils couvrent de même matière en dôme, et à l'un des bouts il y a une petite porte ou fenêtre ; ces petites maisonnettes sont couvertes de feutre enduit de suif ou de lait de brebis, afin que la pluie ne les puisse percer, et qu'ils ornent de diverses peintures et broderies. Ils y serrent tous leurs ustensilles, leurs trésors et richesses, puis les lient fortement sur des roues et des espèces de chariots ou de traîneaux, qu'ils font tirer par des chameaux, afin de traverser les plus grandes rivières. Ils n'ôtent jamais ces coffres ou maisonnettes de dessus leurs traîneaux. Quand ils posent leurs maisons roulantes en quelque endroit, ils tournent toujours la porte vers le midi, et à côté, deçà ou delà, à environ demi-jet de pierre, ils mettent aussi ces grands coffres, de sorte que leur maison est située entre deux rangs de ces chariots et coffres, comme entre deux murailles. Leurs femmes font elles-mêmes de ces chariots très bien construits. Il se trouve de riches Moals[1] ou Tartares qui ont bien cent et deux cents de ces chariots et cabanes. Baatu a seize femmes, dont chacune a une grande maison accompagnée de plusieurs de ces petites, qui sont comme des pavillons séparés où demeurent les filles et les servantes ; de sorte que chacune de ces grandes a plus de deux cents petites qui en dépendent. Et quand ils assoient ces maisons pour s'arrêter en quelque lieu, la première des femmes fait poser sa petite cour vers l'occident, puis toutes les autres en font de même chacune en son rang : si bien que la dernière se trouve à l'orient, et l'espace d'entre elles est environ un jet de pierre ; de sorte que la cour d'un de ces riches Tartares semble un gros bourg, où il y a toutefois bien peu d'hommes. La moindre de leurs femmes aura vingt et trente de ces chariots et cabanes à sa suite ; ce qui leur est aisé à transporter, tout le pays étant plain et uni. Ils lient ces chariots avec leurs bœufs ou chameaux, les uns à la suite des autres, avec une femme au-devant qui con-

---

1. La désignation de *Moal*, dont le narrateur fait le synonyme de Tartare, est fréquemment employée dans le cours du récit.

duit les bœufs, et toutes les autres la suivent. S'ils se trouvent en quelque pays fâcheux à traverser, ils délient ces chariots et les font passer séparément, car leur marche est aussi lente que le pas d'un bœuf ou d'un mouton.

III

De leurs lits, de leurs idoles et cérémonies avant de boire.

Après qu'ils ont posé leurs maisons la porte au midi, ils mettent le lit du maître vers le septentrion ; l'habitation des femmes est toujours à l'orient, c'est-à-dire au côté gauche du maître, qui est dans son lit, le visage tourné vers le midi ; mais le lieu des hommes est de l'autre côté droit à l'occident. Quand ils entrent dans ces maisons, ils ne pendent jamais leurs arcs et carquois du côté des femmes. Au-dessus de la tête du maître il y a toujours une petite image comme une poupée faite de feutre, qu'ils appellent le frère du seigneur de la maison ; et une autre de même sur la tête de la femme, qu'ils appellent aussi frère de la maîtresse, et cela attaché à la muraille. Entre ces deux, un peu plus haut, il y en a une autre petite, fort maigre, qu'ils tiennent comme la gardienne de la maison. La maîtresse du logis a coutume de mettre à son côté droit aux pieds du lit, en lieu assez éminent, une peau de chèvre pleine de laine, ou autre matière, et auprès une petite image qui regarde ses femmes et servantes. Près de la porte, et du même côté de la femme, est une autre image avec un pis de vache pour les femmes qui ont la charge de traire les vaches, car cet office leur appartient. De l'autre côté de la porte, vers les hommes, est une autre petite idole, avec un pis de jument pour les hommes qui traient ces bêtes-là. Lorsqu'ils s'assemblent pour boire et se divertir, la première chose qu'ils font, c'est d'asperger de leur boisson cette image qui est sur la tête du maître, et en font de même à toutes les autres par ordre ; il vient ensuite un garçon qui sort de la maison avec une tasse pleine, et en répand trois fois vers le midi, en ployant le genou à chaque fois, et cela à l'honneur du feu ; puis il en fait autant vers l'orient pour l'air ; vers l'occident pour l'eau ; et enfin vers le nord pour les morts. Quand le maître tient la tasse, avant que de boire il en répand une portion à terre ; que s'il boit étant à cheval, il en jette avant que de boire sur le col ou les crins du cheval. Après que le garçon a ainsi fait son effusion vers les quatre parties du monde, il retourne au logis, et deux garçons avec leurs tasses et deux soucoupes présentent à boire au maître et à sa femme assise sur le lit au-dessus de lui.

IV

De leur boisson et de quelle manière ils invitent et excitent les autres à boire.

En hiver ils composent une très bonne boisson de riz, de mil et de miel, qui est claire comme du vin ; car pour le vin on le leur apporte d'assez loin. Mais l'été ils ne se soucient que de boire du koumis[1] dont il y a toujours une provision auprès de la porte ; et près de là il y a un joueur d'instruments avec sa guitare. Je n'y ai point vu de nos cistres et violes, mais ils ont beaucoup d'autres sortes d'instruments de musique que nous n'avons point. Quand ils commencent à boire, un des serviteurs crie tout haut ce mot : Ha ! et aussitôt le joueur d'instruments commence ; mais quand c'est une grande fête, ils frappent tous des mains et dansent au son de la guitare, les hommes devant le maître et les femmes devant la maîtresse. Après que le maître a bu, l'échanson s'écrie comme auparavant, et le joueur se tait ; alors tous les hommes et les

---

1. Le *koumis*, boisson enivrante faite avec du lait de jument fermenté, est resté le breuvage favori des Tartares nomades.

femmes boivent à leur tour, quelquefois à qui mieux mieux. Quand ils veulent inviter quelqu'un à boire, ils le prennent par les oreilles, qu'ils tirent bien fort pour lui faire ouvrir la bouche et le gosier, puis battent des mains et dansent avec lui. Quand ils veulent faire une grande fête et témoigner une grande joie, un prend la coupe pleine, et deux autres se mettent à ses côtés, et vont ainsi tous trois en chantant, jusqu'à celui à qui ils doivent présenter le gobelet, puis chantent et dansent devant lui; et sitôt qu'il a étendu la main pour prendre la tasse, les autres la retirent, puis incontinent la représentent, ce qu'ils font trois ou quatre fois par galanterie, lui donnant et ôtant la coupe jusqu'à ce qu'il soit de bonne et gaie humeur et qu'il ait grande envie de boire ; enfin ils lui laissent la coupe, en dansant, chantant et trépignant jusqu'à ce qu'il ait bu.

V

De leur nourriture et manière de manger.

Ils mangent indifféremment de toutes sortes de chairs mortes ou tuées ; car entre tant de troupeaux de bêtes qu'ils ont, il n'est pas possible qu'il n'en meure beaucoup d'elles-mêmes ; toutefois en été, tant que leur koumis ou vin de jument dure, ils ne se soucient pas d'autre nourriture ; de sorte que si alors il arrive que quelque bœuf ou cheval meure, ils le sèchent, coupé par petites tranches, le pendant au soleil et au vent ; ainsi la chair se sèche sans sel ni sans aucune mauvaise senteur. Ils font des andouilles de boyaux de cheval, meilleures que celles qui se font de pourceau, et mangent cela tout fraîchement, gardant le reste des chairs pour l'hiver. Des peaux de bœufs ils font de grandes bouteilles, qu'ils sèchent bien à la fumée, et du derrière de la peau du cheval ils font de très belles chaussures. De la chair d'un mouton ils donnent à manger à cinquante, et même cent personnes ; ils la coupent fort menue en une écuelle, avec du sel et de l'eau, qui est toute leur sauce; puis avec la pointe du couteau ou de la fourchette, qu'ils font exprès pour cela, et avec quoi ils mangent des poires et pommes cuites au vin, ils en présentent à chacun des assistants une bouchée ou deux, selon le nombre des conviés; pour le maître, comme on lui a servi la chair du mouton, il en prend le premier ce que bon lui semble; s'il en veut donner à quelqu'un un morceau, il faut que celui-là le mange tout seul, et aucun autre ne lui en oserait présenter. Que s'il ne peut achever tout seul, il faut qu'il emporte le reste, ou le donne à son valet, pour le lui garder, ou bien qu'il le serre en « saptargat », c'est-à-dire en son escarcelle ou bourse carrée, qu'ils portent sur eux pour mettre de telles choses; ils y serrent aussi les os, quand ils n'ont pas eu le temps de les bien ronger et curer, afin de les achever après tout à leur aise, de peur que rien ne s'en perde.

VI

Comme ils font leur boisson de koumis.

Leur koumis ou vin de jument se fait de cette sorte : ils étendent sur la terre une longue corde tendue à deux bâtons, à laquelle ils attachent environ trois heures durant trois jeunes poulains des juments qu'ils veulent traire, lesquelles demeurant ainsi près de leurs poulains se laissent traire fort paisiblement; que s'il s'en rencontre quelqu'une plus farouche que les autres, ils lui approchent son poulain, afin qu'il la puisse teter un peu, puis le retirent promptement et lui font venir celui qui a charge de la traire. Quand ils ont amassé ainsi une grande quantité de ce lait, qui est doux comme celui de vache lorsqu'il est fraîchement tiré, ils le versent dans une bouteille de cuir ou autre vaisseau, où ils le battent et remuent très bien, avec un bois propre à cela, qui est gros par en bas comme la tête d'un homme, et concave par-dessous. L'ayant ainsi bien remué, il commence à bouillir comme du vin nouveau et à s'aigrir comme du levain ; ils le battent jusqu'à ce qu'ils en aient tiré le beurre. Cela fait, ils en tâtent, et quand ils le trouvent assez piquant, ils en boivent ; car cela pique la langue comme fait le râpé quand on le boit. Lorsqu'on a achevé de boire, on garde sur la langue un goût d'amande, qui réjouit beaucoup le cœur, et même enivre parfois ceux qui n'ont pas la tête bien forte. Ils en font d'une autre sorte, qui est noire et qu'ils appellent « cara koumis », pour l'usage des grands, et le font de cette manière : Le lait de jument ne se caille point. Ils remuent ce lait jusqu'à ce que le plus épais aille au fond du vaisseau, comme fait la lie de vin, et le plus pur et subtil demeure dessus comme du lait clair ou du moût blanc, car les lies en sont fort blanches : ils les donnent à leurs serviteurs, ce qui les fait fort dormir. Mais il n'y a que les maîtres qui boivent celui qui est clarifié, et certainement c'est une boisson fort agréable et qui a de grandes vertus.

Baatu a trente métairies en son quartier, qui s'étend environ une journée ; il tire tous les jours de chacune le lait de cent juments, ce qui revient à trois mille. De même qu'en Syrie les paysans apportent et rendent à leurs maîtres la troisième partie de leurs fruits, aussi ceux-ci rendent le lait du troisième jour. Quant au lait de chèvre, ils en tirent premièrement le beurre, puis le font bouillir jusqu'à parfaite cuisson, et après ils le serrent dans des peaux de chèvres pour le conserver ; ils ne salent point leurs beurres, et toutefois ils ne se gâtent point, par suite de cette grande cuisson ; ils gardent cela pour l'hiver. Quant au reste du lait demeuré après le beurre, ils le laissent aigrir autant que possible, puis le font bouillir, d'où vient du caillé, qu'ils dessèchent au soleil, qui le fait devenir dur, et ils le gardent en des sacs pour l'hiver ; et quand en cette saison le lait leur manque, ils prennent de ce caillé dur et aigre, qu'ils appellent « gri-ut », le mettent dans une bouteille de cuir, jettent par-dessus de l'eau chaude, et battent le tout en sorte que cela devient un liquide aigrelet dont ils usent pour leur boire au lieu de lait, car ils se gardent bien de boire de l'eau toute pure.

VII

Des animaux dont ils se nourrissent, de leurs habillements et de leurs chasses.

Les grands seigneurs tartares ont des métairies et lieux pour leur provision vers le midi, qui les fournissent de millet et de farines durant l'hiver ; les pauvres s'en pourvoient par échange de moutons et de peaux ; pour ce qui est de leurs esclaves, ils se contentent de boire de l'eau fort épaisse et fort vilaine. De tous les animaux dont ils se nourrissent ils ne mangent d'aucune sorte de rats à longue ou courte queue. Ils ont beaucoup de petits animaux qu'ils appellent « sogur », qui s'assemblent vingt ou trente ensemble en une grande fosse l'hiver, où ils dorment six mois durant ; ils en prennent une grande quantité. Ils ont aussi des lapins à longue queue, dont le bout est garni de poils noirs et blancs, et plusieurs autres sortes de petites bêtes bonnes à manger. Je n'y ai point vu de cerfs, peu de lièvres, mais force gazelles ; j'y ai vu grand nombre d'ânes sauvages, qui sont comme des mulets, et une autre sorte d'animal qu'ils appellent « artak », qui a le corps justement comme un bélier et les cornes torses, mais de telle grandeur qu'à peine d'une main en pouvais-je lever deux [1]. De ces cornes ils font de grandes tasses. Ils ont aussi des faucons, des gerfaux et des cigognes en quantité. Ils portent ces oiseaux de proie sur la main droite et mettent au faucon une petite longe sur le cou, qui lui pend jusqu'à la moitié de l'estomac, et quand ils le lâchent à la proie, ils baissent avec la main gauche la tête et l'estomac de l'oiseau, de peur qu'il ne soit battu du

---

1. Voy. Marco Polo, liv. Ier, chap. XXXVII.

vent, et emporté en haut. La plus grande part de leurs vivres vient de chasse.

Pour ce qui est de leurs vêtements, Votre Majesté saura que toutes les étoffes de soie, d'or et d'argent et de coton, dont ils s'habillent en été, leur viennent du Cathay, de la Perse et autres pays d'Orient et du Midi. Mais pour les fourrures précieuses dont ils se couvrent en hiver, de plusieurs sortes que je n'ai jamais vues dans notre pays, ils les font venir de Russie, de la Grande-Bulgarie, de Pascatir, qui est la grande Hongrie, de Kersis, et autres pays pleins de forêts, qui sont tous au nord ou à côté, et qui leur obéissent. L'hiver ils portent toujours deux pelisses au moins, l'une dont le poil est contre la chair et l'autre dont le poil est en dehors contre le vent et la neige; celles-ci sont ordinairement de peaux de loup ou de renard; et quand ils demeurent au logis, ils en ont d'une autre sorte, plus délicate encore. Les pauvres se servent de peaux de chiens et de chèvres pour le dessus.

Quand ils veulent chasser, ils s'assemblent en grand nombre aux environs d'un pays ou quartier où ils savent qu'il y a des bêtes, et s'approchent ainsi peu à peu pour les entourer, comme dans des toiles; alors ils les tuent à coups de flèches. Ils se font aussi des chausses et caleçons de ces peaux. Les riches fourrent encore leurs habits d'étoupes de soie ou peluche, qui est fort douce, légère et chaude; mais les pauvres ne les doublent que de toile, de coton et de laine la plus déliée qu'ils peuvent tirer : de la grosse ils font le feutre pour couvrir leurs maisons, leurs coffres et leurs lits. Ils font leurs cordes de laine et d'un tiers de crins de cheval. Les feutres leur servent aussi à couvrir des bancs et des chaises, et à faire des capes et cabanes contre la pluie, de sorte qu'ils dépensent beaucoup de laines à ces divers usages.

VIII

De la façon dont les hommes se rasent et des ornements des femmes.

Les hommes se rasent un petit carré sur le haut de la tête et font descendre leurs cheveux du haut jusque sur les tempes de part et d'autre. Ils se rasent aussi les tempes et le col, puis le front jusqu'à la nuque, et laissent une touffe de cheveux, qui leur descend jusque sur les sourcils; par côté au derrière de la tête ils laissent des cheveux dont ils font des touffes, qu'ils laissent pendre jusque sur les oreilles.

L'habillement des filles ne diffère guère de celui des hommes, sinon qu'il est un peu plus long; mais le lendemain qu'une fille est mariée, elle se coupe les cheveux du milieu de la tête jusque sur le front, et porte une tunique comme celle de nos religieuses, mais un peu plus longue et plus large de tout sens, fendue par devant, et attachée sous le côté droit. En cela les Tartares sont différents des Turcs : car ceux-ci attachent toujours leurs vestes du côté gauche, et les Tartares toujours du droit. Les femmes ont un ornement de tête appelé « botta », fait d'écorce d'arbre ou autre matière, la plus légère qu'ils peuvent trouver; cette coiffure est grosse et ronde, tant que les deux mains peuvent embrasser; sa longueur est d'une coudée et plus, carrée par le haut comme le chapiteau d'une colonne. Elles couvrent cette coiffure, qui est vide en dedans, d'un taffetas ou autre étoffe de soie fort riche. Sur le carré ou chapiteau du milieu elles mettent comme des tuyaux de plumes ou de cannes fort déliées, de la longueur d'une coudée et plus; elles enrichissent cela par le haut de plumes de paon, et tout à l'entour de petites plumes de queues d'oiseau aussi bien que de pierres précieuses. Les grandes dames mettent cet ornement sur le haut de la tête, qu'elles serrent fort étroitement, avec une certaine coiffe qui a une ouverture en haut, et là elles ramassent tous leurs cheveux depuis le derrière de la tête jusqu'au sommet, en forme de nœud, puis les mettent sous cette coiffure, qu'elles attachent bien serrée par-dessous le menton. Si bien que quand on voit de loin ces femmes allant à cheval en cet habillement de tête, il semble que ce soient des gens d'armes, portant le casque et la lance levés. Elles vont à cheval comme les hommes, jambe de-çi, jambe de-là; elles lient leurs robes retroussées sur les reins avec des rubans de soie de couleur de bleu céleste et d'une autre bande ou ceinture, les serrent au-dessous du sein, attachant une autre pièce blanche au-dessous des yeux, qui leur descend jusqu'à la poitrine. Elles sont toutes fort grasses; celles qui ont le plus petit nez sont estimées les plus belles : cette graisse les rend difformes, du visage principalement.

IX

Des ouvrages des femmes et de leurs mariages.

L'emploi des femmes est de conduire les chariots, de poser dessus les maisons ambulantes, de les décharger aussi, de traire les vaches, de faire le beurre et le gri-ut, ou lait sec, d'accommoder les peaux des bêtes, les coudre ensemble avec du fil de cordes, qu'elles séparent en petits filets et retordent après à longs filets. Elles font aussi des souliers, des galoches, et toutes autres sortes d'habillements. Jamais elles ne lavent les robes, disant que Dieu se courrouce et envoie des tonnerres quand on les suspend pour les faire sécher; et quand elles aperçoivent quelqu'une qui les lave, elles es leur ôtent de force et les battent bien fort. Ils craignent tous beaucoup le tonnerre; quand ils l'entendent, ils chassent de leurs maisons tous les étrangers et s'enveloppent en des feutres ou draps noirs, où ils demeurent cachés jusqu'à ce que le bruit soit passé. Les femmes ne lavent jamais non plus les écuelles, et quand la chair est cuite, elles lavent la vaisselle avec du bouillon chaud tiré de la marmite qu'ensuite elles reversent dedans.

Les femmes s'adonnent aussi à faire des feutres, et en couvrent leurs cabanes et maisons.

Les hommes s'amusent seulement à faire des arcs, des flèches, des mors, brides, étriers, des selles de chevaux, des chariots et des maisons, pansent les chevaux, traient les juments, battent le lait pour en faire le koumis, font aussi des bouteilles et vaisseaux pour l'y mettre, ont soin des chameaux, les chargent et déchargent quand il est besoin. Pour les brebis et les chèvres, les hommes et les femmes en ont soin, tantôt les uns, tantôt les autres, comme aussi de les traire. Ils préparent et accommodent leurs peaux du lait de brebis épaissi. Quand ils veulent se laver les mains ou la tête, ils remplissent leur bouche d'eau, puis la versent peu à peu dessus et se lavent ainsi les mains, la tête et les cheveux.

Pour ce qui est de leurs mariages, il faut savoir que personne n'a de femme s'il ne l'achète ; de sorte que quelquefois les filles demeurent longtemps à marier, leurs père et mère les devant garder jusqu'à ce que quelqu'un les vienne acheter. Ils observent les degrés de consanguinéité, à savoir le premier et second seulement, mais ils ne savent ce que c'est que l'affinité, qu'ils ne gardent en aucune sorte, car ils peuvent avoir ensemble ou successivement deux sœurs pour femmes. Les veuves et veufs ne se marient jamais entre eux, d'autant qu'ils ont tous cette croyance que celles qui les ont servis en cette vie les serviront encore dans l'autre, et que les veuves par conséquent retourneront toujours à leurs premiers maris ; de là arrive entre eux cette vilaine coutume qu'un fils, après la mort de son père, épouse toutes ses femmes, excepté celle dont il est fils ; car la famille du père et de la mère échet toujours au fils, si bien qu'il est obligé de pourvoir à toutes les femmes que son père a laissées. Quand donc quelqu'un est demeuré d'accord avec un autre d'acheter et prendre sa fille en mariage, le père de la fille fait un banquet, et la fille s'enfuit se cacher vers ses parents les plus proches; alors le père dit à son gendre que sa fille est à lui, qu'il la cherche et la prenne partout où il la pourra trouver. Ce que l'autre fait et la cherche diligemment avec tous ses amis, et l'ayant trouvée, la saisit et la mène ainsi comme par force en sa maison.

X

De leur justice, jugements, de leurs mort et sépultures.

Pour ce qui est de leur manière d'administrer la justice, leur coutume est que quand deux hommes sont en débat de quelque chose, personne n'ose s'en entremettre, le père même ne peut assister son fils; mais celui qui se sent offensé en appelle à la cour de justice du seigneur; et si après cela quelqu'un attente quelque chose contre lui, il est mis à mort sans rémission. Mais il faut que cela se fasse promptement et sans délai, et que celui qui a souffert l'injure mène l'autre comme prisonnier. Ils ne punissent personne de mort s'il n'a été surpris sur le fait ou qu'il l'ait confessé lui-même. Mais quand quelqu'un est accusé par d'autres, on ne laisse pas de lui donner la torture pour le faire avouer. Ils punissent de mort l'homicide, et le grand et notable larcin; mais pour une moindre chose, comme pour un mouton, pourvu qu'on n'y ait point été surpris plusieurs fois, ils battent cruellement et donnent cent coups; il faut que ce soit avec autant de bâtons divers, et cela par sentence du juge. Ils font mourir aussi ceux qui se disent messagers et envoyés par quelque prince et ne le sont pas, comme aussi les sacrilèges, c'est-à-dire sorciers ou sorcières.

Quand quelqu'un vient à mourir entre eux, ils le pleurent fort, avec de grands cris et hurlements; alors ils sont exempts de payer tribut pour toute cette année-là. Que si quelqu'un se trouve présent à la mort d'un autre déjà grand et homme fait, il demeure un an entier sans oser mettre le pied dans le palais du Grand Khan,

Que si ce n'est qu'un enfant mort, il n'y peut entrer qu'après une lunaison. Ils ont coutume de laisser auprès de la sépulture du défunt une de ses maisons ou cabanes. S'il est de race seigneuriale (comme est celle de Cingis, qui fut le premier seigneur et roi entre eux), on ne sait pas bien l'endroit de sa sépulture ; mais il y a toujours aux environs du lieu où ils enterrent leurs nobles une loge pour retirer ceux qui la gardent. Je n'ai pas su s'ils enterrent des trésors avec les morts. Pour les Comans, ils ont coutume d'élever une butte de terre sur la sépulture du mort et lui dressent une statue, la face tournée à l'orient et tenant une tasse à la main. Aux riches et grands ils dressent des pyramides ou petites maisons pointues, et j'ai vu en des endroits de grandes tours de brique, et en d'autres des maisons bâties de pierres, encore qu'en ces quartiers-là on n'y en trouve point. J'y ai vu aussi une sépulture où ils avaient suspendu seize peaux de cheval sur de grandes perches, quatre à chaque face du monde, puis ils y avaient laissé du koumis pour boire et de la chair pour manger ; cependant ils disaient que ce mort-là avait été baptisé. J'ai remarqué d'autres sépultures formées de très grands carrés bâtis de pierres, les unes rondes les autres carrées, puis quatre pierres longues dressées aux quatre coins du monde (points cardinaux) à l'entour de cet espace. Quand quelqu'un devient malade, on met un signal sur sa maison, pour dire qu'il se trouve mal et que personne n'aille le voir ; car les malades ne sont visités de personne sinon de celui qui les sert. Quand aussi quelque grand seigneur est malade, ils posent des gardes bien loin à l'entour de sa cour ou palais, afin d'empêcher qu'aucun ne s'avance pour passer ces bornes-là, craignant que quelque esprit malin ou le vent n'entre aussi avec eux. Entre eux les devins leur servent de prêtres. Voilà ce que je pus alors remarquer de leurs mœurs et façons de vivre.

XI

De notre entrée sur les terres des Tartares.

Quand nous commençâmes d'entrer parmi ces peuples barbares, il me fut avis, comme je l'ai déjà dit, que j'arrivais en un autre monde. Il nous environnèrent tous à cheval, après qu'ils nous eurent fait attendre longtemps, pendant qu'ils étaient assis à l'ombre de leurs chariots noirs. La première chose qu'ils nous demandèrent fut si nous n'avions jamais été parmi eux; et ayant su que non, ils commencèrent à nous demander effrontément de nos vivres : nous leur donnâmes de nos biscuits et du vin que nous avions apporté du lieu d'où nous étions partis, et en ayant vidé une bouteille, ils en demandèrent encore une autre, disant par risée qu'un homme n'entre pas en une maison avec un pied seul; ce que nous leur refusâmes toutefois, nous excusant sur le peu que nous en avions. Alors ils s'enquirent d'où nous venions et où nous voulions aller : je leur répondis, comme j'ai dit ci-dessus, que nous avions ouï dire du prince Sartach qu'il était chrétien, que j'avais dessein d'aller le trouver, d'autant que j'avais à lui présenter les lettres de Votre Majesté : sur quoi ils me demandèrent fort si j'y allais de mon propre mouvement ou si j'étais envoyé par quelqu'un; je répondis que personne ne m'avait contraint d'y aller et que je n'y fusse pas venu si je n'eusse pas voulu; tellement que c'était de moi-même et de la volonté et permission de mon supérieur, car je me gardai bien de dire que je fusse envoyé par Votre Majesté. Après cela ils s'enquirent de ce que nous avions sur nos charrettes, si c'était de l'or ou de l'argent ou de riches habillements que je portais à Sartach. Je répondis que Sartach verrait lui-même ce que nous lui portions. quand nous serions parvenus où il était, et que ce n'était pas à eux de savoir cela; mais que seulement ils me fissent conduire vers leur chef, afin qu'il me fît mener vers

Sartach s'il voulait, sinon que je pusse m'en retourner. En cette contrée-là il y avait un proche parent de Baatu, nommé Scacatay, pour lequel j'avais des lettres de recommandation de l'empereur de Constantinople, qui le priait de me permettre le passage; alors ils consentirent de nous donner des chevaux et des bœufs et deux hommes pour nous conduire; et nous renvoyâmes ceux qui nous avaient amenés.

Mais avant que de nous donner cela, ils nous firent longtemps attendre, nous demandant de notre pain pour leurs petits enfants, et de tout ce qu'ils voyaient que portaient nos garçons, comme couteaux, gants, bourses, aiguillettes, et autres choses; ils admiraient tout et le voulaient avoir. Sur quoi je m'excusais qu'ayant un grand chemin à faire nous ne devions pas nous priver des choses nécessaires pour un si long voyage; mais ils me disaient que j'étais un conteur. Il est bien vrai qu'ils ne me prirent rien par force, mais c'est leur coutume de demander avec cette importunité et effronterie tout ce qu'ils voient, et tout ce qu'on leur donne est perdu entièrement. Ils sont fort ingrats, d'autant que, s'estimant les seigneurs du monde, il leur semble que l'on ne doit rien leur refuser; et quoi qu'on leur donne, si l'on a besoin de leurs services en quelque chose, ils s'en acquittent très mal.

Ils nous donnèrent à boire de leur lait de vache, qui était fort aigre, car on en avait tiré le beurre; et ils l'appellent « apra ». Enfin nous les quittâmes, et il me semblait bien que nous étions échappés des mains de vrais démons; le lendemain nous arrivâmes vers leur capitaine. Depuis que nous partîmes de Soldaia jusqu'à Sartach, en deux mois entiers nous ne couchâmes en aucune maison ou tente, mais toujours à l'air ou sous nos chariots; et en tout ce chemin nous ne trouvâmes aucun village ni vestige d'aucuns bâtiments, si ce n'était des sépultures des Comans en grand nombre.

Un jour le garçon qui nous guidait nous donna à boire du koumis, mais en le buvant je tressaillis d'horreur pour la nouveauté de la boisson, d'autant que jamais je n'en avais goûté; mais une seconde fois je le trouvai d'assez bon goût.

XII

De la cour de Scacatay; difficulté que les chrétiens font de boire du koumis.

Le matin nous rencontrâmes les chariots de Scacatay, chargés de maisons et de cabanes; je crus voir une grande ville; j'admirais aussi le grand nombre de leurs bœufs, chevaux et brebis, avec si peu d'hommes pour les conduire. Je demandais combien il avait d'hommes avec lui, et on me dit qu'il n'en avait pas plus de cinq cents; sur cela le garçon qui nous conduisait me dit qu'il fallait présenter quelque chose à Scacatay; il fit arrêter toute notre troupe et s'en alla devant annoncer notre arrivée. C'était environ sur les neuf heures; ils posèrent leurs maisons le long d'une rivière, et un truchement vint nous trouver, qui, ayant appris de nous que nous n'étions jamais venus chez eux, nous demanda de nos vivres; nous lui en donnâmes; il demandait aussi quelque habillement, parce qu'il devait nous présenter à son seigneur et parler pour nous; mais, nous excusant de cela, il s'enquit de ce que nous portions à son maître; nous tirâmes alors une bouteille de vin, un panier de biscuits, et un petit plat plein de pommes et autres fruits; mais cela ne lui plaisait pas; il eût voulu que nous lui eussions porté quelques riches étoffes. Nous ne laissâmes pas de passer ainsi et de venir près de Scacatay dans une grande crainte et confusion. Il était assis sur son lit, tenant une guitare en main; et sa femme était auprès de lui. Je pensai, à la vérité, tant elle était camuse, qu'on lui avait coupé le nez; elle semblait n'en avoir pas du tout, et elle s'était frottée à cet endroit-là d'un onguent fort noir, comme aussi les sourcils, ce qui était fort laid et difforme à regarder. Je dis à Scacatay les mêmes choses que j'ai dites ci-dessus : car il nous fallait toujours redire les mêmes paroles, comme nous en avions été bien instruits par ceux qui avaient été parmi eux, de ne changer jamais notre discours. Je le suppliai aussi de daigner recevoir notre petit présent, m'excusant sur ce que j'étais religieux, et que notre ordre ne nous permettait de posséder ni or, ni argent, ni riches habillements, dont je ne pouvais lui faire aucun présent, mais qu'il lui plût prendre de nos vivres par manière de bénédiction. Alors il fit prendre ce que nous lui offrions, et distribua aussitôt tout à ses gens, qui étaient assemblés pour boire. Je lui remis aussi les lettres de l'empereur de Grèce (cela fut à l'octave de l'Ascension), lesquelles il envoya à Soldaia pour les faire traduire, à cause qu'elles étaient écrites en grec, et qu'il n'y avait personne qui sût cette langue. Il nous demanda si nous voulions du koumis; d'autant que les chrétiens grecs, russiens et alains[1] qui sont entre eux et qui font profession de garder étroitement leur loi, n'en veulent pas goûter, et ne s'estimeraient plus chrétiens s'ils en avaient seulement goûté; de sorte qu'il faut que leurs prêtres les réconcilient de cela comme s'ils avaient abjuré la foi chrétienne. Je lui répondis donc que nous avions assez de quoi boire encore, et que quand cela viendrait à nous manquer, nous étions prêts à boire de ce qui nous serait présenté. Il s'informa de ce que contenaient les lettres que Votre Majesté envoyait à Sartach : je lui dis qu'elles étaient cachetées et qu'il n'y devait avoir que de bonnes et amiables paroles; il nous demanda ce que nous avions à dire à Sartach : je répondis que ce n'était que des choses concernant la foi chrétienne, à quoi il répliqua qu'il serait bien aise de les entendre. Alors je lui déclarai du mieux qu'il me fut possible par notre truchement, qui avait fort peu d'esprit et d'éloquence, tout ce qui était du symbole de la foi. Ce qu'ayant écouté, il branla la tête sans dire autre chose. Après il nous donna deux hommes pour nous garder

---

1. Voy. Marco Polo, liv. II, chap. LXII.

et avoir soin de nos bœufs et chevaux, et nous dit de nous en aller avec lui dans nos chariots, jusqu'à ce que celui qu'il avait envoyé pour faire interpréter les lettres de l'empereur de Constantinople fût retourné. Nous fûmes toujours avec lui en voyage jusqu'au lendemain de la Pentecôte.

XIII

Comme les Alains vinrent devers nous la veille de la Pentecôte.

La veille de la Pentecôte vinrent vers nous certains Alains qu'ils appellent Acias, ou Akas, qui sont chrétiens à la grecque, ont le langage grec et des prêtres grecs, et cependant ne sont point schismatiques comme les Grecs; mais, sans acception de personne, ils honorent toutes sortes de gens faisant profession du christianisme; ils nous présentèrent de la chair cuite et nous prièrent d'en manger et de prier pour l'âme d'un des leurs qui était défunt; je leur dis qu'étant la veille d'une si grande fête, je ne pouvais pas manger de la viande ce jour-là, et leur fis une petite exhortation sur cette solennité, dont ils furent fort contents : car ils ignorent tout ce qui est des cérémonies de la religion chrétienne, et ne connaissent rien que le nom de *Christ*. Ils s'enquirent aussi de nous, comme aussi firent plusieurs autres chrétiens russiens et hongrois, comment ils se pourraient sauver en buvant du koumis, mangeant de la chair des bêtes mortes, et tuées par les sarrasins et autres infidèles ; ce que les prêtres grecs et russiens estiment comme choses impures et immolées aux idoles, disant aussi qu'ils ignoraient les temps de jeûne, et que difficilement ils pourraient les garder quand ils les sauraient. A cela je leur répondis et les instruisis du mieux que je pus, les exhortant à la foi. Quant à la chair qu'ils nous avaient apportée, nous la réservâmes pour le jour de la fête ; car là on ne trouvait rien à acheter pour or ni pour argent, si ce n'était pour des toiles et des draps, dont nous n'avions point. Quand nos serviteurs leur offraient de la monnaie, ils la frottaient entre leurs doigts et l'approchaient du nez pour sentir si c'était du cuivre ; ils ne nous donnaient aucune sorte de nourriture, si ce n'était du lait de vache fort aigre et puant. Le vin commençait déjà à nous manquer et les eaux étaient toutes gâtées et troublées par les chevaux, de sorte qu'il n'y avait pas moyen d'en boire, et sans le biscuit que nous avions, et surtout la grâce du bon Dieu qui nous assistait, nous fussions tous morts de faim.

XIV

D'un sarrasin qui disait se vouloir faire baptiser et de certains hommes qui semblent être lépreux.

Le jour de Pentecôte vint vers nous un certain sarrasin, auquel nous donnâmes quelque exposition de la foi ; et lui, entendant les grands bienfaits de Dieu envers les hommes, en l'incarnation de Christ, la résurrection des morts et le jugement final, et que les péchés étaient lavés et effacés par le baptême, il nous fit entendre qu'il désirait être baptisé ; et comme nous étions tout prêts à le faire, il monta aussitôt à cheval, disant qu'il s'en allait chez lui et voulait consulter de cette affaire avec sa femme. Étant revenu le lendemain, il nous dit qu'il n'osait se faire baptiser, parce qu'il ne pourrait plus boire de koumis, selon l'opinion des chrétiens de ce pays-là, et que sans un tel breuvage il lui serait impossible de vivre en ces déserts, et jamais je ne lui pus ôter cette opinion, quoi que je lui susse remontrer. Ce qui fait voir combien ils sont détournés de la foi par cette fantaisie que leur ont donnée les Russiens, qui sont en grand nombre parmi eux. Ce même jour, Scacatay nous donna un guide pour nous mener à Sartach, et deux autres hommes pour nous conduire jusqu'au plus proche logement, qui était à cinq journées de là, selon que nos bêtes pouvaient marcher. Ils nous donnèrent une chèvre pour manger et plusieurs bouteilles pleines de lait de vache, avec un peu de koumis, parce qu'il est fort cher et précieux entre eux.

Prenant donc notre chemin vers le nord, il me sembla que nous passions par une des portes d'enfer; et les garçons qui nous menaient commençaient à nous dérober tout ouvertement, parce qu'ils voyaient que nous n'y prenions pas fort garde, mais reconnaissant notre perte, nous en eûmes un peu plus de soin.

Nous vînmes enfin au bout de cette province, qui est fermée d'un grand fossé qui s'étend d'une mer à l'autre. Il y avait au delà un logement où ceux chez qui nous entrâmes nous semblèrent tous comme des ladres, tant ils étaient hideux; c'étaient tous pauvres et misérables gens qu'on y avait mis pour recevoir le tribut de ceux qui venaient chercher du sel de ces salines dont nous avons parlé. De là ils disaient que nous avions à cheminer quinze journées entières sans trouver personne. Nous bûmes avec eux du koumis, et nous leur donnâmes un panier plein de fruits et du biscuit. Ils nous donnèrent huit bœufs, une chèvre et quelques bouteilles pleines de lait de vache, pour un si grand chemin. Ainsi ayant changé de bœufs, nous nous mîmes en chemin, et en dix jours nous arrivâmes en un autre logement, et ne trouvâmes point d'eau en tout ce chemin, sinon en quelques fosses creusées en des lieux bas, et deux petits ruisseaux seulement que nous rencontrâmes. Nous cheminions toujours droit à l'orient, depuis que nous fûmes une fois sortis du pays de Gazarie, ayant la mer au midi et de grands déserts au nord, qui durent quelquefois plus de vingt journées d'étendue, et où on ne trouve que des forêts, des montagnes, avec des pierres. L'herbe y est très bonne pour les pâturages. C'était là que vivaient les Comans et qu'ils tenaient leurs troupeaux : ils s'appelaient Capchat, et selon les Allemands Valans, et leur pays Valanie; Isidore l'appelle Alanie, depuis le Tanaïs jusqu'aux Méotides et le Danube. Tout ce pays en sa longueur, depuis le Danube jusqu'au Tanaïs, qui sépare l'Asie de l'Europe, est de plus de deux mois de chemin pour un homme de cheval allant vite, comme font les Tartares, et tout cela est habité par les Comans Capchat, et même depuis le Tanaïs jusqu'à l'Etilia ou Volga, y ayant entre ces deux fleuves environ dix grandes journées. Au nord de ce pays-là est la Russie, toute pleine de bois, qui s'étend depuis la Pologne et la Hongrie jusqu'au Tanaïs ; elle a été toute ravagée par les Tartares, qui la ruinent et désolent encore tous les jours, à cause qu'ils préfèrent les sarrasins aux chrétiens tels que sont les Russiens. Quand ces pauvres gens ne peuvent plus donner ni or ni argent, ils les emmènent avec leurs enfants comme des troupeaux de bêtes, pour leur faire garder les leurs. Au delà de la Russie, en tirant au nord, est la Prusse, que depuis peu les chevaliers teutoniques ont subjuguée entièrement ; ils pourraient en faire autant et bien aisément de toute la Russie, s'ils voulaient s'y employer. Car si les Tartares savaient que notre grand pontife, le pape, fît croiser les peuples contre eux, ils s'enfuiraient tous bien vite et s'iraient cacher dans leurs déserts.

XV

Des souffrances et incommodités que les nôtres endurèrent en ce voyage et de la sépulture des Comans.

Nous allions donc toujours vers l'orient, ne trouvant rien en notre chemin que ciel et terre, et quelquefois à main droite la mer qu'ils appellent mer du Tanaïs, et çà et là des sépultures de Comans, que nous découvrions de deux lieues loin : car les enterrements de toute une famille et parenté se font en un même endroit. Tant que nous cheminions parmi ces déserts, nous étions assez bien, au prix du mal que nous avions quand nous arrivions en un de leurs logements, lequel était si grand que je ne le saurais exprimer. Notre guide voulait qu'à chaque capitaine que nous trouvions nous lui fissions un présent, à quoi nous ne pouvions pas fournir, d'autant que nous étions huit personnes qui vivions tous de nos provisions, sans compter les serviteurs tartares qui voulaient manger comme nous. Nous étions cinq maîtres, puis les trois qui nous conduisaient, deux qui menaient les charrettes, et un qui venait avec nous jusqu'à Sartach. Les viandes qu'ils nous donnaient ne nous suffisaient pas, et nous ne trouvions rien à acheter avec notre argent. Lorsque nous étions assis sous nos charrettes à l'ombre, à cause de la grande chaleur qu'il faisait alors, ils nous importunaient extrêmement, se venant jeter sur nous, nous tourmentant et pressant pour voir tout ce que nous portions. J'étais fort chagrin de voir que quand je leur voulais dire quelque parole d'édification, notre truchement me disait : « Vous ne me ferez pas prêcher aujourd'hui; je n'entends rien de tout ce que vous dites. » Il disait vrai : car depuis je compris fort bien, lorsque je commençai à entendre un peu la langue, que quand je lui disais une chose il en rapportait une autre à sa fantaisie: Voyant donc qu'il ne servait de rien de lui dire quelque chose pour le répéter, j'aimai mieux me taire. Nous cheminâmes ainsi de logement en logement, avec grande peine et travail; de sorte que peu de jours avant la fête de la Madeleine, nous arrivâmes au grand fleuve de Tanaïs (le Don) qui fait la borne de l'Europe et de l'Asie, comme le Nil est celle de l'Asie et de l'Afrique. En ce lieu où nous arrivâmes, Baatu et Sartach ont fait faire un logement de Russiens sur la rive orientale de ce fleuve, pour faire passer les ambassadeurs et marchands avec de petites barques. Ils nous y passèrent les premiers, ensuite nos chariots, mettant une roue en une barque et une autre roue en une autre, et attachant bien ces barques les unes aux autres, ils nous firent passer cette rivière. Notre guide s'y comporta fort mal, car sur ce qu'il crut que ceux du logement nous dussent fournir de chevaux, il renvoya les bêtes qui nous avaient portés; et comme nous leur en demandions d'autres, ils nous répondaient fort bien que Baatu leur avait donné un privilège qui les exemptait de cela, qu'ils n'étaient destinés qu'à passer et repasser ceux qui allaient et venaient; et même ils prenaient un gros droit des marchands pour cela. Nous demeurâmes ainsi trois jours entiers sur le bord de la rivière. Le premier jour ils nous donnèrent un grand poisson appelé barbote, tout frais; le second jour du pain de seigle et quelque peu de chair, qu'un officier de ce bourg-là avait été prendre de maison en maison; et le troisième jour des poissons secs, dont ils ont en abondance.

Au reste, ce fleuve était large en ce lieu-là, comme est la Seine à Paris. Avant que d'y arriver, nous avions passé plusieurs autres rivières très belles et poissonneuses; mais les Tartares ne savent pêcher ni ne se soucient pas du poisson, s'il n'est si grand qu'ils en puissent manger et s'en rassasier comme on fait du mouton. Ce fleuve est la borne orientale de la Russie et prend sa source en des marais qui s'étendent jusqu'à l'océan Septentrional, mais il a son cours vers le midi et s'embouche en une grande mer de sept cents milles d'étendue avant que d'arriver à la grande mer; toutes les eaux que nous passâmes vont de ce côté-là.

Ce fleuve traverse à l'occident une grande forêt, et les Tartares ne montent jamais au delà vers le nord, parce qu'en ce temps-là, qui est environ vers le commencement du mois d'août, ils reprennent leur chemin vers le midi. Si bien qu'ils ont un logement plus bas, par où les ambassadeurs passent en temps d'hiver. Nous étions donc là en une grande peine, ne pouvant trouver ni bœufs ni chevaux pour notre argent; à la fin, après que je leur eus fait connaître le travail que j'avais entrepris pour le bien commun du christianisme, ils nous accommodèrent de bœufs et d'hommes; mais pour nos personnes, il nous fallut aller à pied. C'était au temps qu'ils coupaient les seigles, car le froment n'y vient pas bien; mais ils ont du millet en abondance. Les femmes russiennes ornent leurs têtes ainsi que les nôtres, et bordent leurs robes depuis le bas jusqu'aux genoux de bandes de vair et d'hermine.

Les hommes portent des manteaux comme les Allemands ; mais ils se couvrent la tête de certains bonnets en feutre pointus et fort hauts. Nous cheminâmes trois jours entiers sans trouver aucune habitation, étant fort las, et nos bœufs aussi, ne sachant où nous pourrions trouver les Tartares ; il nous arriva deux chevaux qu'on nous avait envoyés en diligence, dont nous fûmes fort réjouis. Notre guide et notre truchement montèrent dessus pour aller découvrir de quel côté nous pourrions trouver quelque logement. Enfin, au quatrième jour, nous en trouvâmes avec autant de joie que ceux qui après la tempête arrivent au port. Ayant pris là des chevaux et des bœufs, selon que nous avions besoin, nous poursuivîmes notre chemin de logement en logement, tant que nous parvînmes le dernier jour de juillet jusqu'à celui de Sartach.

XVI

Du pays où était Sartach et des peuples qui lui obéissent.

Tout le pays au delà du Tanaïs est très beau, rempli de forêts et de fleuves du côté du nord. Il y a de grands bois qui sont habités de deux sortes d'hommes. Les uns s'appellent Moxel, qui n'ont aucune loi, et sont entièrement idolâtres. Ils n'ont point de villes ni de villages, mais seulement quelques cabanes çà et là dans les bois. Ceux de cette nation avec leur seigneur avaient été tués la plupart en Allemagne. Les Tartares les y avaient menés ; et ils ont conservé de l'estime pour les Allemands, et s'attendent bien d'être un jour délivrés par eux de la servitude des Tartares. Quand quelque marchand étranger arrive chez eux, il faut que celui chez qui il descend le pourvoie de tout ce qui lui sera nécessaire tant qu'il y demeurera. Ils ont quantité de pourceaux, de miel, de cire, de riches fourrures et de faucons. Il y a proche d'eux d'autres peuples qui s'appellent Merclas ; les Latins les appellent Mardes ; ils sont sarrasins. Au delà d'eux est le fleuve Étilia (Volga), qui est le plus grand que j'aie jamais vu : il vient du nord et de la Grande-Bulgarie [1] ; il va droit au midi, pour tomber dans un grand lac ou mer (Caspienne), qui a plus de quatre mois de circuit, et dont je parlerai ci-après. La distance de ces deux fleuves du Tanaïs et d'Étilia n'est pas grande dans les endroits et pays du nord, où nous avons passé plus de dix journées, mais vers le midi ils sont bien plus éloignés. Car le Tanaïs s'embouche dans les Palus-Méotides, et l'Étilia dans ce grand lac qu'il fait, avec plusieurs autres fleuves qui s'y rendent de Perse. Au midi nous avions de très grandes montagnes où habitent les Kergis (Kirghis), et les Alains ou Acas, qui sont chrétiens et combattent encore tous les jours contre les Tartares. Après eux, vers ce grand lac ou mer, sont des sarrasins, qu'on appelle Lesges, qui sont sujets des Tartares ; puis on trouve la Porte de fer [2] que, dit-on, le grand Alexandre fit faire pour empêcher les Barbares d'entrer en Perse ; j'en parlerai encore ci-après, d'autant que j'y passai à mon retour. En tous les pays qui sont entre ces deux fleuves, par où nous avons passé, habitaient autrefois les Comans avant que les Tartares eussent occupé cette région.

XVII

De la cour de Sartach et de sa magnificence.

Nous trouvâmes Sartach à trois journées du fleuve Étilia, et sa cour nous sembla fort grande : car il a six

---

1. L'auteur entend par Grande-Bulgarie une région de l'ancienne Scythie qui s'étend vers le nord à l'ouest des monts Ourals. De là seraient venus, avec les invasions, les ancêtres des Bulgares actuels, qui se sont fixés dans les Balkans et sur le bas Danube. On voit encore en effet sur la rive droite de la Kama, affluent septentrional du Volga, les ruines d'une ancienne cité de Bolgari, à laquelle ces peuples doivent leur nom.
2. Nom donné à la ville de Derbend, placée sur un défilé très fréquenté, formé par un versant du Caucase et le rivage de la mer Caspienne. Une grande *porte de fer*, qui défend au nord l'entrée de cette ville, lui a valu ce surnom.

femmes, et son fils aîné, qui habite proche de lui, en a deux ou trois, et chacune d'elles a une grande maison ou habitation, qui contient plus de deux mille chariots. Notre guide s'adressa à un certain chrétien nestorien[1] nommé Coyat, qui est un des principaux de cette cour; il nous fit aller bien loin vers un seigneur nommé Janna : c'est ainsi qu'ils appellent celui qui a la charge de recevoir les ambassadeurs. Ce Coyat nous ordonna de le venir trouver vers le soir. Là-dessus notre guide s'enquit de nous, quels présents nous avions à lui faire; et il s'offensa fort quand il vit que nous n'apportions rien pour cela. Étant introduits vers ce seigneur, nous le trouvâmes assis en sa pompe et magnificence, faisant jouer d'une guitare et danser devant lui. Je lui exposai comment j'étais venu pour voir son seigneur, et le priai qu'il nous aidât à lui faire voir nos lettres. Je m'excusai de ne lui apporter aucuns présents, ni à son maître, sur ce que j'étais religieux, ne possédant ni ne recevant rien, et ne touchant même ni or, ni argent; ni aucune chose précieuse, excepté quelques livres et une chapelle (ornements sacerdotaux) pour le service divin; de sorte qu'ayant quitté mon bien propre je ne pouvais être porteur de celui d'autrui. Lui, là-dessus, me répondit assez bénignement que je faisais bien, étant religieux, de garder ainsi mon vœu, et qu'il n'avait point de besoin du nôtre, mais qu'il nous donnerait plutôt du sien, si nous en avions besoin. Après cela, il nous fit seoir et boire de leur lait; puis il nous pria de faire la bénédiction pour lui, ce que nous fîmes. Entre autres choses il nous demanda qui était le plus grand seigneur entre les Franks ou chrétiens occidentaux; je lui répondis que c'était l'Empereur, s'il jouissait paisiblement de tout ce qui lui appartient; mais il me répliqua que non, et que c'était plutôt le roi de France. Car il avait ouï parler de Votre Majesté par monseigneur Baudouin de Hainaut. Je trouvai là aussi un

---

1. Voy. Marco Polo, liv. Ier, chap. xv.

des frères chevaliers du Temple, qui avait été à Chypre et lui avait conté tout ce qu'il avait vu.

Cela fait, nous retournâmes en notre logement. Le lendemain je lui envoyai un flacon de vin muscat, qui s'était fort bien conservé le long du chemin, avec un panier plein de biscuit, ce qu'il eut très agréable, et il retint nos serviteurs ce soir-là avec lui. Le jour suivant, il m'envoya dire que je vinsse à la cour et que j'apportasse les lettres du roi avec ma chapelle et mes livres, d'autant que son seigneur voulait voir le tout. Ce que nous fîmes, faisant porter une charrette pleine de nos livres et des ornements de notre chapelle, avec une autre de pain, de vin et de fruits. Étant arrivés devant lui, il nous fit exposer tous nos livres et ornements; il y avait à l'entour de nous force Tartares, chrétiens et sarrasins, tous à cheval. Ayant bien regardé tout, il nous demanda si nous voulions faire présent de cela à son maître; je fus fort étonné de cette parole, et, dissimulant le mieux que je pouvais mon déplaisir, je lui répondis que je le suppliais de faire en sorte que son seigneur voulût nous faire l'honneur de recevoir ce pain, ce vin et ces fruits, non comme un présent, étant si peu de chose, mais par manière de bénédiction, afin de ne venir les mains vides en sa présence; qu'il pourrait voir les lettres du roi mon seigneur et y apprendrait la cause pourquoi nous étions venus vers lui, et qu'alors nous attendrions son commandement et sa volonté. Que pour les ornements de la chapelle, c'était chose sacrée, qu'il n'était permis qu'aux prêtres de toucher. Alors il nous commanda de nous en revêtir et d'aller ainsi trouver son seigneur : ce que je fis, après m'être revêtu des riches ornements et chapes que nous avions, tenant en main une fort belle Bible, que Votre Majesté m'avait donnée, et un psautier très riche, qui était un présent de la reine, où il y avait de très belles enluminures; mon compagnon portait le missel et la croix, et notre clerc, vêtu d'un autre parement, prit l'encensoir, et nous arrivâmes en cet équipage vers son seigneur Sartach. Ils levèrent une pièce de feutre qui était pendue devant la porte, afin qu'il nous pût voir arriver en cette cérémonie. Alors ils commandèrent au clerc et au truchement de fléchir le genou par trois fois; ce qu'ils ne requirent pas de nous. Puis ils nous avertirent de prendre soigneusement garde en entrant ou sortant de ne toucher pas le seuil de la porte, et que nous chantassions quelques cantiques de bénédiction pour leur seigneur. Nous entrâmes donc entonnant un *Salve regina*. A l'entrée de la porte il y avait un banc, sur lequel était du koumis et des tasses. Toutes ses femmes y étaient venues; et ses Moals ou Tartares nous pressaient fort en entrant avec nous. Là Coyat prit l'encensoir en main et le présenta à Sartach, qui le regarda fort en le touchant; il lui fit voir le psautier, qu'il considéra bien aussi avec sa femme, qui était assise auprès de lui; après il lui montra la Bible et demanda si c'était l'Évangile; je lui répondis que ce livre contenait la sainte Écriture; et voyant une image, il s'informa si c'était celle de Jésus-Christ, et je lui dis que oui; car il faut remarquer que les chrétiens nestoriens et arméniens ne mettent jamais de figure de crucifix sur leurs croix; et il semble par là qu'ils ne croient pas bien à la passion du Fils de Dieu ou qu'ils en aient honte. Après quoi il fit retirer tous ceux qui étaient alentour de nous afin de mieux voir tous nos ornements. Alors je pris l'occasion de lui présenter les lettres de Votre Majesté, avec les interprétations en arabe et en syriaque; car je les avais fait traduire en ces langues et caractères, étant à Acre, où il y avait des prêtres arméniens, qui savaient le turc et l'arabe, et le chevalier templier entendait le syriaque, le turc et l'arabe. Cela fait, nous sortîmes pour laisser nos ornements et nous en dépouiller, et les interprètes vinrent avec Coyat pour déchiffrer nos lettres. Sartach, ayant entendu ce qu'elles portaient, reçut notre présent de pain, de vin et de fruits, et nous fit rendre nos ornements et nos livres; tout cela fut le jour de Saint-Pierre-aux-Liens.

XVIII

Comment nous reçûmes commandement d'aller trouver Baatu, père de Sartach.

Le lendemain matin, un certain prêtre, frère de Coyat, vint demander un petit vase où il y avait du chrême, parce que Sartach le voulait voir, comme il disait, et nous le lui donnâmes, et sur le soir Coyat nous fit appeler, disant que le roi notre maître avait écrit une lettre civile et honnête à son maître, mais qu'il y avait certaines choses difficiles à faire, à quoi il n'osait toucher sans le conseil de son père Baatu; qu'ainsi il nous le fallait aller trouver, et cependant lui laisser les deux chariots, avec tous les ornements et les livres, que son seigneur Sartach voulait voir plus particulièrement et à loisir. Ce qu'ayant entendu, je soupçonnai aussitôt qu'il y avait quelque mauvais dessein caché là-dessous; et sur cela je lui dis que nous laisserions sous sa garde non seulement les deux chariots qu'il demandait, mais aussi les deux autres que nous avions encore. Il nous répondit qu'il ne demandait pas ceux-là, que nous en fissions ce que nous voudrions. Je lui dis que cela ne se pouvait séparer ainsi, mais que nous lui laisserions le tout à sa disposition; alors il nous demanda si nous voulions demeurer en ce pays-là; je lui dis que s'il avait bien entendu les lettres du roi mon maître, il pouvait juger que c'était notre intention; sur quoi il nous avertit que, cela étant, nous avions besoin d'être fort humbles et patients; et ainsi nous le quittâmes ce soir-là. Le lendemain il nous envoya un prêtre nestorien pour les chariots, et nous les lui fîmes mener tous quatre. Le frère de Coyat vint au-devant de nous et sépara toutes nos hardes d'avec ce que nous avions porté le jour précédent à la cour, qu'il prit comme étant à soi, à savoir les livres et les vêtements; Coyat avait commandé que nous portassions avec nous tous les vêtements sacrés dont nous nous nous étions revêtus devant Sartach, afin de nous en vêtir aussi devant Baatu, s'il était besoin. Cependant le prêtre nous ôta tout de force, disant que puisque nous avions apporté tout cela à Sartach, pourquoi le voulions-nous porter encore à Baatu ? Comme je lui en voulais rendre raison, il me dit que je n'en parlasse pas davantage : ce qu'il nous fallut souffrir patiemment, n'ayant aucun accès près de Sartach, et personne qui nous en fît justice. Je craignais assez de mon truchement qu'il n'eût rapporté quelque chose autrement que je ne l'avais dit; outre que je savais bien qu'il eût bien désiré que nous eussions fait un présent à Sartach du tout. Mais je me consolai en une chose, c'est qu'aussitôt que je reconnus leur désir, je retirai secrètement la Bible et quelques autres livres que j'aimais le mieux. Pour le psautier de la reine, je ne pus pas en faire de même, d'autant qu'on l'avait trop remarqué pour ses dorures et belles enluminures. Nous retournâmes donc en notre logement avec nos deux chariots de reste. Incontinent après cela arriva celui qui venait pour nous mener vers Baatu; il voulait qu'en diligence nous nous missions en chemin. Mais je lui dis que je ne voulais en aucune manière mener nos chariots; ce qu'ayant rapporté à Coyat, il nous envoya dire que nous les lui laissassions avec notre garçon; ce que nous fîmes.

Nous prîmes notre route vers l'orient pour aller trouver Baatu, et en trois journées nous vînmes au fleuve Étilia, dont voyant les grosses eaux, je m'étonnai fort qu'il en pût venir du nord en aussi grande abondance. Avant que de partir de la cour de Sartach, je fus averti par Coyat et par plusieurs autres de cette cour que je me gardasse bien de dire que Sartach fût chrétien, mais Moal ou Tartare seulement; ils croient que le nom de chrétien et chrétienté est un nom de pays et de nation, et ces gens-là sont montés à une telle arrogance, que, encore que peut-être ils aient quelque créance de Jésus-Christ, ils ne veulent pas toutefois être appelés chrétiens, mais Moals seulement, qui est le nom qu'ils veulent exalter par-dessus toutes choses; ils ne veulent pas non plus qu'on les appelle Tartares, d'autant que les vrais Tartares ont été un autre peuple, comme je le dirai plus loin, suivant ce que j'en ai appris.

XIX

L'honneur que Sartach, Mangu-Khan, et Ken-Khan font aux chrétiens; l'origine de Cingis et des Tartares.

Du temps que les Français prirent la ville d'Antioche (en 1097), il y avait pour monarque, en ces parties septentrionales, un prince nommé Ken-Khan : Ken était son nom propre, et Khan un titre de dignité, qui a la même signification que devin, car ils appellent tous les devins khan; de là leurs princes ont pris ce nom, parce que leur charge est de gouverner les peuples par le moyen des augures; de sorte qu'on lit aux histoires d'Antioche que les Turcs envoyèrent demander secours à Ken-Khan contre les Franks, d'autant que les Turcs sont eux-mêmes venus de ces pays-là. Ce Ken-Khan était roi du Cara-Cathay, c'est-à-dire « noir Cathay » (« cara » signifie noir, et « Cathay » est un nom de pays), pour le distinguer d'un autre Cathay (la Chine) qui est vers l'orient, le long de la mer, dont je parlerai ci-après. Ce Cathay-là est au dedans de certaines montagnes par où j'ai passé, avec une grande campagne où était autrefois un grand prêtre nestorien, qui était seigneur d'un peuple nommé Nayman, tous chrétiens nestoriens. Ce Ken-Khan étant mort, ce prêtre nestorien s'éleva et se fit roi. Tous les nestoriens l'appelaient le roi Prêtre-Jean, et disaient de lui des choses merveilleuses, mais beaucoup plus qu'il n'y avait en effet. Car c'est la coutume des nestoriens venant de ces pays-là de faire un grand bruit de peu de chose, ainsi qu'ils ont fait courir partout que Sartach était chrétien, aussi bien que Mangu-Khan[1] et Ken-Khan, pour cela seulement qu'ils font plus d'honneur aux chrétiens qu'à tous les autres; toutefois il est très certain qu'ils ne sont pas chrétiens.

Ce Prêtre-Jean était fort renommé partout, quoique, quand je passai par son pays, personne sinon quelques nestoriens ne savait qui il était. En ces pacages habitait Ken-Khan; j'y ai passé aussi à mon retour. Prêtre-Jean avait un frère fort puissant, prêtre comme lui, nommé Unc, ou Vut, qui habitait au delà des montagnes de Cara-Cathay; il y avait entre ces deux cours environ trois semaines de chemin. Ce frère était seigneur d'une habitation ou logement nommé Caracorum, et avait sous sa domination une nation de nestoriens appelée Krit-Merkit. Mais leur prince, ayant abandonné la foi de Christ, devint idolâtre, tenant près de soi des prêtres des idoles, qui sont tous sorciers et qui invoquent les diables. Au delà de ce pays, à environ douze ou quinze journées, étaient les pâturages des Moals, pauvres et misérables gens, sans chef, sans loi, ni religion aucune, sinon celle des augures et sortilèges, à quoi tous les peuples de ces régions-là sont fort adonnés. Près de ces Moals habitaient d'autres peuples aussi misérables, appelés Tartares. Le roi Prêtre-Jean étant mort sans enfants, son frère Unc lui succéda et se fit appeler Khan. En ce temps il se trouva un certain homme de Moal, nommé Cingis[2], maréchal de son métier, qui se mit à courir sur les terres de Unc-Khan, et en emmena force troupeaux de bêtes; si bien que les pâtres allèrent s'en plaindre à leur maître, qui aussitôt assembla une grande armée et entra dans les terres de Moal pour attraper Cingis; mais celui-ci s'enfuit parmi les Tartares, où il demeura caché quelque temps. Vut fit un grand butin sur les terres de Moal et des Tartares,

---

1. Mangou-Khan, empereur mongol (prédécesseur de Koubilaï-Khan, à la cour duquel vécut Marco Polo), régna de 1250 à 1259.
2. Le futur Tchengis-Khan, le Gengis-Khan de nos histoires.

puis s'en retourna chez soi. En ces entrefaites Cingis, homme adroit, parla souvent à ceux de Moal et aux Tartares, leur remontrant comme quoi, étant sans chef, leurs voisins en venaient aisément à bout et les opprimaient. Ces peuples, considérant cela et y prenant goût, l'élurent pour leur capitaine, qui amassa aussitôt quelques troupes, et s'alla jeter sur les terres de Vut, qu'il vainquit en bataille et contraignit de se retirer au Cathay. Cingis prit une des filles de Vut qu'il donna pour femme à un de ses fils, qui devint ainsi père du grand khan Mangu, qui règne aujourd'hui. Ce Cingis donc envoya de tous côtés ses Tartares pour faire la guerre, ce qui a rendu leur nom si célèbre partout; mais la plupart enfin y périrent; de sorte que maintenant ceux de Moal veulent faire perdre la mémoire de ce nom-là et y substituer le leur. Le pays où ils parurent premièrement et où est encore maintenant la principale cour de Cingis-Khan, s'appelle Mancherule; mais parce que la Tartarie est proprement le pays d'où ils commencèrent à faire leurs conquêtes partout aux environs, ils tiennent maintenant cette région-là pour la plus considérable de leur domination; et c'est là où ils font l'élection de leur Grand Khan.

XX

De Sartach, des Russiens, Hongrois et Alains et de la mer Caspienne.

Pour ce qui est de Sartach, je ne saurais réellement dire s'il est chrétien ou non. Ce que je sais bien, c'est qu'il ne veut pas être appelé chrétien, et il me semble bien plutôt qu'il se moque des chrétiens et qu'il les méprise. Il fait sa demeure en un lieu par où les chrétiens, les Russiens, Bulgares, Soldains, Kerkis, Alains et autres passent, quand ils vont porter des présents à la cour de son père Baatu; c'est alors qu'il fait plus de cas d'eux; mais s'il y passe des Sarrasins qui en portent davantage, il les expédie bien plustôt et leur fait plus de faveurs. Il tient aussi près de soi des prêtres nestoriens, qui chantent leur office et font autres dévotions à leur mode. Il y a un autre capitaine sous Baatu, nommé Berka ou Berta, qui a ses pâturages vers la Porte de Fer, où est le grand passage de tous les Sarrasins qui viennent de Perse et de Turquie, pour aller vers Baatu et lui porter des présents; mais il est sarrasin, car il ne permet pas en toutes ses terres qu'on mange de la chair de pourceau. A notre retour, Baatu lui avait commandé de changer de demeure et d'aller se mettre au delà d'Étilia vers l'orient, ne voulant pas que les ambassadeurs des Sarrasins passassent par ses terres, à cause de l'intérêt qu'il y avait.

Les quatre jours que nous demeurâmes en la cour de Sartach, nous n'eûmes aucune provision de manger ni de boire, sinon une seule fois, qu'on nous donna un peu de koumis. Comme nous étions en chemin pour aller vers son père, nous fûmes en grande appréhension. Les Russiens, Hongrois et les Alains leurs sujets, dont il y a bon nombre parmi eux, se mettent ensemble par bandes de vingt et trente à la fois; ils vont courant la campagne avec leurs arcs et flèches, tuent tous ceux qu'ils rencontrent la nuit, se cachant de jour; et quand ils sentent que leurs chevaux sont trop harassés, ils vont la nuit en prendre d'autres qui paissent par la campagne, et en emmènent chacun un ou deux, afin de s'en repaître en un besoin, s'ils ont faim. Notre guide craignait la rencontre de cette canaille-là, et je crois que nous fussions morts de faim en ce voyage, si nous n'eussions porté avec nous un peu de biscuit, qui nous servit bien.

Enfin nous arrivâmes au grand fleuve Étilia, qui est quatre fois plus grand que la Seine, très profond, et vient de la Grande-Bulgarie, qui est vers le nord, pour se rendre en un grand lac, ou plutôt mer, qu'ils appellent de Hircan[1], à cause d'une certaine ville ainsi nommée,

---

1. La mer Caspienne a été jadis appelée *Hircanienne*.

qui est située sur son rivage du côté de la Perse. Mais Isidore de Séville (chroniqueur du septième siècle) l'appelle mer Caspienne, d'autant que les monts Caspiens et la Perse la bornent au midi, et qu'elle a à l'orient les montagnes de Musihet ou des Assassins[1], qui sont contigus aux Caspiens. Au nord elle a cette grande solitude où sont maintenant les Tartares. C'est de ce côté-là qu'elle reçoit l'Étilia, qui croît et inonde le pays en été, comme le Nil fait l'Égypte. Elle a à l'occident les montagnes des Alains, les Portes de fer et les montagnes des Géorgiens. Cette mer est donc environnée de montagnes de trois côtés, mais au nord elle n'a que de rases campagnes. On peut en faire le tour en quatre mois de chemin. Ce qu'en dit Isidore, que ce soit un golfe venant de la mer, n'est pas vrai, car elle ne touche l'Océan en aucun endroit, mais elle est toute environnée de terre[2].

XXI

De la cour de Baatu et comment il nous reçut.

Tout ce pays-là, depuis le côté occidental de cette mer, où sont la Porte de fer et les montagnes des Alains, jusqu'à l'océan Septentrional, et les Palus-Méotides, où entre le Tanaïs, s'appelait anciennement Albanie, où, au rapport d'Isidore, il y avait des chiens si grands et si furieux qu'ils résistaient aux taureaux et tuaient les lions. Ce qui se trouve encore véritable aujourd'hui (l'ayant entendu de ceux qui y ont voyagé), c'est que vers la mer Septentrionale ils se servent de chiens comme de bœufs pour tirer leurs charrettes, tant ces animaux sont forts et puissants. En cet endroit donc, où nous arrivâmes sur la rivière d'Étilia, il y a un logement tout neuf que les Tartares y ont fait, et où quelques Russiens sont mêlés avec eux, afin de servir

---

1. Voy. dans Marco Polo, liv. Ier, chap. XXVIII, l'histoire du Vieux de la Montagne.
2. Nous trouvons ici les premières notions précises données sur cette mer.

au passage des ambassadeurs allant et venant à la cour de Baatu, qui est située par le rivage opposé.

Nous descendîmes dans une barque depuis ce logement jusqu'à sa cour, et depuis ce lieu-là jusqu'aux bourgs et villages de la Grande-Bulgarie, vers le nord, il y a cinq journées. Je me suis souvent étonné comment le diable y avait porté la fausse loi de Mahomet : car depuis la Porte de fer, qui est à l'extrémité de la Perse. il y a plus de trente journées de marche, en montant les déserts le long d'Étilia, jusqu'en ces pays de Bulgarie la Grande, où il ne se trouve aucun village, sinon quelques cabanes et hameaux, là où l'Étilia entre dans la mer. Ces Bulgares sont de très méchants mahométans, et plus opiniâtres en leur loi que tous les autres. Quand nous arrivâmes à la cour de Baatu, je fus surpris de voir sa maison seule étendue comme une très grande ville, et une multitude de peuples occupant plus de trois ou quatre lieues. Et comme autrefois le peuple d'Israël savait chacun de quel côté il devait dresser ses tabernacles, aussi ceux-ci savaient en quel endroit des environs de la cour ils se devaient poser, quand ils arrêtaient leurs cabanes et maisons roulantes. Si bien que cette cour, ou maison principale du seigneur, s'appelle en leur langue « curia orda », c'est-à-dire la cour du milieu, à cause qu'elle est toujours au milieu de tous leurs hommes, quoique personne n'ose loger à son midi, qui est laissé complètement libre, d'autant que ses portes s'ouvrent de ce côté-là ; mais ils s'étendent tous à droite ou à gauche tant qu'il leur plaît, selon que les lieux le permettent, pourvu qu'ils ne se mettent point devant ni à l'opposite de la cour. Nous fûmes conduits vers un certain sarrasin, qui ne nous fit point donner de vivres. Le lendemain nous allâmes à la cour, où Baatu avait fait élever une grande tente, parce que la maison n'était pas capable de tenir tant d'hommes et de femmes qui y étaient rassemblés.

Notre guide nous avertit de ne dire rien jusqu'à ce que Baatu nous le commandât, et qu'alors nous pourrions parler, mais en peu de mots. Il nous demanda si

Votre Majesté avait déjà envoyé des ambassadeurs en son pays; je lui répondis que vous en aviez envoyé vers Ken-Khan, et que vous n'en eussiez envoyé aucun ni vers lui ni vers Sartach, si vous n'eussiez cru qu'ils étaient chrétiens. Que si vous nous y aviez envoyés, ce n'était point par crainte d'eux, mais pour les féliciter sur ce que vous aviez entendu qu'ils étaient bons chrétiens. Alors il nous mena en son pavillon, et on nous avertissait toujours de nous garder bien de toucher les cordes qui tenaient cette tente attachée, parce qu'ils l'estiment comme le seuil de la maison. Nous demeurâmes là nu-pieds, en notre habit, la tête découverte, et en spectacle, à la vue de tous. Après, nous fûmes introduits jusqu'au milieu de cette tente, sans qu'on exigeât de nous que nous fissions aucune révérence en fléchissant le genou, comme les ambassadeurs envoyés vers eux ont coutume de faire.

Nous demeurâmes en la présence de Baatu environ la longueur d'un *Miserere*, et tous gardaient un grand silence. Baatu était assis sur un haut siège ou trône de la grandeur d'un lit et tout doré, auquel on montait par trois degrés; près de lui était une de ses femmes; les autres hommes étaient assis à droite et à gauche de cette dame. Comme les femmes n'étaient pas assez pour remplir un des côtés (car il n'y avait là que celles de Baatu), les hommes remplissaient le reste de la place. A l'entrée de la tente était un banc, sur lequel il y avait du koumis et de grandes tasses d'or et d'argent enrichies de pierres précieuses. Baatu nous regardait fort, et nous le considérions aussi avec attention. Il me parut qu'il était d'assez grande taille. Son visage était un peu rougeâtre. Enfin il me fit commandement de parler; alors notre conducteur nous avertit de fléchir les genoux et de lui parler ainsi. Je pliai donc un genou en terre, comme devant un homme, mais il me fit signe que je les pliasse tous deux : ce que je fis, n'osant lui désobéir en cela; sur quoi m'imaginant que je priais Dieu, puisque je fléchissais ainsi les deux genoux, je commençai ma harangue par ces paroles :

« Monseigneur, nous prions Dieu, de qui tous biens procèdent, et qui vous a donné tous ces avantages temporels, qu'après cela il lui plaise vous donner aussi les célestes, d'autant que les uns sont inutiles et vains sans les autres. » Il écouta cela fort attentivement. J'ajoutai de plus : « Vous devez savoir, monseigneur, lui dis-je, que vous n'aurez jamais ces derniers si vous n'êtes chrétien ; car Dieu a dit lui-même que qui croira et se fera baptiser sera sauvé, mais qui ne croira pas sera condamné. » A ces mots il sourit modestement, et tous les Moals commencèrent à frapper des mains et à se moquer de nous ; de quoi mon truchement eut grande crainte, lui qui me devait encourager à n'avoir point de peur. Après qu'on eut fait silence, je lui dis que « j'étais venu vers son fils, parce que nous avions ouï dire qu'il était chrétien, et que je lui avais apporté des lettres de la part du roi de France, mon souverain seigneur ». Ayant ouï cela, il me fit lever debout, s'enquit du nom de Votre Majesté, de ceux de mes compagnons et de moi, et mon interprète les lui fit mettre par écrit. Il me dit encore qu'il avait entendu que Votre Majesté était sortie de son pays avec une armée pour faire la guerre. Je lui répondis qu'il était vrai, mais que c'était pour la faire aux Sarrasins qui occupaient la sainte cité de Jérusalem, et qui profanaient la maison de Dieu. Il me demanda aussi si jamais vous lui aviez envoyé des ambassadeurs. Je lui dis que non. Alors il nous fit seoir et donner de leur lait à boire, ce qui est considéré comme une grande faveur. Comme je regardais fixement en terre, il me commanda de lever les yeux, voulant nous mieux considérer, et peut-être était-ce par sortilège et superstition. Car c'est un mauvais présage pour eux quand quelqu'un assis devant eux demeure triste et la tête baissée, surtout quand il appuie la tête sur sa main. Après cela, nous sortîmes de là, et peu après notre guide vint, qui nous mena à notre logement, et nous dit qu'il savait que le roi mon maître demandait que nous demeurassions en ces pays-là ; mais que Baatu n'osait rien faire de cela sans le su et la permission de Mangu-Khan; de sorte qu'il était nécessaire que mon truchement et moi l'allassions trouver, et que mon compagnon, avec notre garçon, retourneraient vers Sartach, pour attendre notre retour. Alors mon bonhomme de truchement se mit à pleurer et se plaindre, se tenant comme perdu. D'un autre côté mon compagnon protestait qu'il se laisserait plutôt tuer que de se séparer de moi. Je dis aussi que je ne pouvais pas aller sans lui, et que nous avions bien besoin de deux serviteurs avec nous; que s'il arrivait qu'un de nous devînt malade, je ne pourrais pas demeurer seul. Notre truchement retourna à la cour, et rapporta le tout à Baatu, qui commanda que les deux prêtres, à savoir mon compagnon et moi, allassions ensemble, avec notre interprète, et que le clerc retournât vers Sartach. Cela nous étant rapporté, je voulais insister pour notre clerc aussi, afin qu'il vînt avec nous; mais le truchement me dit qu'il n'en fallait pas parler davantage, puisque Baatu l'avait ainsi ordonné, et qu'il n'oserait plus retourner à la cour pour cela. Pour le clerc, nommé Goset, il avait eu seulement vingt-six pièces de monnaie par aumône, et rien de plus : il en retint dix pour lui et pour son garçon, et les autres seize nous furent apportées par le truchement. Nous nous séparâmes de la sorte, avec force larmes de part et d'autre, lui s'en retournant vers Sartach, et nous demeurant là pour achever notre voyage.

XXII

De notre voyage à la cour de Mangu-Khan.

Notre clerc retourna à la cour de Sartach, où il arriva la veille de l'Assomption, et le lendemain les prêtres nestoriens ne manquèrent pas de se revêtir de nos ornements sacerdotaux, en la présence de Sartach, ainsi que nous sûmes depuis. Pour nous, on nous fit aller en un autre logement, où on devait nous pourvoir de vivres et de chevaux; mais d'autant que nous n'avions rien de quoi donner au maître du logis, il s'en acquittait fort mal. Nous suivîmes Baatu avec nos chariots le long de l'Étilia cinq semaines durant ; quelquefois mon compagnon était si pressé de la faim, qu'il me disait, en pleurant, qu'il pensait ne trouver jamais de quoi manger. Le marché suit toujours la cour de Baatu ; mais il était si loin de nous, que nous ne pouvions y aller ; car nous étions contraints d'aller à pied, faute de chevaux. Alors nous rencontrâmes certains Hongrois[1] qui avaient été clercs, et dont l'un d'eux savait encore beaucoup de chants d'Église par cœur. Les autres Hongrois le prenaient pour un prêtre et le faisaient venir au service de leurs morts. Un autre était assez bien instruit en la grammaire et entendait tout ce que nous disions en latin, mais il ne savait pas bien répondre. Ces bonnes gens nous furent d'une grande consolation, nous donnant du koumis à boire, et quelquefois de la chair à manger. Ils nous demandèrent quelques livres, mais nous n'en avions point à donner, car il ne nous était resté que notre Bible et notre bréviaire ; de sorte que je fus fort contristé de ne pouvoir satisfaire à leur désir ; je leur dis que, s'ils me voulaient donner du papier, je leur écrirais beaucoup de choses tant que nous serions là ; ce qu'ils firent, et je leur écrivis tout l'office de la Vierge et celui des Morts. Certain jour un Coman se joignit à nous, qui nous salua en paroles latines. Je lui rendis son salut, m'étonnant fort de cette rencontre, et lui demandai de qui il avait appris cette langue ; il me répondit qu'il avait été baptisé en Hongrie par un de nos frères, qui lui avait appris le latin. Il nous dit aussi que Baatu s'était fort enquis de lui qui nous étions, et qu'il lui avait conté au long tout ce qui regardait notre ordre et nos statuts.

Un jour je vis Baatu et tous ses gens à cheval, et tous les seigneurs et principaux aussi à cheval avec lui ; ils n'étaient pas en tout plus de cinq cents che-

---

1. Du pays d'où sont venus les Huns. — Voy. au chapitre suivant.

vaux, selon que j'en pus juger. Enfin vers la fête de l'Exaltation de la sainte Croix, un des riches et principaux de Moal vint à nous dont le père était chef de mille hommes, ce qu'ils appellent « millenaire », condition très élevée ; il nous dit qu'il avait charge de nous conduire vers Mangu-Khan, et qu'il y avait bien quatre mois de chemin à faire, et en un temps où le froid était si grand que souvent il faisait fendre les arbres et les pierres ; qu'ainsi nous considérassions si nous pourrions bien le supporter. Je lui répondis que j'espérais, avec la grâce de Dieu, que nous pouvions bien supporter ce que les autres hommes enduraient. Alors il nous dit que si nous ne pouvions le souffrir, il nous laisserait par les chemins ; à quoi je répondis que cela ne serait pas juste, puisque nous n'allions pas là de nous-mêmes, mais par ordre de son maître qui nous y envoyait ; et que partant il ne devait pas nous abandonner, puisque nous lui étions donnés en charge. Là-dessus il nous dit que nous n'eussions point de souci, et que tout irait bien. Après quoi, il se fit montrer tous nos vêtements, hardes et bagages, et il fit laisser en garde ce qui lui sembla le moins nécessaire, entre les mains de notre hôte. Le lendemain on nous fit apporter à chacun une grosse casaque fourrée de peaux de mouton, et des chausses de même, avec des bottes à leur mode, des galoches de feutre et des manteaux de même fourrure, comme ils ont coutume de les porter en campagne. Le lendemain de la Sainte-Croix nous nous mîmes en chemin tous à cheval, avec trois guides, et allâmes toujours vers l'orient jusqu'à la Toussaint, et par tous ces pays-là habitaient les Cangles, que l'on dit être venus des anciens Romains. A main gauche, vers le nord, nous avions la Grande-Bulgarie, et au midi, à droite, la mer Caspienne.

XXIII

Du fleuve Jagag et de divers pays et nations de ce côté-là.

Ayant cheminé environ douze journées depuis le fleuve Étilia, nous trouvâmes une autre grande rivière, nommée Jagag, qui vient du septentrion et du pays de Pascatir, et s'embouche en cette mer [1]. Le langage de ceux de Pascatir et des Hongrois est le même; ils sont tous pâtres, sans aucunes villes ni bourgades; du côté de l'occident ils touchent à la Grande-Bulgarie. Depuis ce pays-là vers l'orient, en ce côté septentrional, on ne trouve plus aucune ville; de sorte que la Petite-Bulgarie est le dernier pays où il y en ait. C'est de ce pays de Pascatir que sortirent autrefois les Huns, qui depuis furent appelés Hongrois, et cela est proprement la Grande-Bulgarie.

Nous cheminâmes par la terre des Cangles depuis la Sainte-Croix jusqu'à la Toussaint, et chaque journée était comme depuis Paris jusqu'à Orléans, selon que j'en puis juger, et quelquefois plus encore, selon la commodité des chevaux que nous trouvions à changer. Quelquefois nous en changions deux et trois fois par jour, et d'autres fois aussi nous allions deux et trois journées sans en pouvoir trouver de frais, parce qu'il n'y avait aucune habitation; alors nous allions plus lentement. Le plus souvent les chevaux n'en pouvaient plus avant que de pouvoir arriver à quelque autre logement; c'était alors à nous à fouetter et frapper nos chevaux, à charger nos hardes d'un cheval sur un autre, à changer nous-mêmes de chevaux, et quelquefois même d'aller deux sur le même.

---

1. L'Oural (?)

XXIV.

De la faim, de la soif et des autres misères que nous souffrîmes en ce voyage.

Il est impossible de dire combien en tout ce chemin nous endurâmes de faim, de soif, de froid et de lassitude : car ils ne nous donnaient à manger que sur le soir ; le matin ils ne donnaient qu'un peu à boire avec un peu de millet. Le soir ils nous donnaient de la viande, à savoir quelque épaule de mouton avec les côtes, et du potage par petite mesure ; et le boire en proportion. Quand nous avions du potage de chair, nous étions bien traités, et ce boire-là me semblait très-doux, très agréable et fort nourrissant.

Les vendredis je jeûnais jusqu'à la nuit sans rien avaler, et j'étais contraint de manger en tristesse et douleur des chairs à demi cuites, et quelquefois presque crues, parce que le bois manquait pour faire du feu, lorsque nous nous arrêtions à la campagne et que nous descendions de nuit, d'autant que nous ne pouvions pas bien ramasser les fientes des chevaux et des bœufs, et que difficilement nous trouvions d'autres matières propres à faire du feu, sinon par hasard quelques épines de-ci ou de-là. Il se trouve aussi quelquefois du bois le long des rivières, mais il est fort rare. Au commencement notre conducteur nous méprisait tous et se fâchait de mener de si chétives et misérables personnes. Mais après qu'il nous eut un peu mieux connus, il nous ramenait par les cours et logements des plus riches Moals, qui nous obligeaient de prier Dieu pour eux.

Touchant ce Cingis dont j'ai déjà parlé, et qui fut leur premier khan ou roi, il faut savoir qu'il eut quatre fils, desquels sont sortis plusieurs princes et chefs, qui tous ont aujourd'hui de grandes cours, et tous les jours étendent de plus en plus leurs habitations dans cette vaste solitude, qui est comme une grande mer.

Notre conducteur nous faisait donc passer par les cours de plusieurs de ces seigneurs, qui tous s'étonnaient de ce que nous ne voulions recevoir ni or, ni argent, ni riches vêtements. Ils nous demandaient entre autres choses de notre grand pape, s'il était si vieux que l'on leur disait : car on leur donnait à entendre qu'il avait plus de cinq cents ans. De plus s'il y avait beaucoup de brebis, bœufs et chevaux dans notre pays. Quand nous leur parlions de la grande mer Océane, ils ne pouvaient comprendre comment elle n'avait point de bout.

La veille de la Toussaint, nous laissâmes le chemin vers l'orient, et au septième jour nous découvrîmes certaines montagnes très hautes vers le midi, et entrâmes dans une campagne qui était arrosée d'eaux comme un jardin, et y trouvâmes des terres bien cultivées. A l'octave de la Toussaint nous arrivâmes à un logement et bourgade des Sarrasins, nommée Kenkat, dont le capitaine sortit dehors pour venir au-devant de notre guide, avec de la cervoise et des tasses : c'est leur coutume que de toutes les villes et bourgs sujets du Khan on sort au-devant des gens de Baatu et Mangu-Khan, pour leur présenter à boire et à manger. Ils allaient sur la glace, et avant la fête de saint Michel (29 septembre), nous avions vu de la gelée dans le désert. Je demandai à nos gens le nom de ce pays-là; mais ce territoire étant bien éloigné du leur, ils ne me surent rien dire que le nom de la ville, qui était fort petite. Là un grand fleuve venant des montagnes arrosait tout le pays, et ils s'en servaient selon qu'ils en avaient besoin, pour en conduire les eaux où ils voulaient; et ce fleuve ne se rendait en aucune mer, mais se perdait en terre, et faisait force marécages. Je vis là des vignes et bus de leur vin.

XXV

De la mort de Ban et de l'habitation des Allemands en ces pays-là.

Le jour suivant nous arrivâmes à un autre logement plus proche des montagnes; j'appris aussi qu'alors nous avions passé la mer où entre l'Étilia. Je m'enquis aussi de la ville de Talas, où il y avait des Allemands sujets de Bury, dont j'avais ouï parler par l'un de nos frères; je m'en étais aussi informé aux cours de Sartach et de Baatu, mais je n'en avais pu apprendre autre chose, sinon que leur seigneur Ban avait été tué à cette occasion. Il n'était pas en un trop bon pacage[1], et un jour étant un peu chargé de boisson, il disait aux siens : « Ne suis-je pas de la race de Cingis-Khan aussi bien que Baatu (dont il était le neveu ou le frère), et pourquoi ne puis-je aller aux pacages d'Étilia comme lui? » Ces paroles lui ayant été rapportées, Baatu écrivit aux hommes de Ban qu'ils ne manquassent pas de lui amener leur maître lié et garrotté, ce qu'ils firent; et Baatu, le voyant, lui demanda s'il était vrai qu'il eût dit cela : ce qu'il confessa, en s'excusant qu'il était ivre alors, car leur coutume est de pardonner aisément aux ivrognes. Mais Baatu, sans rien considérer, après lui avoir reproché comment il avait été si hardi de proférer son nom en son ivresse, lui fit couper la tête sur-le-champ.

Nous allâmes ensuite vers l'orient droit à des montagnes, et dès lors nous commençâmes à entrer parmi les gens de Mangu-Khan, qui, partout où nous passions, venaient chanter et battre des mains devant notre conducteur, d'autant qu'il était envoyé par Baatu. Ils se rendent cet honneur les uns aux autres, en sorte que les gens de Mangu reçoivent de cette ma-

---

1. Pâturage. — Il faut se rappeler que les chefs visités par nos voyageurs ont des troupeaux pour principale richesse.

nière ceux qui viennent de Baatu, et ceux de Baatu en font de même à ceux de Mangu ; toutefois ceux de Baatu semblent tenir le dessus et n'obéissent pas si bien à tout que les autres.

Peu de jours après nous entrâmes dans les montagnes où habitaient ceux de Cara-Cathay, et là nous trouvâmes un grand fleuve, qu'il nous fallut passer dans une barque ; de là nous descendîmes en une vallée, où je vis un château ruiné ; les murs n'étaient que de terre, et le pays était cultivé. Nous trouvâmes une ville appelée Equius, où étaient des Sarrasins qui parlaient persan, encore qu'ils fussent fort loin de la Perse. Le jour suivant, ayant achevé de traverser ces montagnes, qui étaient une branche des plus grandes vers le midi, nous entrâmes en une très belle plaine qui avait de hautes montagnes à main droite, et comme une mer ou grand lac de quinze journées de circuit à gauche[1]. Cette plaine était arrosée à plaisir d'eaux descendant de ces montagnes, et qui toutes se vont rendre dans ce grand lac. L'été nous retournâmes par le côté septentrional de cette mer, où il y avait aussi de grandes montagnes. Il y avait autrefois en cette campagne plusieurs villes et habitations ; mais pour la plupart elles avaient été détruites par les Tartares, qui ont là des pâturages très bons et très gras.

Nous y trouvâmes encore une grande ville, nommée Céalac ou Cailac, où il y avait un grand marché, que beaucoup de marchands fréquentaient. Nous nous y arrêtâmes environ quinze jours, attendant un certain secrétaire de Baatu, qui devait être compagnon de notre conducteur pour l'expédition des affaires. Ce pays-là, appelé Organum en la cour de Mangu, a un langage et des lettres particulières. Les nestoriens de ces quartiers se servent de cette langue et de ces caractères pour leur service ecclésiastique. Le nom d'Organum leur a été donné à cause que ceux de ce pays étaient autrefois de très bons musiciens, ainsi

1. Peut-être le lac Baïkal.

qu'on nous le donnait à entendre. Ce fut là où premièrement je trouvai des idolâtres, dont il y a plusieurs et diverses sectes par tout l'Orient.

XXVI

Du mélange des nestoriens, sarrasins et idolâtres.

Les premiers entre ces idolâtres sont les Jugures, qui sont voisins et contigus à cette terre d'Organum, entre les montagnes devers l'orient. En toutes leurs villes les nestoriens et sarrasins sont mêlés. En la ville de Cealac, ou Cailac, il y avait trois sortes d'idolâtres; j'entrai en deux de leurs assemblées, pour voir leurs sottes cérémonies. Dans la première je trouvai un homme qui avait une croix peinte avec de l'encre sur la main, ce qui me fit présumer qu'il était chrétien, il me répondait aussi comme un chrétien à tout ce que je lui demandais. Et m'étant informé pourquoi ils n'avait pas sur la croix l'image de Jésus-Christ; il me répondit que ce n'était pas la coutume; ce qui me fit croire qu'ils étaient bien chrétiens, mais que, faute d'instruction, ils n'avaient pas cette image. Je vis aussi comme un coffre qui leur servait d'autel, sur lequel ils allument des cierges et font des oblations, puis je ne sais quelle figure qui avait des ailes comme saint Michel, et d'autres qui étendaient les doigts de la main comme pour faire la bénédiction; en ce jour-là je ne pus apprendre autre chose d'eux, d'autant que les sarrasins les fuient tellement qu'ils ne veulent même pas parler avec eux; et comme je m'enquérais d'eux aux sarrasins touchant leurs cérémonies et religion, ils s'en scandalisaient beaucoup. Le lendemain, qui était le premier jour du mois et la pâque des sarrasins, nous changeâmes de logis, si bien que nous fûmes logés auprès d'un autre lieu d'idolâtres.

Étant entré dans leur assemblée, j'y trouvai un de leurs prêtres d'idoles : car le premier jour du mois ils ont coutume d'ouvrir leurs temples; les prêtres se revêtent et offrent les oblations du peuple, qui sont de pain et de fruits. Je décris premièrement en général à Votre Majesté toutes les cérémonies de ces idolâtres, ensuite celles de ces Jugures en particulier, qui est une fête comme séparée des autres. Tous adorent vers le septentrion, en frappant des mains et se prosternant le genou à terre et mettant la main sur le front; de sorte que les nestoriens de ces pays-là, pour ne point faire comme les idolâtres, ne joignent jamais les mains en priant, mais les étendent sur leur poitrine. Leurs temples sont étendus de l'orient à l'occident, et au côté du nord ils y ont comme une chambre qui sort en dehors; si le temple est carré, ils font cette chambre au milieu vers le septentrion, au lieu du chœur. Là ils posent un grand coffre en forme de table, derrière laquelle, vers le midi, ils logent leur principale idole. J'en ai vu à Caracorum une qui était aussi grande que nous faisons le saint Christophe. Et un certain prêtre nestorien, qui était venu du Cathay, me dit qu'en ce pays-là il y a une idole si grande et si haut élevée, qu'on la peut voir de deux journées loin. Ils ont d'autres idoles bien dorées, qu'ils mettent à l'entour. Sur cette table ou autel ils posent des chandelles et des oblations. Toutes les portes de leurs temples sont tournées au midi, au contraire des sarrasins qui les ont au nord.

Ils ont des cloches comme nous, et assez grandes; c'est pour cela, je crois, que les chrétiens d'Orient n'en ont point voulu avoir; mais les Russiens et les Grecs de Gazarie en ont aussi.

XXVII

De leurs temples et idoles et comment ils se comportent au service de leurs dieux.

Tous leurs prêtres ont la tête rase et la barbe coupée; ils sont vêtus de couleur jaune, et se tiennent cent et deux cents ensemble en une même congrégation; les jours où ils vont au temple ils s'assoient sur deux bancs vis-à-vis du chœur, ayant à la main des livres, que quelquefois ils posent sur ces bancs; ils demeurent la tête découverte tant qu'ils sont au temple, lisant tout bas, et gardant exactement le silence ; de sorte qu'étant un jour entré dans un de leurs oratoires et les ayant trouvés assis de la sorte, j'essayai plusieurs fois de les faire parler, mais je n'en pus jamais venir à bout. Ils portent toujours, partout où ils vont, une certaine corde de cent ou deux cents grains enfilés, de même que nous portons des chapelets, et disent toujours ces paroles en leur langue : *Ou mam hactavi* (Seigneur, tu le connais, ainsi qu'un d'entre eux me l'interpréta) : ils en attendent une récompense de Dieu.

À l'entour de leurs temples ils font toujours un beau parvis environné d'une bonne muraille ; la porte est vers le midi, fort grande, où ils s'assoient pour parler et discourir entre eux. Au-dessus de cette porte ils élèvent une longue perche dont le bout peut être vu de toute la ville; par là on reconnaît que c'est un temple d'idoles. Cela est commun à tous les idolâtres. Quand donc j'entrai, comme j'ai dit, en une de leurs synagogues, je trouvai les prêtres assis à la porte au dehors, et il me sembla voir des religieux de notre pays, ayant tous la barbe rasée. Ils portaient des mitres de papier sur la tête. Tous les prêtres de ces Jugures ont cet habit partout où ils vont, savoir des tuniques jaunes assez étroites, et ceintes par-dessus, comme ceux de France ; avec un manteau sur l'épaule gauche, qui descend par plis sur l'estomac, et par derrière au côté droit, comme nos diacres, quand ils portent la chape en carême.

Les Tartares commencent leur écriture par en haut, qui, comme une ligne, va finir en bas, qu'ils lisent de même façon, et ils rangent leurs lignes de gauche à droite. Ils se servent fort de billets et caractères pour des sortilèges; de sorte que leurs temples sont tout remplis de ces sortes de billets suspendus.

Ils brûlent leurs morts, comme les anciens, et en

gardent les cendres, qu'ils mettent sur de hautes pyramides. M'étant assis avec ces prêtres dans leur temple et ayant vu leur multitude d'idoles grandes et petites, je leur demandai quelle idée ils avaient de Dieu; ils me répondirent qu'ils ne croyaient qu'en un seul Dieu. M'informant s'ils croyaient que Dieu fût un esprit ou quelque substance ayant corps, ils me dirent qu'ils le croyaient être un esprit; et, leur ayant demandé s'ils croyaient que ce Dieu eût jamais pris nature humaine, ils me répondirent que non.

Ils ne croient qu'un Dieu seul, et toutefois ils font des images de feutre de leurs morts, les vêtent de riches habillements et les mettent sur un ou deux chariots, que personne n'ose toucher; mais ils sont donnés en garde à leurs devins. Ces devins demeurent toujours devant la tente de Mangu-Khan et des autres princes et seigneurs riches; les pauvres n'en ont point, à moins qu'ils soient de la race de Cingis.

Quand les grands doivent voyager, les devins vont devant, comme faisait la colonne de nuée devant les enfants d'Israël. Ils considèrent bien la place où il faut asseoir le camp; puis ils posent leurs maisons, et après eux tout le reste de la cour en fait de même. Quand c'est un jour de fête, ou le premier du mois, ils tirent dehors ces belles images et les mettent par ordre tout à l'entour dans leur maison; les Moals viennent, entrent dedans, s'inclinent devant ces images et les adorent; il n'est permis à aucun étranger d'entrer dedans; comme une fois je voulais y entrer, ils me grondèrent et repoussèrent bien rudement.

XXVIII

Des diverses nations de ces endroits-là, et de ceux qui avaient la coutume de manger leur père et leur mère.

Ces Jugures, qui, comme j'ai dit, sont mêlés de chrétiens et de sarrasins, avaient été réduits, à ce que je crois, par nos fréquentes disputes et conférences, à ce point-là de croire qu'il n'y a qu'un Dieu. Ces peuples habitaient de tout temps dans des villes et cités qui après furent sous l'obéissance de Cingis-Khan, qui donna une de ses filles à leur roi. La ville de Caracorum[1] est peu éloignée de ce pays-là, environné de toutes les terres du Prêtre-Jean et de son frère Vut. Ceux-ci étaient aux campagnes et pâturages vers le nord, et les Jugures aux montagnes vers le midi; de là est venu que ceux de Moal se sont formés à l'écriture, car ils sont grands écrivains; et presque tous les nestoriens ont pris leurs lettres et leur langue. Après eux sont les peuples de Tanguth vers l'orient, entre les montagnes; hommes forts et vaillants, qui prirent Cingis en guerre; mais étant délivré et ayant fait la paix avec eux, il les attaqua après et les subjugua. Ils ont des bœufs fort puissants, qui ont des queues pleines de crin comme les chevaux, et ont le ventre et le dos couverts de poils; mais aussi sont-ils plus petits de jambes que les autres et néanmoins très furieux. Ils tirent les grandes maisons roulantes des Moals, et ont les cornes fort menues, longues, pointus et fort piquantes, si bien qu'il les faut toujours rogner par le bout. Les vaches sont aussi du naturel du buffle : quand elles voient quelqu'un vêtu de rouge, elles lui courent sus pour le tuer.

Après ces peuples-là sont ceux de Tebeth[2], dont l'abominable coutume était de manger leur père et leur mère morts; ils pensaient que ce fût un acte de piété de ne leur donner point d'autre tombeau que leurs propres entrailles; mais maintenant ils l'ont quittée, car ils étaient en abomination à toutes les autres nations. Toutefois ils ne laissent pas de faire encore de belles tasses du test (crâne) de leurs parents, afin qu'en buvant cela les fasse ressouvenir d'eux en leurs réjouissances. Cela me fut raconté par un qui l'avait vu.

1. Sur la situation de cette ville, capitale du premier empire mongol et résidence habituelle de Mangu-Khan, voy. Marco Polo, liv. Ier, chap. LI, en note.

2. Thibet. — Voy. Marco Polo, liv. II, chap. XXXVI.

Leur pays est abondant en or, si bien que celui qui en a besoin n'a qu'à fouir en terre et en prendre tant qu'il veut, puis y recacher le reste. S'ils le serraient en un coffre ou cabinet pour en faire un trésor, ils croiraient que Dieu leur ôterait l'autre, qui est dans la terre.

Outre tous ces peuples, il y en a encore d'autres plus loin, à ce que j'ai entendu, que l'on appelle Muc, qui ont des villes, mais ils n'ont point de troupeaux de bêtes en particulier, bien qu'il y en ait en abondance chez eux. Personne ne les garde ; mais quand un d'eux a besoin de quelque animal, il ne fait que monter sur un tertre ou une colline ; il crie, et alors toutes les bêtes à l'environ qui peuvent entendre ce cri viennent aussitôt à lui, se laissent toucher et prendre comme si elles étaient domestiques et privées. Que si quelque ambassadeur ou autre étranger vient en ce pays-là, ils l'enferment en une maison et lui fournissent de tout ce qu'il a besoin, jusqu'à ce que l'affaire pour laquelle il est venu soit achevée, d'autant que s'il allait dehors par pays, ces bêtes le sentant étranger s'enfuiraient et deviendraient sauvages. Au delà de ce pays de Muc est le grand Cathay[1], où habitaient anciennement, comme je crois, ceux que l'on appelait Sères : car de là viennent les bons draps de soie, et le nom de Sères vient à cause de leur ville capitale, ainsi nommée.

L'Inde est entre la grande mer et eux. Ces Cathayans (Chinois) sont de petite stature et parlent du nez ; et communément tous ces Orientaux ont de petits yeux. Ils sont excellents ouvriers en toutes sortes de métiers, et leurs médecins, fort experts en la connaissance des vertus et propriétés des simples, jugent bien des maladies par le pouls ; mais ils n'ont aucune connaissance des urines. Ce que je sais pour avoir vu plusieurs de ces

---

1. La Chine proprement dite, qui doit correspondre en effet au pays lointain et inconnu où les anciens plaçaient les *Sères*, de qui leur venaient les étoffes de soie.

gens-là à Caracorum. C'est aussi la coutume que les pères enseignent toujours à leurs enfants le même métier et office qu'ils ont exercé; c'est pourquoi ils payent autant de tribut l'un que l'autre. Les prêtres des idoles de ce pays-là portent de grands chapeaux ou coqueluchons jaunes; et il y a entre eux, ainsi que j'ai ouï dire, certains ermites ou anachorètes qui vivent dans les forêts et les montagnes, menant une vie très surprenante et austère. Les nestoriens qui sont là ne savent rien du tout; ils disent bien le service et ont les livres sacrés en langue syriaque, mais ils n'y entendent chose quelconque. Ils chantent comme nos moines ignorants et qui ne savent pas le latin: de là vient qu'ils sont tous corrompus et méchants, surtout fort usuriers et ivrognes.

XXIX

De ce qui nous arriva en allant au pays des Naymans.

Nous partîmes de la ville de Cailac le jour de Saint-André, 30 de novembre; à trois lieues de là nous allâmes à un château au village des nestoriens. Étant entrés en leur église, nous y chantâmes hautement et avec joie un *Salve Regina*, parce qu'il y avait fort longtemps que nous n'avions vu d'église. Au partir de là nous arrivâmes en trois jours aux confins de cette province, où est le commencement de cette grande mer, ou lac, qui nous sembla aussi tempétueux que le grand Océan, et y vîmes une grande île au milieu; mon compagnon s'en approcha et y mouilla quelque linge pour en goûter de l'eau, qu'il trouva un peu salée, mais telle toutefois qu'on en pouvait boire. Il y avait de l'autre côté vis-à-vis une grande vallée entre de hautes montagnes vers le midi et le levant, et au milieu des montagnes un autre grand lac. Une rivière passait par ladite vallée d'une mer à l'autre. De là il soufflait continuellement des vents si forts et si puissants, que les passants couraient risque que le vent ne les emportât et précipitât en la mer. Au sortir de cette vallée, en allant vers le nord, on trouve un pays de montagnes toutes couvertes de neige. De sorte que passant là le jour de Saint-Nicolas, nous y eûmes une très grande peine et y souffrîmes fort. Nous ne trouvions par le chemin aucune autre sorte de gens que ceux qu'ils appellent « jani », qui sont des hommes établis de journée en journée, pour recevoir et conduire les ambassadeurs; d'autant que ce pays, étant montagneux, est aussi fort étroit et difficile, et il s'y rencontre peu de campagnes et de passages.

Entre le jour et la nuit, nous trouvions deux de ces jani, si bien que de deux journées nous n'en faisions qu'une et cheminions plus de nuit que de jour, mais dans un froid si extrême que nous fûmes contraints de nous couvrir de leurs grandes mantes ou robes de peaux de chèvres, dont le poil était en dehors.

Le second dimanche de l'Avent, qui était le 7 de décembre, sur le soir, nous passâmes par un certain endroit, entre d'effroyables rochers, où notre guide nous pria de faire quelques prières pour nous garantir de ce danger, et des démons qui ont accoutumé d'emporter souvent des passants, dont depuis on n'a plus de nouvelles. Il s'est trouvé qu'une fois ils enlevèrent le cheval, laissant l'homme; une autre fois ils tirèrent les entrailles du corps des personnes et laissèrent les carcasses toutes vides sur le cheval, avec mille autres étranges et horribles histoires qu'ils nous contaient y être arrivées. Nous commençâmes donc à chanter le *Credo in Deum,* etc., et par la grâce de Dieu nous passâmes tous sans aucun danger ni inconvénient.

XXX

Du pays des Naymans; de la mort de Ken-Khan, de sa femme et de son fils aîné.

Après cela, nous entrâmes dans une campagne où était la cour de Ken-Khan, qui habitait ordinairement au pays des Naymans, qui avaient été proprement les sujets du Prêtre-Jean.

Je ne vis pas alors cette cour, mais seulement à mon retour ; cependant je ne laisserai pas de dire à Votre Majesté ce qui advint de lui, de ses femmes et enfants. Ken-Khan étant venu à mourir, Baatu désirait que Mangu fût élu khan ; je ne pus rien savoir alors sur sa mort, laquelle, à ce qu'on me contait, était arrivée par le moyen d'un certain breuvage que l'on lui donna et que l'on soupçonnait et croyait être du conseil de Baatu ; mais j'en ai depuis ouï parler autrement dans le pays. Ken-Khan avait envoyé sommer Baatu de lui venir rendre hommage comme à son souverain ; Baatu, avec de grands préparatifs et un beau train, commença à se mettre en devoir de faire ce voyage ; mais, ayant quelque appréhension, il envoya devant un de ses frères, nommé Stichen. Arrivé vers Ken-Khan, comme Stichen le servait à table et lui donnait sa coupe, ils entrèrent tous deux en discussion, et de là en telle contestation qu'ils s'entre-tuèrent l'un et l'autre. Depuis, la veuve de ce Stichen nous retint un jour entier chez elle pour lui donner la bénédiction et prier Dieu pour elle.

Ken-Khan étant mort de la sorte, Mangu fut élu en sa place, par le consentement de Baatu. Or Ken avait un frère nommé Sirémon, qui, par le conseil de sa femme et de ses vassaux, s'en alla avec grand train vers Mangu comme pour lui rendre hommage, mais ayant le dessein de le mettre à mort et d'exterminer et détruire toute sa lignée.

Comme il approchait de la cour de Mangu et qu'il n'en était plus qu'à une ou deux journées, il advint qu'un de ses chariots se rompit par le chemin, et pendant que le charron s'occupait à le refaire, un des serviteurs de Mangu arriva, qui, lui aidant à raccommoder son chariot, s'informa adroitement de lui du sujet du voyage de son maître, et sut entretenir cet homme si finement que l'autre lui révéla tout ce que son maître Sirémon avait proposé de faire à Mangu ; sur quoi ce serviteur, sans faire semblant de rien, prit un bon cheval, et, se détournant du chemin, s'en alla en diligence droit à Mangu, auquel il rapporta tout ce qu'il avait entendu. Mangu aussitôt fit rassembler les siens, puis environner la cour par des gens de guerre, afin que personne ne pût y entrer ou en sortir à son insu et sans sa permission; il en envoya d'autres au-devant de Sirémon, qui se saisirent de lui, lorsqu'il ne pensait pas que son dessein eût été découvert; il fut amené devant Mangu avec tous les siens; et aussitôt que Mangu lui eut parlé de cette affaire, il confessa tout, et avec son fils aîné Ken-Khan fut mis à mort, et trois cents de leurs gentilshommes. On envoya querir ses femmes, qui furent bien battues pour leur faire confesser le crime; après quoi elles furent aussi condamnées à mort et exécutées. Son dernier fils Khen, qui ne pouvait être coupable de cette conjuration à cause de sa jeunesse, eut la vie sauve. On lui laissa le palais de son père avec tous ses biens. A notre retour nous passâmes par là, et nos guides ne pouvaient, allant ou revenant, s'empêcher d'y passer, d'autant que « la maîtresse des nations était là en deuil et en tristesse, n'ayant personne pour la consoler ». (Jérémie, chap. II.)

XXXI

De notre arrivée à la cour de Mangu-Khan.

Nous poursuivîmes notre chemin dans le haut pays vers le nord, et enfin le jour de Saint-Étienne (26 décembre) nous entrâmes en une grande plaine, qui semblait, à la voir de loin, comme une grande mer, car on n'y voyait pas une seule montagne ni colline : le lendemain, jour de Saint-Jean l'Évangéliste, nous arrivâmes en vue de la cour du Grand Khan[1]. Mais

---

1. Il est évident que la résidence du Grand Khan est non pas une ville proprement dite, mais un de ces campements décrits au chapitre II. Un peu plus haut, il est dit que « les devins restent toujours devant la tente du roi », et plus loin nous verrons que « le dimanche de la Passion, le

comme il n'y avait pas plus de quatre ou cinq journées pour que nous y fussions, celui chez qui nous avions logé nous voulait faire prendre un plus long chemin et détour qui eût duré plus de quinze jours. Son dessein était, comme je m'aperçus bien, de nous faire passer par Onam Cherule, qui est le propre pays où était autrefois la cour de Cingis-Khan. D'autres disaient que c'était afin de nous faire mieux voir la puissance et grandeur du monarque, ayant accoutumé d'user de la sorte envers ceux qui viennent de loin, et qui ne sont pas de leurs sujets. Là-dessus, notre guide eut bien de la peine à faire que nous pussions tenir le droit chemin; et sur cette contestation, ils nous amusèrent une partie de la journée.

Enfin nous arrivâmes en cette cour, où notre guide eut une grande maison qu'on lui avait donnée pour son logement; pour nous autres trois, nous n'eûmes qu'un petit logis, si étroit qu'à peine y pouvions-nous mettre nos hardes, dresser nos lits et faire un peu de feu. Plusieurs venaient visiter notre guide et lui apportaient à boire d'un breuvage fait de riz (saki) qu'ils mettaient dans de grandes et longues bouteilles; ce breuvage était tel que je ne l'eusse jamais su discerner d'avec le meilleur vin d'Auxerre, sinon qu'il n'en avait pas la couleur. Nous fûmes appelés aussitôt et examinés sur ce qui nous avait fait venir en ce pays-là; je répondis que nous avions ouï dire que Sartach était chrétien, et que sur cela le voulant venir voir, le roi de France nous avait chargés d'un paquet de lettres pour lui, que lui nous avait envoyés à son père Baatu, et Baatu nous avait fait venir là. Après, ils nous demandèrent si nous avions envie de faire la paix et une alliance avec eux; à quoi je fis réponse que le roi mon maître avait écrit à Sartach, sur l'assurance qu'il fût chrétien, que s'il ne l'eût ainsi cru, il n'eût jamais songé à lui écrire. Que pour ce qui était de la paix, vu

Khan s'en alla vers Caracorum avec ses petites maisons, laissant les grandes derrière ».

que Votre Majesté ne leur avait jamais fait aucun tort ni déplaisir, quel sujet aurait-elle de la leur demander? et quelle raison auraient-ils de faire la guerre, à vous ou à vos sujets?

Le jour suivant on nous mena à la cour, où je pensai que je pouvais aller nu-pieds comme j'avais accoutumé en notre pays; ainsi je laissai mes souliers et sandales. Ceux qui viennent à la cour se mettent à pied environ à un trait d'arbalète loin du palais du Khan, et les chevaux demeurent avec quelqu'un pour les garder. Sur quoi, comme nous fûmes descendus de cheval et que nous allions droit au palais avec notre guide, un garçon hongrois se trouva là, qui nous reconnut à l'habit de notre ordre. Comme le monde nous voyait passer, on nous regardait avec étonnement, comme si nous eussions été des monstres, et d'autant principalement que nous étions nu-pieds. Ils nous demandaient comment nous pouvions marcher ainsi, et si nous n'avions que faire de nos pieds, puisque nous faisions si peu d'état de les conserver; mais ce garçon hongrois leur en disait la raison, en leur faisant entendre que cela était selon la règle et les statuts de notre profession. Le premier secrétaire, qui était chrétien nestorien, et par le conseil de qui tout se faisait en cour, nous vint voir, et nous regardant attentivement il appela le garçon hongrois, à qui il fit plusieurs demandes. Cependant on nous fit savoir que nous eussions à nous en retourner en notre logement.

XXXII

D'une chapelle chrétienne, et de la rencontre d'un faux moine nestorien nommé Sergius.

Comme nous retournions de la cour vers l'orient, environ à deux traits d'arbalète du palais, j'aperçus une maison sur laquelle il y avait une petite croix, ce dont je fus fort réjoui, supposant par là qu'il y avait quelque sorte de christianisme. J'entrai dedans et trouvai un autel assez bien paré, où il y avait en toile d'or les figures en broderie de Notre-Seigneur et de la bienheureuse Vierge et de saint Jean-Baptiste, avec deux anges, et tout cela enrichi de perles. Il y avait aussi une croix d'argent, avec des pierres précieuses aux bouts et au milieu ; puis autres riches parements, et une lampe ardente à huit chandeliers, avec de l'huile. Devant l'autel était assis un moine arménien, assez noir et maigre, vêtu d'une robe noire en forme de cilice, fort rude jusqu'à mi-jambes, et d'un manteau par-dessus fourré de peaux noires et blanches ; il était ceint sur cela d'une ceinture de fer. Étant donc ainsi entrés, avant que de saluer le moine nous nous mîmes à genoux, chantant *Ave, Regina cœlorum*, etc., et lui se levant, se mit à prier avec nous. Après l'avoir salué, nous nous assîmes auprès de lui, qui avait un peu de feu dans un petit chaudron, et lui dîmes la cause de notre voyage et de notre arrivée en ce pays-là ; et lui, sur cela, commença de nous consoler et encourager, disant que nous pouvions parler hardiment, puisque nous étions les messagers de Dieu, qui est plus grand que tous les hommes, quelque grands et puissants qu'ils soient.

Après il nous apprit comment il était venu en ces pays-là, un mois seulement avant nous, qu'il était ermite de la Terre Sainte de Jérusalem, et que Notre-Seigneur lui était apparu par trois fois, lui commandant toujours d'aller trouver le prince des Tartares ; et comme aux deux premières fois il différait d'obéir, à la troisième Dieu le menaça de le faire mourir s'il n'y allait ; ce qu'enfin il avait fait, et avait dit à Mangu-Khan que s'il se voulait faire chrétien tout le monde lui rendrait obéissance ; que les Français et le grand pape même lui obéiraient aussi, et qu'il me conseillait de lui en dire autant ; à quoi je répondis, en l'appelant mon frère, que très volontiers je persuaderais le Khan de devenir chrétien, d'autant que j'étais venu là avec ce dessein, et de prêcher les autres à en faire de même ; que je lui promettrais aussi que se faisant baptiser, les

Franks et le pape s'en réjouiraient grandement et le reconnaîtraient et tiendraient pour frère et ami, mais non pas que pour cela ils devinssent ses sujets et lui payassent tribut, comme font les autres nations : car en parlant ainsi, ce serait contre la vérité, ma conscience et ma commission. Cette réponse fit taire le moine, et nous allâmes ensemble au logis, que nous trouvâmes fort froid et mal en ordre. Comme nous n'avions rien mangé de tout ce jour-là, nous fîmes cuire un peu de viande pour notre souper. Notre guide et son compagnon faisaient bien peu d'état de nous; mais ils étaient bien en cour, où ils faisaient bonne chère.

En ce même temps les ambassadeurs de Vastace [1], que nous ne connaissions point, étaient logés bien près de nous. Le lendemain, ceux de la cour nous firent lever au point du jour, et je m'en allai nu-pieds avec eux aux logis de ces ambassadeurs, auxquels ils demandèrent s'ils nous connaissaient. Un soldat grec d'entre eux se ressouvint de notre ordre et de mon compagnon, qu'il avait vu à la cour de Vastace avec notre ministre ou provincial, frère Thomas et ses compagnons; celui-là rendit bon témoignage de nous. Alors ils nous demandèrent si nous avions paix ou guerre avec le prince Vastace; je leur dis que nous n'avions ni l'un ni l'autre, et comme ils insistaient comment cela se pouvait faire, je leur en rendis la raison, que les pays étant bien éloignés les uns des autres, nous n'avions rien à démêler ensemble.

Sur quoi, ces ambassadeurs de Vastace m'avertirent qu'il valait mieux dire que nous avions la paix ensemble, ainsi qu'ils le firent entendre; à quoi je ne répliquai rien. Ce matin-là j'avais tant mal aux ongles des pieds, qui étaient gelés de froid, que je ne pouvais plus aller nu-pieds, d'autant que ces pays-là sont extrêmement froids et d'un froid très âpre et cuisant.

1. Ducas II, dit Vatace ou Vastace, empereur de Nicée, beau-fils et successeur de Théodore Ier, assiégea Constantinople, s'empara de la Macédoine, de Chio, de Samos, etc.; il régna de 1235 à 1255.

Depuis qu'une fois il a commencé de geler il ne cesse jamais jusqu'au mois de mai, et même en ce mois-là toutes les matinées sont très froides et sujettes à la gelée; mais sur le midi il y fait chaud, la glace se fondant par la force du soleil, mais tant que dure l'hiver elle ne fond point; et si les vents régnaient en ces pays-là comme ils font aux nôtres, on n'y pourrait du tout vivre. L'air y est resté toujours calme jusqu'en avril, que les vents commencent à s'y élever. Lorsque nous y étions, qui était environ Pâques, le froid et le vent recommençant ensemble, il y mourut force bestiaux de froid. Durant l'hiver il n'y eut guère de neige; mais vers Pâques et sur la fin d'avril, il y tomba tant de neige que les rues de la ville de Caracorum en étaient toutes couvertes, si bien qu'ils furent contraints de les faire vider et emporter avec des tombereaux. Alors ils nous envoyèrent de la cour des hauts-de-chausses et des pourpoints de peaux de mouton avec des souliers. Ce que mon compagnon et notre truchement prirent fort bien; mais pour moi, je crus n'en avoir aucun besoin, car la pelisse que j'avais eue de Baatu me suffisait.

Environ à l'octave des Innocents, ou quatrième de janvier, on nous mena au palais, où nous trouvâmes un prêtre nestorien, qui vint droit à nous; je ne pensais pas qu'il fût chrétien; il me demanda vers quel endroit du monde nous adorions, je répondis que c'était vers l'orient. Il me fit cette demande sur ce que, nous étant fait raser la barbe, par le conseil de notre interprète, afin de comparaître devant le Khan à la mode de notre pays, ils croyaient que nous fussions tuiniens, c'est-à-dire idolâtres[1]. Ils nous firent aussi expliquer quelque chose de la Bible, puis nous demandèrent quelle révérence nous ferions au Khan étant venu devant lui, et si ce serait à la façon de notre pays ou du leur. A cela je répondis que nous étions prêtres dédiés au service de Dieu, que les princes et seigneurs de

---

1. *Tuiniens* est fréquemment employé comme synonyme d'idolâtres.

notre pays ne permettaient pas que les prêtres se missent à genoux devant eux, pour l'honneur qu'ils portaient à Dieu ; néanmoins que nous étions prêts et disposés de nous soumettre à tout pour l'amour de Notre-Seigneur ; que nous étions venus de pays fort éloignés, et que s'il leur plaisait, nous rendrions premièrement grâces à Dieu, qui nous avait amenés et conduits de si loin en bonne santé, et qu'après cela nous ferions tout ce qu'il plairait à leur seigneur, pourvu qu'il ne nous commandât rien qui fût contre l'honneur et le service de Dieu. Ce qu'ayant entendu de nous, ils entrèrent incontinent au palais, pour faire rapport au Khan de tout ce que nous avions dit, dont il fut assez content.

Nous fûmes ensuite introduits en ce palais, et, le feutre qui était devant la porte étant levé, nous entrâmes dedans ; et comme nous étions encore au temps de Noël, nous commençâmes à entonner l'hymne *A solis ortus cardine*, etc.

XXXIII

Description du lieu de l'audience et ce qui s'y passa.

L'hymne étant achevée, ils se mirent à nous fouiller partout, pour voir si nous ne portions point de couteaux cachés, et contraignirent même notre interprète à laisser sa ceinture et son couteau au portier. A l'entrée de ce lieu il y avait un banc, et dessus du koumis ; auprès de là ils firent mettre notre interprète tout debout, et nous firent asseoir sur un banc vis-à-vis des dames. Ce lieu était tout tapissé de toile d'or ; au milieu il y avait un réchaud plein de feu, fait d'épines et de racines d'absinthe, qui croît là en abondance : ce feu était allumé avec de la fiente de bœufs. Le Grand Khan était assis sur un petit lit, vêtu d'une riche robe fourrée et fort lustrée, comme la peau d'un veau marin. C'était un homme de moyenne stature, d'un nez un peu plat et rabattu, âgé d'environ quarante-cinq ans. Sa femme, qui était jeune et assez belle, était assise auprès de lui, avec une de ses filles, nommée Cyrina, prête à marier, et assez laide, avec plusieurs autres petits enfants, qui se reposaient sur un autre lit proche de là. Ce palais où ils étaient appartenait à une dame chrétienne, que Mangu avait fort aimée et épousée, dont il avait eu cette grande fille, nonobstant qu'il eût une autre jeune femme ; tellement que cette fille était dame et maîtresse et commandait à tous ceux de ce palais, qui avait appartenu à sa mère.

Alors le Khan nous fit demander ce que nous voulions boire, si c'était du vin ou de la cérasine, qui est un breuvage fait de riz, ou du caracosmos, qui est du lait de vache tout pur, ou du ball, qui est fait de miel. Car ils usent l'hiver de ces quatre sortes de boissons. A cela je répondis que nous n'étions pas gens qui se plussent beaucoup à boire, que toutefois nous nous contenterions de tout ce qu'il plairait à Sa Grandeur de nous faire donner. Alors il commanda de nous donner de cette cérasine faite de riz, qui était aussi claire et douce que du vin blanc, dont je goûtai un peu pour lui obéir ; mais notre interprète, à notre grand déplaisir, s'était abouché avec le sommelier, qui l'avait tant fait boire qu'il ne savait ce qu'il faisait et disait. Après cela le Khan se fit apporter plusieurs sortes d'oiseaux de proie, qu'il mit sur le poing, les considérant assez longtemps. Après il nous commanda de parler. Il avait pour son interprète un nestorien, que je ne pensais pas être chrétien comme il était ; nous avions aussi le nôtre, comme j'ai dit, très incommodé du vin qu'il avait bu.

Nous étant donc mis à genoux, je lui dis que nous rendions grâces à Dieu de ce qu'il lui avait plu nous amener de si loin pour venir voir et saluer le grand Mangu-Khan, à qui il avait donné une grande puissance sur la terre, mais que nous suppliions aussi la même bonté de Notre-Seigneur Jésus-Christ, par qui nous vivions et mourions tous, qu'il lui plût donner à Sa Majesté heureuse et longue vie (car c'est tout leur désir que chacun prie pour leur vie). J'ajoutai à cela que nous avions ouï dire en notre pays que Sartach était chrétien, ce dont tous les chrétiens avaient été fort réjouis, et spécialement le roi de France, qui sur cela nous avait envoyés vers lui avec des lettres de paix et d'amitié, pour lui rendre témoignage de ce que nous étions, et qu'il voulût nous permettre de nous arrêter en son pays, d'autant que nous étions obligés par les statuts de notre ordre d'enseigner aux hommes comment il faut vivre selon la loi de Dieu; que Sartach sur cela nous avait envoyés vers son père Baatu, et Baatu vers Sa Majesté impériale, à laquelle, puisque Dieu avait donné un grand royaume sur la terre, nous lui demandions bien humblement qu'il plût à Sa Grandeur de nous permettre la demeure sur les terres de sa domination, afin d'y faire faire les commandements et le service de Dieu et prier pour lui, pour ses femmes et ses enfants; que nous n'avions ni or, ni argent, ni pierres précieuses, mais seulement notre service et nos prières, que nous ferions continuellement à notre Dieu pour lui; mais qu'au moins nous le suppliions de nous pouvoir arrêter là jusqu'à ce que la rigueur du froid fût passée; d'autant même que mon compagnon était si las et si harassé du long chemin que nous avions fait, qu'il lui serait impossible de se remettre sitôt en voyage; de sorte que sur cela il m'avait contraint de lui demander licence de demeurer là encore pour quelques jours : car nous doutions bien qu'il nous faudrait bientôt retourner vers Baatu, si de sa grâce et bonté spéciale il ne nous permettait de demeurer là.

A cela le Khan nous répondit que tout ainsi que le soleil épand ses rayons de toutes parts, ainsi sa puissance et celle de Baatu s'étendaient partout. Que pour notre or et notre argent il n'en avait que faire aussi. Jusque-là j'entendis notre interprète; mais du reste je ne pus rien comprendre autre chose sinon qu'il était bien ivre, et, selon mon opinion, que Mangu-Khan même était un peu chargé de boisson. Néanmoins il me sembla bien que dans son discours il témoignait du mécontentement de ce que nous étions venus trouver

Sartach plutôt que de venir droit à lui. Alors, voyant le manquement de mon interprète, je jugeai qu'il était plus à propos de me taire; seulement je suppliai Sa Grandeur de ne prendre en mauvaise part si j'avais parlé d'or et d'argent; que ce n'était pas que je pensasse qu'il le désirât, mais seulement pour témoigner que nous lui voulions porter et rendre toute sorte d'honneur et de respect, aussi bien dans les choses temporelles que spirituelles.

Après cela, il nous fit lever, puis rasseoir, et, après quelques paroles de compliment et de devoir envers lui, nous sortîmes de sa présence avec ses secrétaires. Un de ses interprètes, qui gouvernait une de ses filles, s'en vint avec nous, pour la curiosité qu'ils avaient de savoir des nouvelles du royaume de France, s'enquérant s'il y avait force bœufs, moutons et chevaux, comme s'ils eussent déjà été tout prêts d'y venir et emmener tout. Plusieurs fois je fus contraint de dissimuler ma colère et mon indignation, leur disant qu'il y avait plusieurs belles et bonnes choses en France qu'ils pourraient voir, si par hasard ils en prenaient le chemin. Après cela ils nous laissèrent un homme pour avoir soin de nous, et nous nous en allâmes vers le moine. Comme nous étions sur le point de sortir pour aller à notre logis, l'interprète vint qui nous dit que Mangu-Khan avait pitié de nous et nous accordait deux mois de séjour pendant lesquels le froid se passerait; et nous mandait aussi que près de là il y avait une ville nommée Caracorum, où, si nous voulions nous transporter, il nous ferait fournir tout ce dont nous aurions besoin; mais que si nous aimions mieux demeurer là où nous étions, il nous ferait aussi donner toutes choses nécessaires; néanmoins que ce nous serait une très grande peine et fatigue de suivre la cour partout. A cela je répondis que je priais Notre-Seigneur de vouloir conserver Mangu-Khan et lui donner bonne et longue vie; que nous avions trouvé là un moine arménien, lequel nous croyions être un saint homme, que c'était par la volonté et inspiration de Dieu qu'il était venu en ces quartiers-là; et pour cela nous eussions bien désiré de demeurer avec lui, d'autant qu'étant religieux comme lui, nous pourrions prier Dieu ensemble pour la vie et prospérité du Khan. Sur quoi l'interprète, ne répondant rien, s'en alla, et nous retournâmes à notre logis, où nous sentîmes un très grand froid, sans y trouver aucune douceur ni consolation, ni même moyen de faire du feu, bien qu'il fût déjà nuit et que nous fussions encore à jeun. Alors celui à qui nous avions été donnés en charge nous fit provision de quelque peu de bois pour faire du feu, et aussi de quelques vivres.

Pour notre guide, il était tout prêt de s'en retourner vers Baatu, et désirait avoir de nous un certain tapis qu'il nous avait fait laisser en cette cour-là; ce qu'ayant obtenu de nous, il nous quitta avec civilité et fort content, nous baisant la main droite et nous demandant pardon, s'il nous avait laissés souffrir la faim et la soif par le chemin; nous lui pardonnâmes de bon cœur, nous excusant même de toute espèce de déplaisir que nous avions pu lui causer.

XXXIV

D'une femme de Lorraine et d'un orfèvre parisien, que nous trouvâmes en ce pays-là.

Nous rencontrâmes là une certaine femme de Metz en Lorraine, nommée Pasca ou Paquette, qui avait été prise en Hongrie, et qui nous fit la meilleure chère qu'elle put. Elle était de la cour de cette dame chrétienne dont j'ai fait mention ci-dessus, et nous conta les étranges et incroyables misères et pauvretés qu'elle avait souffertes avant que de venir à la cour et au service de cette dame; mais que pour lors, grâce à Dieu, elle était à son aise et avait quelques moyens, ayant un jeune mari russien, dont elle avait trois beaux enfants, et qui s'entendait fort aux bâtiments, qui est un art bien estimé et requis entre les Tartares. Elle nous donna encore avis qu'à Caracorum il y avait un orfèvre parisien, nommé Guillaume Boucher, dont le père s'appelait Laurens, et qu'elle croyait qu'il avait encore un frère nommé Roger, qui demeurait sur le Grand-Pont à Paris. Elle nous dit, de plus, que cet orfèvre avait amené avec lui un jeune garçon qu'il tenait comme son fils, et qui était un très bon interprète; que Mangu-Khan avait donné une grande quantité d'argent à cet orfèvre, savoir quelque trois cents *jascots*, en leur manière de parler, qui valent trois mille marcs, avec cinquante ouvriers, pour lui faire une grande pièce d'ouvrage; qu'elle craignait à cause de cela qu'il ne lui pût envoyer son fils; d'autant qu'elle avait ouï dire à quelques-uns de la cour que ceux qui venaient de notre pays étaient tenus gens de bien, et que Mangu-Khan se plaisait fort de parler avec eux, mais qu'ils manquaient d'un bon truchement; ce qui la mettait en peine à nous en trouver un qui fût tel qu'il fallait. Sur cela j'écrivis à cet orfèvre pour lui faire savoir notre arrivée en ce pays-là, et que si sa commodité le lui permettait, il nous voulût faire le plaisir de nous envoyer son fils, qui entendait fort bien la langue du pays. Mais il nous manda qu'il ne pouvait encore nous l'envoyer de cette lune-là, et que ce serait à la suivante, son ouvrage devant être alors achevé.

C'est pourquoi nous demeurâmes là attendant l'occasion avec d'autres ambassadeurs. Je dirai en passant qu'en la cour de Baatu les ambassadeurs sont bien traités d'une autre sorte qu'en celle de Mangu. Car près de Baatu il y a un jani pour l'Occident, qui a la charge de recevoir tous ceux qui viennent des parties occidentales, et aussi un autre pour les autres endroits du monde. Mais à la cour de Mangu, de quelque côté qu'ils viennent, ils sont tous sous un même jani, de sorte qu'ils ont le moyen de se visiter les uns les autres. Ce qui ne se peut pas faire chez Baatu, où ils ne se voient ni ne se connaissent point pour ambassadeurs, parce qu'ils ne savent pas le logis l'un de l'autre et ne se voient jamais qu'à la cour; quand l'un y est appelé, l'autre peut-être ne l'est pas, et ils n'y vont point si on ne les envoie querir. Nous rencontrâmes là un certain chrétien de Damas, se disant envoyé par le soudan de Montréal, qui désirait se rendre ami et tributaire des Tartares.

XXXV

De Théodolus, clerc d'Acre, et autres.

L'année avant que nous fussions arrivés là, il y eut un certain clerc de la ville d'Acre, qui se faisait nommer Raymond, mais son vrai nom était Théodolus. Étant interrogé du sujet de son arrivée, il répondit qu'il demeurait en son pays avec un saint évêque, auquel Dieu avait envoyé du ciel certaines lettres écrites en caractères d'or, lui commandant et enjoignant expressément de les envoyer à l'empereur des Tartares, pour lui faire savoir de sa part qu'il devait être un jour seigneur de la terre universelle, et qu'il persuaderait toutes les nations du monde de faire la paix avec lui. Alors Mangu lui dit que s'il était vrai qu'il eût apporté ces lettres venues du ciel avec celles de son maître, qu'il soit le très bien venu. Il répondit à cela qu'il était bien vrai qu'il les avait apportées; mais qu'étant avec ses autres hardes sur un cheval farouche, qui s'était échappé et enfui par les montagnes et les bois, tout s'était ainsi perdu. Sur cela Mangu lui demanda le nom de cet évêque, et il répondit qu'il se nommait Odon et était de la ville de Damas.

Le Khan s'informa encore en quel pays c'était : il répondit que c'était au pays de France, voulant faire croire qu'il était des serviteurs de Votre Majesté. Il dit de plus au Khan que les Sarrasins étaient entre le pays de France et les siens, ce qui avait empêché qu'il pût envoyer vers lui, mais que si le chemin eût été libre, il n'eût manqué d'envoyer ses ambassadeurs pour avoir la paix avec Sa Hautesse. Mangu lui ayant demandé s'il pourrait bien conduire ses ambassadeurs vers ce roi et cet évêque, il répondit que oui, et au pape aussi, s'il en était besoin. Sur quoi Mangu se fit apporter un arc qu'à peine deux hommes pouvaient bander de toute leur force, avec deux flèches d'argent remplies de trous, qui en les tirant faisaient un bruit comme si c'eût été un sifflet. Il commanda à un Moal de s'en aller avec ce Théodolus, qui le mènerait vers le roi de France, auquel il présenterait de sa part cet arc, et lui dirait que s'il voulait faire la paix avec lui, il conquerrait toutes les terres des Sarrasins jusqu'à son pays, et qu'il lui ferait don de tous les autres au delà jusqu'en Occident. Que s'il ne voulait avoir la paix avec lui, que le Moal lui rapportât cet arc et ces flèches, et dît à ce roi que Mangu savait en tirer de loin, et faire bien du mal. Alors il fit retirer ce Théodolus de devant lui, et son interprète (qui était le fils de Guillaume l'orfèvre) entendit alors, ainsi qu'il nous conta depuis, que Mangu dit à ce Moal : « Vous irez avec cet homme, et remarquerez bien tous les chemins, pays, villes, châteaux, hommes, armes et munitions. » Sur quoi le jeune homme interprète fit à part une bonne réprimande à ce Théodolus, lui disant qu'il avait tort de prendre la conduite de ces ambassadeurs tartares, qui n'étaient envoyés à autre dessein que pour épier les pays traversés. Mais Théodolus lui répondit qu'il mettrait ce Moal sur mer, afin qu'il ne pût reconnaître d'où il était venu et par où il retournerait. Mangu donna aussi à ce Moal ses tablettes d'or, qui sont une plaque d'or large comme la main et longue de demi-coudée, où son ordre était gravé [1]. Celui qui porte cela peut demander et commander tout ce qui lui plaît, et tout est exécuté sans délai.

Ainsi Théodolus partit et vint vers Vastace, voulant aller jusqu'au pape pour le tromper, comme il avait trompé Mangu. Vastace lui demanda s'il avait des lettres pour le pape, puisqu'il était son ambassadeur et qu'il avait entrepris de conduire les ambassadeurs

---

1. Voy. Marco Polo, liv. Ier, chap. x.

des Tartares vers lui. Mais lui, ne pouvant montrer ces lettres, fut pris et dépouillé de tout ce qu'il avait, et de là jeté en une obscure prison ; quant au Moal, il tomba malade et mourut ; mais Vastace renvoya les tablettes à Mangu par les serviteurs du Moal, que je rencontrai en m'en retournant à Assaron, sur les confins de la Turquie, qui me contèrent aussi ce qui était arrivé à ce Théodolus. De pareils imposteurs courant par le monde, quand ils sont découverts par les Tartares, sont mis à mort sans rémission.

Au reste, l'Épiphanie ou jour des Rois s'approchant, ce moine arménien, nommé Sergius, me dit qu'il devait baptiser Mangu-Khan à cette fête-là ; je le priai de faire en sorte que j'y pusse être présent, afin de rendre témoignage en temps et lieu de ce que j'aurais vu. Ce qu'il me promit.

XXXVI

De la fête de Mangu-Khan, et comment sa principale femme et son fils aîné se trouvèrent aux cérémonies des nestoriens.

Le jour de la fête étant venu, le moine ne m'appela point, mais on m'envoya querir de la cour dès six heures du matin, et je le trouvai qui en revenait avec ses prêtres, l'encensoir et le livre des évangiles. Ce jour-là Mangu fit un festin, suivant la coutume qui est qu'à tels jours de fête, selon que ses devins ou les prêtres nestoriens le lui ordonnent, il fait un banquet, et quelquefois les prêtres chrétiens s'y trouvent. A ces fêtes-là ils y viennent les premiers avec leurs ornements, priant pour le Khan, bénissant sa coupe. Après qu'ils s'en sont allés, les prêtres sarrasins viennent, qui font de même, puis les prêtres idolâtres ; ces derniers en font autant. Le moine me donnait à entendre que le Khan croyait aux chrétiens seulement ; que néanmoins il veut que tous prient pour lui ; mais tout cela n'était que mensonge : il ne croit à personne de tous ceux-là, comme Votre Majesté pourra le reconnaître. Toutefois, tant les uns que les autres suivent sa cour, comme les mouches à miel vont aux fleurs : car il donne à tous, et chacun lui désire toutes sortes de biens et de prospérités, croyant être de ses plus particuliers amis.

Nous nous arrêtâmes devant la cour, mais assez loin toutefois, et là on nous apporta de la viande à manger. Mais je leur dis que nous ne mangions pas là, et que s'ils nous voulaient donner quelque chose, il fallait que ce fût à notre logis. Sur cela ils nous répondirent que nous nous en allassions donc chez nous, puisque nous n'étions invités pour autre chose que pour manger. C'est pourquoi nous retournâmes avec le moine, qui était tout honteux d'avoir inventé la menterie du baptême du Khan qu'il m'avait contée. Ce qui fut cause que je ne lui parlai point de toute cette affaire ; cependant quelques nestoriens me jurèrent qu'il avait été baptisé, mais je leur dis que je ne le croyais pas, ni que jamais je ne le rapporterais ailleurs, puisque je n'en avais rien vu.

Nous revînmes en notre logis, où il faisait grand froid et où tout manquait ; on nous y prépara quelques lits et couvertures et de quoi faire du feu. On nous apporta aussi quelques quartiers d'un mouton fort petit et fort maigre, qui nous devait servir de vivres pour six jours à trois que nous étions, et chaque jour un peu de millet pour faire cuire avec notre viande ; une quarte de bière faite de millet, et une chaudière avec son trépied pour cuire la viande. Le peu qu'ils nous donnaient nous eût pourtant suffi s'ils nous eussent laissé en paix et à notre liberté ; mais parmi eux il y a tant de pauvres gens qui meurent de faim et ne trouvent rien à manger, qu'aussitôt qu'ils voyaient apprêter quelque viande pour nous ils entraient hardiment et en voulaient manger leur part ; alors je reconnus bien quelle misère et martyre c'est de donner en sa pauvreté. Comme le froid recommençait, Mangu nous envoya des vêtements faits de peaux, dont ils mettent le poil en dehors : ce que nous reçûmes avec grands remerciements ; il nous fut aussi demandé de sa part comment nous étions pourvus du manger ; à quoi je répondis que peu de vivres nous suffiraient, pourvu que nous eussions un logis où nous puissions prier en repos pour Mangu-Khan ; que le nôtre était si petit que nous ne pouvions presque pas y demeurer debout, et aussitôt que nous faisions un peu de feu nous ne pouvions lire dans nos livres à cause de la fumée. Cela étant rapporté à Mangu, il envoya savoir du moine si notre compagnie lui serait agréable ; à quoi il répondit gaiement que oui.

Depuis cela nous fûmes toujours mieux logés, demeurant avec lui proche de la cour, en un lieu où personne ne logeait que nous. Les devins avaient leurs logements plus près, devant le palais de la plus grande dame et nous à côté vers l'occident, vis-à-vis du palais de la dernière femme. Vint le jour de devant l'octave de l'Épiphanie. Sur le matin, le jour même de l'octave, tous les prêtres nestoriens s'assemblèrent en leur chapelle, où ils chantèrent solennellement matines, puis se revêtirent de leurs ornements et préparèrent l'encensoir avec l'encens. Comme ils attendaient ainsi sur le matin, la principale femme de Mangu, nommée Cotota Caten (Cotota était son nom propre, et Caten c'est à dire dame), vint en la chapelle avec plusieurs autres dames, son fils aîné, nommé Baltou, et plusieurs autres petits enfants nés d'elle. Ils se couchèrent tous touchant du front la terre, à la mode des nestoriens ; ils touchaient les images avec la main droite qu'ils baisaient après ; ils touchèrent aussi les mains de tous ceux qui étaient présents, ainsi que font les nestoriens quand ils entrent en l'église.

Pendant que nous nous en allions à notre logis, Mangu-Khan vint lui-même à cette église, où on lui apporta un lit doré, sur lequel il s'assit avec la reine sa femme vis-à-vis de l'autel ; alors on nous envoya quérir, ne sachant pas que le Khan y fût allé. A l'entrée l'huissier nous fouilla partout, de peur que nous n'eussions quelque couteau caché ; mais je ne portais en mon sein que mon bréviaire avec une Bible; étant entré dans l'église, je fis premièrement la révérence devant l'autel, puis à Mangu-Khan. Ainsi passant auprès de lui, nous demeurâmes entre le moine et l'autel. Alors il nous fit chanter à notre mode, et entonnâmes cette prose : *Veni, sancte Spiritus*. Puis Mangu se fit apporter nos livres, à savoir la Bible et le bréviaire, et demandant ce que signifiaient les images qui y étaient, les nestoriens répondirent ce que bon leur sembla et que nous n'entendîmes pas, car notre interprète n'était pas entré avec nous. Quand je me trouvai la première fois en sa présence, j'avais aussi ma Bible, qu'il voulut voir et considéra fort. Mangu s'en étant allé de là, la dame y demeura, faisant plusieurs dons à tous les chrétiens; elle ne donna au moine qu'un jascot, et à l'archidiacre nestorien autant. Elle fit étendre devant nous un nassic, qui est une pièce de drap de soie, large comme une couverture, avec un bougran; sur notre refus, elle l'envoya à notre interprète, qui garda tout pour lui et apporta ce nassic en Chypre, où il le vendit quatre-vingts besans ou sultanins de Chypre; mais par le chemin il s'était fort gâté. Après on nous apporta à boire de la cervoise faite de riz, et du vin clairet semblable à du vin de la Rochelle, avec du koumis. La dame, prenant la coupe toute pleine en la main, se mit à genoux en demandant la bénédiction; pendant que les prêtres chantaient, elle la but, et d'autant que mon compagnon et moi ne voulûmes point boire, on nous fit chanter à haute voix lorsque tous les autres étaient à demi ivres. On nous apporta à manger quelques pièces de mouton, qu'ils dévorèrent aussitôt avec de grandes carpes, mais tout cela sans pain et sans sel; moi je mangeai bien peu. Cette journée, jusqu'au soir, se passa ainsi. Enfin la dame, étant ivre comme les autres, s'en retourna dans son chariot chez elle, les prêtres ne cessant toujours de chanter, ou plutôt de hurler en l'accompagnant.

XXXVII

Du jeûne des nestoriens, d'une procession que nous fîmes au palais de Mangu et de plusieurs visites.

Environ le samedi, veille de la Septuagésime, qui est le temps de la pâque des arméniens, nous allâmes en procession, le moine, les prêtres et nous, au palais de Mangu, où on ne laissa pas de nous fouiller, le moine, mon compagnon et moi, pour voir si nous ne portions point quelque couteau; et comme nous entrions, il sortit un serviteur portant des os d'épaule de mouton brûlés au feu et noirs comme du charbon, ce dont je fus étonné; leur ayant demandé depuis ce que cela voulait dire, ils m'apprirent que jamais en ce pays-là rien ne s'entreprenait sans avoir premièrement bien consulté ces os. Ils ne permettent à aucun d'entrer dans le palais avant d'avoir pris le sort ou l'augure de cette manière. Quand le Khan veut faire quelque chose, il se fait apporter trois de ces os, qui n'ont pas encore été mis au feu, et, les tenant entre les mains, il pense à l'affaire qu'il veut exécuter, si elle pourra se faire ou non; il donne après ces os pour les brûler. Il y a deux petits endroits près du palais du Khan où on les brûle soigneusement. Étant bien passés par le feu et noircis, on les rapporte devant lui, qui les regarde fort curieusement pour voir s'ils sont demeurés entiers et si l'ardeur du feu ne les a point rompus ou éclatés : en ce cas ils jugent que l'affaire ira bien; mais si ces os se trouvent rompus de travers et que de petits éclats en tombent, cela veut dire qu'il ne faut pas entreprendre la chose.

Étant donc allés vers le Khan et arrivés en sa présence, où on nous avertit de nous garder bien de toucher le seuil de la porte, les prêtres nestoriens lui présentèrent l'encens, et lui l'ayant mis dans l'encensoir, ils l'encensèrent et firent la bénédiction sur sa coupe; après eux le moine fit aussi la sienne, et nous tous les derniers fûmes obligés à en faire autant. Comme il aperçut que nous tenions la Bible en notre sein, il se la fit porter, pour la regarder fort attentivement.

Après qu'il eut bu et que le premier l'eut servi en lui donnant sa coupe, on fit boire tous ces prêtres. Après cela étant sortis, mon compagnon demeura un peu derrière, et se tournant vers Mangu pour lui faire la révérence, comme il nous voulait suivre promptement, il choppa par hasard au seuil de la porte. Comme nous nous hâtions d'aller vers le logis de Baltou, fils aîné du Khan, ceux qui prenaient garde à la porte voyant que mon compagnon avait ainsi choqué contre le seuil, l'arrêtèrent et le firent mener devant Bulgay, qui est le grand secrétaire et juge criminel ou grand prévôt de la cour. Je ne savais rien de cela : car bien que je ne le visse point nous suivre, je croyais qu'on l'eût arrêté seulement pour lui donner quelques habits un peu plus légers que les siens, qui le fatiguaient extrêmement et l'empêchaient presque de marcher à cause de leur pesanteur et incommodité.

Quand il revint vers nous, il nous dit qu'on l'avait tancé fortement pour s'être ainsi mépris à toucher le seuil de la porte du palais; et le lendemain matin le juge Bulgay vint lui-même s'enquérir de nous, si on nous avait avertis, comme c'était entre eux un grand crime et offense de toucher à une certaine pièce de bois qui est au seuil de la porte, à l'occasion de quoi mon compagnon avait été arrêté; je lui répondis que notre interprète n'étant pas avec nous alors, nous ne pouvions pas en avoir eu avis; sur quoi il pardonna à mon compagnon cette faute, et depuis, à cause de cela et de peur d'inconvénients, je ne voulus plus qu'il vînt avec nous en aucune des maisons de Mangu-Khan.

XXXVIII

Comment la dame Cotta fut guérie par le faux moine Sergius.

Il arriva ensuite, environ la Septuagésime, que la seconde femme de Mangu, nommée Cotta, devint fort malade, et Mangu, voyant que les devins et idolâtres ne savaient rien faire qui lui profitât, il envoya vers le moine lui demander ce qui se pourrait faire pour sa guérison; il répondit assez indiscrètement qu'il se soumettait à perdre la tête s'il ne la guérissait bientôt; et cela dit, il nous vint trouver et nous conta cette affaire avec beaucoup de larmes, nous conjurant de vouloir veiller cette nuit en prières avec lui; ce que nous fîmes. Il avait une certaine racine qu'on appelait rhubarbe, qu'il coupa par morceaux, puis la mit en poudre dans de l'eau, avec une petite croix où il y avait un crucifix, nous disant que par ce moyen il connaissait si la malade se porterait bien ou si elle devait bientôt mourir; car mettant cette croix sur l'estomac de la malade, si elle y demeurait comme collée et attachée, c'était signe qu'elle réchapperait; mais si elle n'y tenait point du tout, cela montrait qu'elle en devait mourir. Pour moi, je croyais toujours que cette rhubarbe était quelque sainte relique qu'il eût apportée de Jérusalem. Il donnait hardiment à boire de cette eau à toutes sortes de malades. Il ne se pouvait faire qu'ils ne fussent beaucoup émus par une si amère potion, et le changement que cela faisait en eux était réputé pour miracle. Je lui dis qu'il devait plutôt faire de l'eau bénite, dont on use dans l'Église romaine, qui a une grande vertu pour chasser les malins esprits. Il le trouva bon, et à sa requête nous fîmes de cette eau bénite, qu'il mêla avec la sienne de rhubarbe où avait trempé son crucifix toute la nuit. Je lui dis de plus que, s'il était prêtre, l'ordre de prêtrise avait grand pouvoir contre les démons. Il me répondit que vraiment il l'était, mais il mentait : car il n'avait aucun ordre. Il ne savait rien, et n'était, comme j'appris depuis, qu'un pauvre tisserand en son pays, par où je passai en m'en retournant.

Le lendemain, sur le matin, lui et moi avec deux prêtres nestoriens allâmes chez cette dame malade, qui était dans un petit logis derrière son grand; y étant entrés, elle se mit sur son séant dans son lit et adora la croix, qu'elle fit poser honorablement sur une pièce de soie auprès d'elle et but de cette eau bénite mêlée de rhubarbe et s'en lava aussi l'estomac. Alors le moine me pria de vouloir lire sur elle un évangile, ce que je fis. Je lui lus la passion selon saint Jean; si bien qu'enfin elle se trouva mieux, et se fit apporter quatre jascots, qu'elle mit premièrement aux pieds de la croix, puis en donna un au moine, et m'en voulait donner un autre, que je ne voulus pas prendre; mais le moine le prit fort bien pour lui; elle en donna à chaque prêtre autant, le tout se montant à quarante marcs. Outre cela, elle fit apporter du vin pour faire boire les prêtres, et je fus contraint de boire aussi de sa main en l'honneur de la très sainte Trinité. Elle voulut aussi m'apprendre leur langue, me reprochant en riant que j'étais muet, car alors, n'ayant point d'interprète avec moi, j'étais contraint de ne dire mot.

Le matin du jour suivant, nous retournâmes encore chez elle, et Mangu, ayant su que nous y étions, nous fit venir devant lui. Il avait appris que la dame se portait mieux; nous le trouvâmes mangeant d'une certaine pâte liquide propre à réconforter le cerveau, accompagné de peu de domestiques, et ayant devant lui des os de mouton brûlés; il prit la croix en sa main, mais je ne vis pas qu'il la baisât ni adorât; la regardant seulement, il fit quelques demandes que je n'entendis pas. Le moine le supplia de lui permettre de porter cette croix sur une lance, comme je lui en avais dit quelque chose auparavant; à quoi Mangu répondit qu'il la portât comme il voudrait. Puis prenant congé de lui, nous retournâmes vers cette dame, que nous trouvâmes saine et gaillarde, buvant toujours de cette eau bénite du moine; nous lûmes encore la passion sur elle. Ces pauvres misérables prêtres ne lui avaient jamais rien appris de notre créance, ni ne lui avaient pas parlé même de se faire baptiser. J'étais en grande peine de ne lui pouvoir rien dire, ne sachant point leur langue, qu'elle tâchait toutefois de m'apprendre. Ces prêtres ne la reprenaient jamais de croire aux sortilèges. Entre autres je vis là quatre épées à demi tirées de leurs fourreaux, l'une au chevet du lit de la dame, l'autre aux pieds, et les deux autres à chaque côté de la porte. J'y aperçus aussi un calice d'argent, qui peut-être avait été pris en quelqu'une de nos églises de Hongrie; il était pendu contre la muraille et était plein de cendres, sur lesquelles il y avait une grande pierre noire; de quoi jamais ces prêtres ne l'en avaient reprise, comme de chose mauvaise; au contraire, eux-mêmes en font autant et l'apprennent aux autres.

Nous la visitâmes trois jours durant depuis sa guérison. Après cela le moine fit une bannière toute couverte de croix, et trouvant une canne longue comme une lance, la mit dessus et la portait ainsi. Pour moi, j'honorais cet homme comme un évêque, savant dans la langue du pays, encore que d'ailleurs il fit plusieurs choses qui ne me plaisaient pas. Il se fit faire une chaire qui se pliait, comme celle de nos prélats, avec des gants et un chapeau de plumes de paon, sur quoi il fit mettre une croix d'or, ce que je trouvais bon par rapport à la croix; mais il avait les pieds tout couverts de gales et d'ulcères, qu'il frottait avec des huiles et des onguents; il était aussi très fier et orgueilleux en paroles. Les nestoriens disaient certains versets du psautier (comme ils nous donnaient à entendre) sur deux verges jointes ensemble, que deux hommes tenaient, et le moine était présent à plusieurs autres semblables superstitions et folies qui me déplaisaient beaucoup; toutefois nous ne laissions pas de demeurer en sa compagnie pour l'honneur de la croix, laquelle nous portions partout chantant hautement le *Vexilla*

Regis prodeunt, etc., de quoi les sarrasins étaient aussi étonnés que peu satisfaits.

XXXIX

Description des pays qui sont aux environs de la cour du Khan; des mœurs, monnaies et écriture.

Depuis que nous fûmes arrivés à la cour de Mangu-Khan, il n'alla que deux fois vers les parties du midi, et après il commença de retourner au septentrion, à savoir vers Caracorum. Je pris bien garde à tout ce chemin, remarquant entre autres choses ce dont m'avait autrefois parlé, étant à Constantinople, M. Baudouin de Hainaut, qui y avait été : c'est qu'en allant en ce pays-là, on montait presque toujours sans jamais descendre. Toutes les rivières vont de l'orient à l'occident, ou directement ou indirectement, c'est-à-dire tournant un peu vers le midi ou le septentrion. Je m'enquis de cela aux prêtres qui venaient du Cathay, qui me témoignaient la même chose. De ce lieu où je trouvai Mangu-Khan jusqu'au Cathay, il pouvait y avoir la distance de vingt journées en allant entre le midi et l'orient; et jusqu'à Mancherules (ou Onancherule), qui est le propre et vrai pays de Moal, où était la cour de Cingis, il y a environ dix journées droit à l'orient. En ces quartiers d'orient on ne trouve aucune ville, mais seulement quelques habitations de peuples surnommés Su-Moal, c'est-à-dire Moals des eaux, car « su » signifie eau en tartare. Ces gens-là ne vivent que de poisson et de chasse et n'ont point de bestiaux.

Vers le nord il y a d'autres pays qui sont aussi sans villes et cités, où n'habitent que de pauvres gens qui nourrissent des troupeaux et se nomment Kerkin. Il y a aussi les Orangey ou Orengay, qui portent de petits os bien polis attachés aux pieds; et avec cela ils courent si vite sur la glace et la neige qu'ils prennent les bêtes à la course, et les oiseaux mêmes. Il y a encore plusieurs autres pauvres peuples du côté du nord, qui sont aux confins vers l'occident des terres de Pascatir, qui est la grande Hongrie, dont j'ai parlé ci-dessus. Les limites de ce pays du côté du septentrion sont inconnues à cause de l'extrême froid et des grands monceaux de neige qu'on y trouve [1]. Toutes ces nations, encore que pauvres et chétives, sont toutefois contraintes de servir en quelque métier aux Moals, suivant le commandement de Cingis, que nul ne fût exempt de servir en quelque chose, jusqu'à ce que le grand âge les empêchât de pouvoir travailler.

Un jour je fus accosté par un certain prêtre du Cathay, vêtu de rouge, et lui ayant demandé d'où venait la belle couleur qu'il portait, il me dit qu'aux parties orientales du Cathay il y avait de grands rochers creux, où se retiraient certaines créatures qui avaient en toutes choses la forme et les façons des hommes, sinon qu'elles ne pouvaient plier les genoux, mais elles marchaient çà et là, et allaient, je ne sais comment, en sautant; qu'ils n'étaient pas plus hauts qu'une coudée et tous couverts de poil, habitant dans des cavernes dont personne ne pouvait approcher; que ceux qui vont pour les prendre portent des boissons les plus fortes et enivrantes qu'ils peuvent trouver; font des trous dans les rochers en façon de coupes ou bassins, où ils en versent pour les attirer. Car au Cathay il ne se trouvait point encore de vin, mais aujourd'hui ils commencent à y planter des vignes, et font leur ordinaire d'une boisson de riz.

Ces chasseurs donc demeurant cachés, ces animaux ne voyant personne sortaient de leurs trous et venaient tous ensemble goûter de ce breuvage, en criant Chin-Chin (dont on leur a donné le nom de Chin-Chin) et en devenaient si ivres qu'ils s'endormaient; les chasseurs survenant là-dessus les attachaient pieds et mains ensemble, leur tirant trois ou quatre gouttes de sang de dessous la gorge, puis les laissaient aller. C'est

---

[1]. Il s'agit évidemment ici de la Sibérie. — Voy. Marco Polo, liv. III, chap. XLVII et suiv.

de ce sang-là dont il me dit qu'ils teignaient cette écarlate ou pourpre si précieuse[1]. Ce même prêtre m'assurait aussi une chose, que je ne croyais pas toutefois volontiers, qu'au delà et bien plus avant que le Cathay, il y a une province où les hommes, en quelque âge qu'ils soient, demeurent jusqu'à ce qu'ils en sortent au même âge qu'ils avaient quand ils y entrèrent.

Le Cathay aboutit au grand Océan, et Guillaume Parisien me contait de certains peuples qui habitent dans les îles, et dont la mer d'alentour est gelée en hiver (si bien qu'alors les Tartares les peuvent aller envahir aisément par le mois des glaces), qu'ils avaient envoyé des ambassadeurs au Khan lui offrir deux mille tumen de jascots de tribut par an, pour les laisser vivre en paix[2].

La monnaie commune de Cathay est faite de papier de coton, grande comme la main, et sur laquelle ils impriment certaines lignes et marques faites comme le sceau du Khan[3]. Ils écrivent avec un pinceau fait comme celui des peintres, et dans une figure ils font plusieurs lettres et caractères, comprenant un mot chacun. Ceux du pays de Thébeth écrivent comme nous, de la gauche à la droite, et usent de caractères à peu près semblables aux nôtres. Ceux de Tanguth écrivent de la droite à la gauche, comme les Arabes, et en montant en haut multiplient leurs lignes. Les Jugures écrivent de haut en bas. Pour les Russiens, la monnaie qui a cours entre eux est de petites pièces de cuir, marquetées de couleurs.

Comme nous retournâmes vers le moine, il nous avertit charitablement que nous nous abstinssions de

---

1. La plaisante explication que fournit ici un prêtre ou mandarin chinois est évidemment dictée par le sentiment instinctif de défiance et de répulsion que les étrangers inspiraient aux citoyens du grand empire asiatique.

2. Le *tument*, dit un commentateur, vaut dix mille marcs d'argent ou quatre-vingt mille florins d'or de Venise. — Il s'agit ici des peuples vivant dans les régions que baigne le fleuve Amour, région d'où vinrent les Mandchous qui devaient détrôner les Mongols.

3. Marco Polo, liv. II, chap. XXI, parle de ce papier-monnaie.

manger de la chair; et que nos serviteurs la mangeraient avec les siens, promettant de nous donner de la farine, de l'huile et du beurre. Nous fîmes ainsi qu'il voulut, de quoi mon compagnon n'était pas fort content, à cause qu'il était assez faible et débile ; notre pitance donc était du millet et du beurre, ou de la pâte cuite dans de l'eau, avec du beurre ou du lait un peu aigre et du pain sans levain, cuit sur du feu fait de fiente de chevaux et de bœufs.

XL

Du second jeûne des peuples d'Orient en carême.

La Quinquagésime, où commence le carême de tous les Orientaux, étant venue, la plus grande dame Cotota avec ses femmes jeûna cette semaine-là et venait chaque jour à notre oratoire, donnant à manger aux prêtres et à tous les autres chrétiens, dont plusieurs viennent là pour entendre l'office de cette semaine. Cette dame nous fit présent à mon compagnon et à moi, chacun d'un pourpoint et haut-de-chausses de samit, doublés de certaines étoffes de poil d'étoupe fort rude. Car mon compagnon s'était fort plaint de la pesanteur de ses habillements. Je ne voulus pas refuser ce présent, pour son soulagement, en m'excusant toujours néanmoins que je ne désirais pas porter de tels habits; et je donnai ma part à notre interprète. Les portiers et huissiers de la cour voyant que tous les jours il venait une si grande multitude de personnes à l'église, qui était dans le pourpris et enclos de la cour, envoyèrent un des leurs vers le moine, lui dire qu'ils ne voulaient plus souffrir que tant de gens s'assemblassent ainsi dans cet enclos du palais; à quoi le moine répondit assez rudement qu'il voulait savoir si c'était Mangu qui l'eût ainsi commandé, y ajoutant quelques menaces, comme s'il se voulait plaindre d'eux au Khan; mais eux, irrités de cela, le prévinrent et l'allèrent accuser devant le prince, disant qu'il était trop fier et orgueilleux en paroles, et qu'il amassait tous les jours une quantité de monde auprès de lui pour l'ouïr discourir.

En suite de quoi, le premier dimanche de carême, nous fûmes tous appelés à la cour, et le moine entre autres, qui fut honteusement fouillé, pour voir s'il ne portait point de couteau, de sorte qu'il fut contraint aussi de quitter ses souliers. Arrivés devant le Khan, nous le trouvâmes tenant de ces os brûlés en la main, selon leur coutume, et les regardant fort, comme s'il y eût lu quelque chose ; se tournant tout d'un coup vers le moine, il le reprit aigrement de ce qu'il aimait tant à assembler le monde pour l'ouïr parler, puisque sa profession n'était que de prier Dieu. Pour moi, je demeurais derrière, la tête nue, et le Khan continuant lui demanda pourquoi il ne se tenait pas découvert, comme faisait le Frank ; en disant cela, il me fit signe d'approcher de lui ; lors le moine, bien étonné et honteux, se découvrit, élevant son bonnet à la façon des Grecs et des Arméniens. Après que Mangu lui eut ainsi parlé aigrement, nous nous retirâmes, et en sortant le moine me donna la croix à porter en notre oratoire ; il était encore si transporté de frayeur et de chagrin, qu'il n'eût su la soutenir. Peu de temps après, il refit sa paix avec le Khan, en lui promettant d'aller trouver le pape, et de faire venir sous son obéissance toutes les nations de l'Occident. Étant de retour à l'oratoire, après ce discours avec le Khan, il commença à s'enquérir curieusement de moi touchant le pape ; et si je ne croyais pas qu'il pût lui parler s'il l'allait trouver de la part de Mangu, et s'il lui voudrait fournir des montures pour le voyage de Saint-Jacques en Galice. Alors je l'avertis de bien prendre garde de ne donner aucune menterie à Mangu, qu'en ce cas la dernière faute serait pire que la première, et que Dieu n'avait que faire de nos mensonges.

La première semaine du jeûne étant passée, la dame ne venait plus à l'oratoire et ne nous donnait plus à boire et à manger, comme à l'ordinaire. Le moine ne permettait pas qu'on en apportât, disant que leur boisson était mêlée avec de la graisse de mouton, et elle ne nous donnait de l'huile que bien peu; ainsi nous n'avions guère à manger que du pain bis cuit sous la cendre, et de la pâte bouillie dans de l'eau, pour faire du potage; et même toute l'eau que nous avions n'était que de neige et de glace fondue, ce qui était fort malsain, et mon compagnon en était fort ennuyé. Je parlai à David, le précepteur du fils du Khan, et lui remontrai notre nécessité, ce qu'il fit entendre au prince, qui aussitôt commanda de nous apporter du vin, de la farine et de l'huile.

XLI

De l'ouvrage de Guillaume l'orfèvre, et du palais du Khan à Caracorum.

Vers la mi-carême, le fils de Guillaume l'orfèvre dit à Mangu-Khan que l'ouvrage qu'il avait commandé de faire, et dont j'ai déjà parlé ci-dessus, était achevé. Il faut savoir que Mangu a à Caracorum un très grand terrain près les murailles de la ville, qui est ceint d'un mur de brique ainsi qu'un cloître de nos monastères. En ce lieu il y a un grand palais, où il festoie solennellement deux fois l'an; d'abord au printemps, quand il passe par là, et puis en été, à son retour; cette seconde fois est la plus grande fête; alors tous les seigneurs et gentilshommes éloignés de plus de deux mois de chemin de la cour s'y trouvent, et le Khan leur fait à tous des présents d'habits et autres choses, en quoi il montre sa gloire et sa magnificence. Près de ce palais il y a plusieurs autres logis spacieux, comme des granges, où l'on garde les vivres, les provisions et les trésors. Et parce qu'il n'eût pas été bienséant ni honnête de porter des vases pleins de lait ou d'autres boissons en ce palais, ce Guillaume lui avait fait un grand arbre d'argent, au pied duquel étaient quatre lions aussi d'argent, ayant chacun un canal d'où sortait du lait de jument. Quatre vases étaient cachés dans l'arbre, montant jusqu'au sommet et de là s'écoulant en bas. Sur chacun de ces muids ou canaux il y avait des serpents dorés, dont les queues venaient à environner le corps de l'arbre. De l'une de ces pipes coulait du vin, de l'autre du caracosmos ou lait de jument purifié, de la troisième du ball ou boisson faite de miel, et de la dernière de la téracine faite de riz. Au pied de l'arbre, chaque boisson avait son vase d'argent pour la recevoir. Entre ces quatre canaux, tout au haut, était un ange d'argent tenant une trompette, et au-dessous de l'arbre il y avait un grand trou, où un homme se pouvait cacher, avec un conduit assez large qui montait par le milieu de l'arbre jusqu'à l'ange. Ce Guillaume y avait fait au commencement des soufflets pour faire sonner la trompette, mais cela ne donnait pas assez de vent.

Au dehors du palais, il y a une grande chambre où ils mettent leurs boissons, avec des serviteurs tout prêts à les distribuer, sitôt qu'ils entendent l'ange sonnant la trompette. Les branches de l'arbre étaient d'argent, comme aussi les feuilles et les fruits qui y pendaient. Quand donc ils voulaient boire, le maître sommelier criait à l'ange qu'il sonnât la trompette, et celui qui était caché dans l'arbre soufflait bien fort dans ce vaisseau ou conduit allant jusqu'à l'ange, qui portait aussitôt sa trompette à la bouche et sonnait hautement; ce qu'entendant les serviteurs et officiers qui étaient dans la chambre du boire, faisaient en un instant couler la boisson de leurs tonneaux, qui était reçue dans ces vaisseaux d'argent d'où le sommelier la tirait pour porter aux hommes et aux femmes qui étaient au festin. Le palais du Khan ressemble à une église ayant la nef au milieu, et aux deux côtés deux ordres de colonnes ou piliers, et trois grandes portes vers le midi; vis-à-vis la porte du milieu était planté ce grand arbre; le Khan était assis au côté du nord en un lieu haut élevé, pour être vu de tous. Il y a deux escaliers pour monter à lui, par l'un desquels monte celui qui lui apporte sa viande et sa coupe; il descend par l'autre. L'espace du milieu entre l'arbre et ces escaliers est vide, car là se tiennent ceux qui lui portent son manger, comme aussi les ambassadeurs qui apportent des présents au Khan, qui est là élevé comme un Dieu. Au côté droit, vers l'occident, sont tous les hommes, et au gauche à l'orient les femmes, car le palais s'étend en longueur du septentrion au midi. Du côté droit, près des piliers, il y a des places élevées en forme de théâtre, où se mettent les fils et frères du Khan, et à gauche il y en a d'autres pour ses femmes et filles. Il n'y a qu'une de ses femmes qui soit assise auprès de lui, mais un peu moins haut qu'il est lui-même.

Quand donc le Khan sut que cet ouvrage de l'arbre était achevé, il commanda à Guillaume de l'accommoder en sa place. Et environ le dimanche de la Passion, le Khan s'en alla vers Caracorum, avec ses petites maisons ou pavillons, laissant ses grandes derrière. Le moine et nous le suivîmes, et il nous envoya une autre bouteille de vin. En allant il passa par des pays fort montagneux, où il faisait de grands vents et un froid bien âpre, et il y tomba abondance de neige. Sur quoi il nous envoya sur la minuit pour nous demander des prières à Dieu, pour que le vent et le froid cessassent, d'autant que tous les bestiaux du pays étaient en grand danger de périr, car alors les mères étaient prêtes de faire leurs petits. Le moine aussitôt lui envoya de l'encens pour qu'il le mît lui-même sur les charbons pour l'offrir à Dieu. Je ne sais s'il le fit ou non, car je n'en vis rien; mais je sais bien que la tempête, qui avait duré deux jours entiers, cessa aussitôt.

A la veille du dimanche des Rameaux nous approchions de Caracorum, et sur le point du jour nous bénîmes des rameaux où il n'y avait point encore de verdure; puis, environ sur les neuf heures du matin, nous entrâmes dans la ville, portant la croix haute, élevée avec la bannière.

Le soir s'approchant, Guillaume nous emmena en sa maison pour souper et nous reçut là avec grande joie; sa femme était fille d'un sarrasin et, née en Hongrie, parlait bon français. Nous trouvâmes aussi là un autre homme, nommé Basile, fils d'un Anglais, né aussi en Hongrie, et parlant plusieurs langues. Après souper on nous ramena en notre petit logement, que les Tartares nous avaient donné auprès de l'église et de l'oratoire du moine. Le lendemain le Khan entra dans son palais, où le moine, les prêtres et moi le fûmes visiter; mais ils n'en voulurent jamais permettre l'entrée à mon compagnon, à cause de l'inconvénient qui lui était une fois arrivé de marcher sur le seuil de la porte. J'avais fort consulté en moi-même si j'y devais aller ou non, craignant d'un côté d'offenser et scandaliser les chrétiens si je les eusse quittés, et d'autre part de déplaire au Khan; j'appréhendais que le bon dessein que j'avais et dont j'espérais venir à bout ne fût empêché. Je résolus donc d'y aller, encore que d'autre part je ne remarquasse parmi eux qu'actions pleines de sorcellerie et d'idolâtrie. A cause de cela ailleurs je ne faisais autre chose que prier continuellement et à haute voix pour l'Église chrétienne et pour le Khan même, qu'il plût à la bonté divine de le convertir et amener à la voie du salut.

Nous entrâmes en ce palais, qui était en bon ordre et bien paré. En été on y fait venir des eaux par des canaux de tous les côtés pour l'arroser et rafraîchir. Ce lieu était plein d'hommes et de femmes, et nous nous présentâmes devant Mangu-Khan, ayant derrière nous ce grand arbre d'argent avec tous les vaisseaux et ornements qui occupaient une bonne partie de la salle. Les prêtres lui apportèrent deux petits pains et des fruits dans un bassin d'argent qu'ils bénirent en les lui présentant; et le sommelier les prit, et les donna au Khan assis en un lieu fort élevé; il commença à manger de l'un de ces pains et envoya l'autre à son fils et à un de ses frères le plus jeune; que les nestoriens instruisaient. Ce frère savait quelque chose de l'Évangile et envoya quelquefois quérir ma Bible pour la voir. Après les prêtres, le moine fit ses prières aussi, et moi après lui ; le Khan nous promit alors de venir le lendemain en notre église, qui était assez grande et belle, car elle était toute tapissée de draps d'or et de soie ; mais le lendemain il s'en alla de Caracorum, priant les prêtres de l'excuser s'il n'allait en leur église, et qu'il n'osait y entrer, parce qu'il avait été averti qu'on y avait porté des corps morts. Pour le moine, les autres prêtres et moi, nous ne laissâmes pas de demeurer à Caracorum, afin d'y pouvoir célébrer la fête de Pâques.

XLII

Célébration de la fête de Pâques.

Guillaume l'orfèvre nous avait fabriqué un fer pour faire des hosties. Il possédait de certains ornements qu'il avait fait accommoder pour lui, car il avait quelque connaissance des bonnes lettres et faisait la fonction de clerc en l'église. Il avait fait faire aussi une image de la Vierge en sculpture, à la façon de France, et à l'entour toute l'histoire de l'Évangile, bien et artistement gravée, avec une boîte d'argent pour garder le saint-sacrement, et dans les côtés il y avait de petites cellules faites avec beaucoup d'art, où il avait mis des reliques. Il fit faire aussi un oratoire sur un chariot très beau et bien peint d'histoires saintes. Je bénis ses ornements et fis faire des hosties à notre mode, et les nestoriens m'assignèrent, pour officier, le lieu de leur baptistère, où il y avait un autel. Je célébrai donc le jeudi saint et le jour de Pâques, je donnai la communion au peuple, avec la bénédiction de Dieu, et la veille de Pâques plus de soixante personnes furent baptisées en très bel ordre et cérémonie, ce dont il y eut grande réjouissance entre tous les chrétiens.

XLIII

De la maladie de Guillaume l'orfèvre, et du prêtre Jonas.

Il arriva que Guillaume l'orfèvre fut fort malade ; comme il commençait à se mieux porter et à recouvrer peu à peu sa santé, le moine, l'étant venu visiter, lui donna une potion de rhubarbe, ce qui le pensa faire mourir. Le voyant changé si subitement, je lui demandai ce qu'il pouvait avoir mangé ou bu qui l'eût mis en si piteux état ; il me dit que c'était le moine qui lui avait fait prendre deux écuelles pleines de breuvage, qu'il avait pris pour eau bénite. Je fus trouver le moine, et lui dis assez nettement ou qu'il allât, comme un apôtre, faire des miracles par la vertu des prières et de la grâce du Saint-Esprit, ou qu'il se comportât en médecin seulement et selon la science de la médecine, lui reprochant d'avoir donné une si forte et si dangereuse boisson à un malade sans y être préparé, comme si c'eût été une chose sacrée et bénite ; que si cela venait à la connaissance du monde, il en serait fort blâmé. Depuis cela il fut plus réservé et se garda plus de moi que jamais.

Environ ce même temps, le prêtre ou archidiacre Jonas devint aussi fort malade, et ses parents et amis envoyèrent quérir un devin sarrasin, qui leur dit qu'un certain homme maigre qui ne buvait, ni ne mangeait, ni ne couchait en un lit était fâché contre lui, et que si le malade pouvait obtenir sa bénédiction, il recouvrerait sa santé ; ils jugèrent aussitôt que celui-là que le devin avait désigné était le moine ; et environ la minuit, sa femme, sa sœur et son fils le vinrent trouver, le priant et conjurant de venir donner sa bénédiction au malade ; ils nous éveillèrent aussi, afin que nous le priions d'y aller ; mais le moine nous dit de le laisser en repos et de ne nous point mêler de cela, d'autant que ce prêtre avec trois autres avaient de mauvais desseins contre nous, ayant résolu d'aller à la cour pour obtenir de Mangu-Khan que nous fussions tous chassés de ce pays-là. Toutefois, aussitôt qu'il fut jour, je ne laissai pas d'aller voir ce pauvre prêtre, qui avait un grand mal de tête et crachait le sang. Je lui dis que ce devait être un apostume, et lui conseillai alors, le voyant en si mauvais état, de reconnaître que le pape était le père et le chef de tous les chrétiens; ce qu'il fit aussitôt, promettant devant tous que, si Dieu lui rendait la santé, il irait lui-même baiser les pieds du pape, et ferait de bonne foi tout son pouvoir afin que le saint-père voulût envoyer sa bénédiction au Khan. Je l'avertis aussi que s'il pensait avoir quelque chose en sa possession qui appartînt à autrui, il la restituât. Il me répondit qu'il ne pensait pas avoir rien de semblable. Se trouvant un peu mieux, il me pria d'aller querir le moine, ce que je fis. Le moine, pour la première fois, n'y voulut pas venir; mais quand il sut que le malade se portait un peu mieux, il y alla avec la croix, et moi je lui portai dans la boîte de Guillaume le corps de Notre-Seigneur, lequel j'avais réservé depuis le jour de Pâques, à la prière de notre bon orfèvre. Le moine, étant arrivé, commença de frapper le malade avec ses pieds, pendant que le malade les embrassait avec grande humilité. Et moi je lui dis que c'était la coutume de l'Église romaine que le malade reçût le saint-sacrement, comme un viatique, pour se munir contre les efforts et les embûches de Satan; il reçut de mes mains le sacrement, à la façon de l'Église romaine. Après le moine demeura auprès de lui, et, en mon absence, lui donna je ne sais quelle potion; mais le lendemain il commença à ressentir les tourments de la mort.

Après que nous eûmes chanté et dit sur lui les prières pour les mourants, le moine me donna avis de nous retirer, à cause que si je me fusse trouvé présent à cette mort, je n'eusse plus pu entrer en la cour de Mangu-Khan par l'espace d'un an entier; et tous les assistants me dirent que cela était ainsi, me priant de m'en aller, pour n'être privé d'une telle faveur. Aussitôt que ce pauvre homme fut trépassé, le moine me dit que je ne me misse en peine de rien, et que lui l'avait fait mourir par ses prières, d'autant qu'il nous était contraire, que lui seul était savant entre eux, tout le reste n'étant que des ignorants, que dorénavant Mangu-Khan et tous ses sujets nous obéiraient mieux; et sur cela il me déclara la réponse qu'avait faite le devin; à quoi n'ajoutant guère de foi, je m'enquis des prêtres amis du défunt, si cela était ainsi ou non; ce qu'ils m'assurèrent être très vrai, mais qu'ils ne savaient pas s'il avait été averti premièrement de cela ou non. En suite de quoi je remarquai que le moine fit venir en son oratoire ce devin et sa femme, et leur fit cribler de la poudre pour faire une sorte de sortilège; il avait aussi avec lui un certain diacre de Russie, qui lui servait à ces sortilèges-là. Ce qu'ayant aperçu, je fus grandement étonné, et eus horreur de la méchanceté de cet homme, et lui dis doucement, en l'appelant mon frère et mon ami, qu'un homme rempli du Saint-Esprit, et qui prêchait les autres, ne devait pas consulter ainsi les devins, puisque tout cela était défendu sous peine d'excommunication. Alors il se mit à s'excuser, comme n'ayant jamais usé de ces choses. J'avais grand déplaisir de ne le pouvoir quitter, à cause que j'avais été logé avec lui par le commandement du Khan, si bien que sans une permission spéciale du prince je ne pouvais m'en séparer comme j'eusse désiré.

XLIV

Description de la ville de Caracorum, et comment Mangu-Khan envoya ses frères contre diverses nations.

Pour ce qui est de la ville de Caracorum, Votre Majesté saura qu'excepté le palais du Khan, elle ne vaut pas la ville de Saint-Denis en France, dont le monastère est dix fois plus considérable que tout le palais même de Mangu. Il y a deux grandes rues : l'une dite des Sarrasins, où se tiennent les marchés et la foire;

plusieurs marchands étrangers y vont trafiquer à cause de la cour, qui y est souvent, et du grand nombre d'ambassadeurs qui y arrivent de toutes parts. L'autre rue s'appelle de Cathayens, où se tiennent tous les artisans. Outre ces deux rues, il y a d'autres grands lieux ou palais, où est la demeure des secrétaires du prince. Là sont douze temples d'idolâtres de diverses nations, et deux mosquées de sarrasins, où ils font profession de la secte de Mahomet, puis une église de chrétiens au bout de la ville, qui est ceinte de murailles faites de terre, où il y a quatre portes. A celle d'Orient l'on vend le millet et autres sortes de grains, qui d'ailleurs sont rares. A la porte d'Occident se vendent les brebis et les chèvres; à celle du Midi les bœufs et les chariots, et à celle du Nord les chevaux.

Or, suivant toujours la cour, nous y arrivâmes le dimanche avant l'Ascension, et le lendemain nous fûmes appelés devant Bulgay, le principal secrétaire et juge de la cour : à savoir le moine et toute sa suite, nous et tous les autres ambassadeurs et étrangers qui fréquentaient le logis du moine. Chacun fut introduit en particulier, et l'un après l'autre : le moine premièrement, puis nous, qui fûmes exactement interrogés par ce secrétaire, d'où nous venions, pourquoi et à quelle fin, en un mot à quoi nous étions propres et ce que nous désirions d'eux. Cette recherche si curieuse fut faite parce qu'on avait rapporté au Khan qu'environ quatre cents assassins ou meurtriers secrets étaient venus sous divers habits pour le tuer. La veille de l'Ascension nous allâmes par tous les palais du Khan; je vis que quand il voulait boire on versait du koumis sur ses idoles de feutre.

Mangu-Khan a huit frères, trois du côté de sa mère et cinq du côté de son père. Il avait envoyé l'un de ses frères[1] utérins au pays des Assassins, lui commandant d'exterminer toute cette race de gens-là. Il en a envoyé un autre vers la Perse, où il est entré mainte-

---

1. Alau ou Houlagou. — Voy. Marco Polo, liv. I, chap. XXIX.

nant, pour de là aller, comme l'on croit, en Turquie, et conduire une armée contre Baldach et Vastace. Il en dépêche un autre vers Cathay, contre certains rebelles. Le plus jeune du côté maternel est retenu auprès de lui, et on l'appelle Arabucha; il se tient au palais de sa mère, qui était chrétienne, et au service de laquelle a été Guillaume l'orfèvre, qui fut pris en Hongrie par des frères paternels du Khan, lorsqu'il envahit la ville de Belgrade, où était aussi un évêque normand de Belleville, près de Rouen, avec un neveu, que j'ai vu à Caracorum. Entre les prisonniers se trouva donc cet honnête Guillaume, qui fut donné à la mère de Mangu, parce qu'elle désirait grandement de l'avoir à son service. Quand cette dame fut morte, le sieur Guillaume fut au service d'Arabucha, avec tout le reste de ce qui était à la cour de sa mère, et, par le moyen de cet Arabucha, il vint à la connaissance de Mangu-Khan, qui lui fit faire ce grand ouvrage d'argent dont nous avons parlé, et pour lequel il lui avait donné tant de marcs d'argent.

Le Khan était allé visiter sa mère à quelque distance de sa ville de Caracorum. Le lendemain il s'en retourna à son palais, mais par un autre chemin, selon l'instruction de leurs devins et sorciers, qui ne veulent jamais que l'on retourne par la même voie qu'on est venu. D'ailleurs, pendant que la cour était là et après qu'elle se fut retirée, personne n'osait passer ni à pied ni à cheval par où elle avait demeuré, tant que l'on y apercevait quelque reste de feu ou de fumée.

Le même jour, quelques sarrasins se trouvèrent avec le moine, disputant contre lui; et quand il vit qu'il ne pouvait se défendre par raisons contre eux et qu'ils se moquaient de lui, il ne put se tenir de leur décharger quelques coups d'un fouet qu'il tenait en main; ce qui excita une telle rumeur, que cela vint jusqu'aux oreilles de Mangu, qui aussitôt nous fit faire commandement de ne plus demeurer à la cour, au lieu où nous avions accoutumé d'être.

Pour moi, j'avais toujours espérance de la venue du roi d'Arménie, aux environs de Pâques; quelques gens arrivèrent de Bolac, où habitent quelques Flamands ou Allemands, que j'avais grand désir d'aller voir. Ils me dirent qu'un prêtre allemand devait venir à la cour. C'est pourquoi je n'osai pas demander à Mangu-Khan quelle était sa volonté sur notre demeure à la cour ou sur notre départ. Au commencement il ne nous avait donné que le terme de deux mois pour nous y arrêter, mais cinq mois entiers s'étaient écoulés, car nous étions à la fin de mai, et nous y avions toujours demeuré depuis le mois de janvier.

Mais enfin, voyant qu'il n'y avait aucune nouvelle de ce roi d'Arménie ni de ce prêtre flamand dont on nous avait parlé, et craignant d'être contraints de nous en retourner en hiver, dont nous avions déjà éprouvé les rigueurs excessives, je fis demander au Khan quelle serait sa volonté à notre égard; que nous eussions été bien contents de demeurer là si tel était son plaisir; mais que si nous avions à nous en retourner, il serait plus à propos et commode pour nous que ce fût en été et non en hiver. Le Khan me fit répondre là-dessus que je ne m'éloignasse point de lui et qu'il avait envie de me parler le lendemain. Mais je répliquai, si sa volonté était telle, que je le suppliais bien humblement d'envoyer querir le fils de Guillaume, d'autant que notre interprète n'était pas assez capable. Celui qui me vint parler de la part de Sa Majesté était sarrasin, il avait été ambassadeur vers Vastace, et, gagné par argent, il avait donné conseil à ce Vastace d'envoyer des ambassadeurs vers le Khan : car, lui avait-on dit, les Tartares devaient entrer sur ses terres. Ayant donc envoyé ses ambassadeurs, quand il connut les forces des Tartares, il les méprisa et ne se soucia plus de faire la paix avec eux, qui n'étaient point venus en son pays, selon leur premier dessein. Car il faut remarquer que jamais ces gens-là ne prennent aucun pays par la force des armes, mais seulement par ruses et tromperies, si bien qu'ils ont subjugué et détruit la plupart du monde sous un beau semblant et prétexte de paix et d'amitié.

XLV

Comment ils furent examinés plusieurs fois, et leurs conférences et disputes avec les idolâtres.

Le lendemain, qui fut le dimanche avant celui de la Pentecôte, je fus appelé et mené à la cour, où le premier secrétaire me vint trouver avec un de ceux qui versaient à boire au Khan, et plusieurs sarrasins, qui me demandèrent encore de la part du Khan pourquoi j'étais venu en ce pays-là; à quoi je fis la même réponse que j'avais toujours faite, à savoir que j'étais venu vers Sartach, et de Sartach à Baatu, qui m'avait envoyé là : partant, que je n'avais rien à leur dire de la part de qui que ce fût, sinon leur prêcher la parole de Dieu, si c'était leur plaisir de l'écouter; et qu'ils savaient bien ce que Baatu leur en avait écrit. A ces mots, ils me demandèrent quelles paroles de Dieu je leur voulais annoncer, estimant que je leur voulusse prédire quelques succès heureux, ainsi que plusieurs le font d'ordinaire. Je leur répondis que s'ils voulaient, je leur dirais quelle est cette parole de Dieu, pourvu qu'ils me fissent venir un bon interprète. Ils me dirent qu'ils en avaient déjà envoyé querir un; que cependant je ne laissasse pas de dire, le mieux que je pourrais, par celui qui était là, et qu'ils m'entendraient bien; et comme ils me pressaient fort là-dessus, je leur dis : « Voici quelle est la parole de Dieu : Celui à qui on a donné plus de choses en charge, c'est celui de qui on en redemande davantage, et celui-là est le plus aimé à qui on remet plus de choses. » Et sur cela je fais savoir à Mangu-Khan que Dieu lui a donné beaucoup de biens : car de toute la grandeur, puissance et richesse qu'il possède, il n'en a rien reçu des idoles, mais d'un seul Dieu tout-puissant, créateur du ciel et de la terre, qui tient en sa main tous les royaumes du monde et les transporte d'une nation à l'autre à cause des péchés. C'est pourquoi, s'il aimait Dieu, rien ne lui manquerait; mais que s'il faisait autrement, il devait tenir pour assuré que Dieu lui redemanderait compte de tout ce qu'il avait, jusqu'au dernier denier.

A cela un des sarrasins dit : « Y a-t-il personne au monde qui n'aime Dieu? » Je lui répondis que Dieu disait que quiconque l'aimait gardait ses commandements et qui ne gardait ses commandements ne l'aimait pas. Lors ils me demandèrent si j'avais été au ciel pour savoir quels sont ses commandements. « Non pas, dis-je, mais il les a donnés du ciel aux gens de bien; et lui-même est descendu du ciel pour les enseigner à tout le monde; nous avons toutes ses paroles dans les saintes Écritures, et nous reconnaissons par les œuvres des hommes s'ils les gardent ou non. — Mais, me répliquèrent-ils, direz-vous que Mangu-Khan ne garde pas les commandements de Dieu? » Je répondis que quand leur interprète serait venu, alors en la présence du Khan même, je réciterais, s'il lui plaisait, tous les commandements de Dieu, et il jugerait lui-même s'il les gardait ou non. Ainsi se départirent-ils de moi et rapportèrent au Khan que je disais qu'il était tuinien ou idolâtre et qu'il ne gardait pas les commandements de Dieu.

Le jour suivant il m'envoya son secrétaire, qui me dit de sa part qu'il y avait chez eux des chrétiens, des sarrasins et tuiniens, et que chacun d'eux disait que sa foi était meilleure que celle des autres; et pour cela il nous commandait de venir tous ensemble devant lui et que chacun mît par écrit ce qu'il était de sa loi, pour voir laquelle était la plus véritable. Je rendis grâces à Dieu de ce qu'il lui avait plu toucher le cœur du Khan et le porter à ce bon dessein, et comme il est écrit que le serviteur de Dieu doit être doux et facile envers un chacun et non contentieux et injurieux, je dis que j'étais tout prêt de rendre compte de ma profession de foi chrétienne à quiconque me la demanderait. Le secrétaire mit tout par écrit, ce qui fut représenté au Khan; il fut fait alors le même commandement aux nestoriens, à savoir de mettre par écrit tout ce qu'ils voudraient dire et de même aux sarrasins et tuiniens aussi.

Le lendemain, ce secrétaire nous fut envoyé derechef pour nous dire que le Khan désirait fort savoir la cause de notre venue en ce pays-là; à quoi je répondis qu'il le pouvait apprendre des lettres de Baatu; mais ils me dirent que les lettres de Baatu étaient perdues et qu'il ne se souvenait plus de ce qu'il en avait écrit; c'est pourquoi il voulait que nous le lui dissions nous-mêmes. Alors je m'enhardis de lui faire entendre que c'était entre autres choses le devoir de notre religion de prêcher l'Évangile à tout le monde, et qu'ayant ouï la renommée des peuples de Moal, j'avais eu un grand désir de les venir voir, et que durant cette résolution j'avais ouï dire aussi que Sartach était chrétien; ce qui m'avait fait prendre mon chemin droit vers lui, et que mon souverain seigneur le roi de France lui avait écrit des lettres d'amitié et avec des paroles obligeantes, par lesquelles aussi il l'assurait de notre état et profession, le priant qu'il nous voulût permettre de demeurer parmi les peuples de Moal; que sur cela Sartach nous avait envoyés à son père Baatu, et Baatu à Mangu-Khan, lequel derechef nous suppliions bien humblement de nous permettre la demeure en ses pays.

Tout cela fut écrit et rapporté au Khan, qui alors nous fit dire que nous demeurions trop longtemps en ses pays et que sa volonté était que nous nous en retournassions au nôtre, et qu'il demandait si nous voulions mener son ambassadeur avec nous. Je répondis à cela que je n'oserais pas me charger de mener son ambassadeur, d'autant qu'entre son pays et le nôtre il y avait de fortes et puissantes nations, de grandes mers et plusieurs fâcheuses montagnes à passer, et enfin que je n'étais qu'un pauvre religieux qui ne pouvais me charger de cela. Ce discours fini, il fut mis par écrit.

Avant notre départ toutefois le Khan désira qu'il y eût une conférence entre nous tous qui représentions les diverses croyances.

Nous nous assemblâmes donc la veille de la Pentecôte en notre oratoire, et Mangu-Khan nous envoya trois de ses secrétaires, pour être juges de nos différends, à savoir, l'un chrétien, l'autre sarrasin, et le troisième tuinien. Avant toutes choses, il fut proclamé de la part du Khan que son commandement, qui devait être reçu, était comme le commandement de Dieu même, qu'aucun n'eût à faire injure ou déplaisir à l'autre, ni n'excitât aucune rumeur et trouble qui pût en façon quelconque empêcher cette affaire, et cela sous peine de mort. Alors il se fit un très grand silence, bien qu'il y eût une fort grande assemblée, car chacun des partis y avait convié les plus habiles et sages de la secte, outre plusieurs autres encore qui s'y trouvèrent.

(Nous croyons pouvoir supprimer la longue discussion théologique qui s'engage entre les représentants des divers dogmes, conférence qui d'ailleurs n'a d'autre conclusion qu'une large buverie où les nestoriens, les sarrasins et les idolâtres noient à qui mieux mieux la dissidence de leurs idées.)

Cette conférence ainsi achevée, les nestoriens et sarrasins chantaient ensemble à haute voix, mais les tuiniens ne disaient rien du tout. Après cela ils burent tous largement.

XLVI

Comme ils furent appelés devant le Khan à la Pentecôte; de la confession de foi des Tartares, et comme il fut parlé de leur retour.

Le jour de la Pentecôte, Mangu-Khan, à qui l'on avait rapporté que je le tenais pour idolâtre, me fit appeler devant lui avec un tuinien contre qui j'avais disputé, et avant que d'entrer au palais, le fils de Guillaume, mon interprète, m'avertit de la résolution qu'on avait prise de nous en faire retourner en notre pays, et que je me gardasse bien de contredire. Étant arrivé en la présence du Khan, il me fallut mettre à genoux, et le tuinien aussi près de moi, avec leur interprète. Le Khan, se tournant vers moi, me parla ainsi : « Dites-moi la vérité, si quand je vous ai envoyé mes secrétaires vous avez dit que j'étais tuinien. — Monseigneur, lui répondis-je, je n'ai jamais tenu de telles paroles, mais s'il plaît à Votre Majesté impériale de m'écouter, je vous rapporterai les mots mêmes que j'ai prononcés. » Ce que je lui récitai de point en point ; alors il me dit qu'il croyait bien que je n'avais pas ainsi parlé, ni que je le dusse faire aussi, mais que la faute devait venir à l'interprète, qui l'avait mal expliqué ; et sur cela il tourna son bâton ou sceptre vers moi, disant que je ne craignisse point ; et moi, en souriant, je dis tout bas que si j'eusse eu de la crainte, je ne fusse pas venu là [1]. Alors il demanda à mon interprète ce que je disais. On le lui rapporta mot pour mot. Après cela il commença à me faire comme une profession de foi.

« Nous autres Moals, me dit-il, nous croyons qu'il n'y a qu'un Dieu, par lequel nous vivons et mourons, et vers lequel nos cœurs sont entièrement portés.

— Dieu vous en fasse la grâce, monseigneur, lui dis-je ; car sans grâce cela ne peut être. »

Il demanda encore ce que j'avais dit, et l'ayant su il ajouta que comme Dieu avait donné aux mains plusieurs doigts, ainsi avait-il ordonné aux hommes plusieurs chemins pour aller en paradis. Que Dieu nous avait donné l'Écriture sainte à nous autres chrétiens, mais que nous ne la gardions et ne l'observions pas bien, et que nous n'y trouverions pas qu'aucun de nous doive blâmer les autres.

« Y trouvez-vous cela ? dit-il.

— Non, dis-je, mais je vous ai déclaré dès le commencement que je ne voulais point avoir de contention ni de dispute avec personne.

---

1. Sur cette remarque, aussi juste qu'ingénue, on peut en effet reconnaître que l'humble moine donnait la preuve d'un incontestable courage dans l'accomplissement d'une mission que le caractère du souverain rendait à la fois très délicate et très périlleuse.

— Je ne parle pas, dit-il, pour vous; vous n'y trouvez pas non plus que par argent on doive faire rien contre le droit et la justice.

— Non, sire, répondis-je, et à la vérité ne suis-je pas venu en ce pays pour gagner or ni argent, mais plutôt ai-je refusé ce que l'on me présentait. » Là était présent un des secrétaires, qui témoigna que j'avais refusé un jascot et des pièces de soie qu'on m'avait voulu faire prendre.

« Je ne parle pas, reprit le Khan, de cela; mais je dis que Dieu vous a donné les Écritures saintes et que vous ne les gardez pas; mais à nous, il nous a donné des devins et nous faisons ce qu'ils nous commandent, et vivons ainsi en paix. »

Avant que d'achever ce discours, il but quatre fois, ce me sembla; et comme j'écoutais fort attentivement, attendant toujours qu'il me confessât quelque chose de plus de sa foi, il commença à me parler de mon retour, disant que nous étions demeurés là trop longtemps, et que sa volonté était que nous nous en retournassions dans notre pays.

Et puisque nous disions que nous ne pouvions pas mener ses ambassadeurs avec nous, il nous demanda si nous voulions bien nous charger de ses paroles et de ses lettres.

Depuis lors je n'eus plus ni temps, ni lieu, ni moyen de l'instruire en la foi chrétienne : car personne n'osait lui dire que ce qui lui plaisait, si ce n'était un ambassadeur, qui lui pouvait librement représenter tout ce qu'il voulait.

On ne me permit donc pas de parler davantage, mais seulement d'écouter et de répondre s'il me demandait quelque chose. Il demanda si j'avais autre chose à dire. Alors je lui dis que s'il plaisait à Sa Grandeur de me faire savoir sa volonté et me donner ses lettres, que je les porterais bien volontiers, selon mon faible pouvoir. Puis il me demanda si je voulais de l'or ou de l'argent ou de riches habillements; je lui dis que nous ne prenions rien de tout cela, mais que nous avions besoin seulement de quelque peu de chose pour notre dépense et frais du voyage, et que sans son assistance nous ne pouvions pas sortir des terres de son empire. Il nous fit réponse à cela, qu'il nous ferait pourvoir de toutes les choses nécessaires jusqu'à ce que nous fussions hors des lieux de sa domination, et si nous voulions encore davantage que cela. Je lui dis que c'était assez pour moi. Il me demanda jusqu'à quel lieu nous voulions être conduits; je lui répondis que sa seigneurie et domination s'étendant jusqu'aux terres du roi d'Arménie, ce serait assez si nous pouvions aller jusque-là. Il dit qu'il ferait en sorte que nous y fussions conduits en toute sûreté; et qu'après nous eussions soin de nous et fissions ce que nous pourrions. Il ajouta encore ces paroles : « Il y a deux yeux en tête, et bien qu'ils soient deux, ils n'ont toutefois qu'un même regard, et où l'un porte son rayon l'autre y dresse aussi le sien; vous êtes venus de devers Baatu, et par là faut-il aussi que vous vous en retourniez. »

Sur cela je lui demandai la permission de parler encore. « Parlez, » dit-il.

« Sire, lui dis-je, nous ne sommes pas gens de guerre; nous désirons que ceux-là aient la domination ici-bas qui se voudront gouverner avec plus de justice, suivant la volonté du Dieu souverain; notre charge est seulement d'enseigner aux hommes à vivre selon ses commandements; c'est le seul sujet qui m'a fait venir ici, où j'eusse volontiers désiré demeurer, s'il vous eût plu; mais puisque votre volonté est que nous nous en retournions, nous sommes prêts d'obéir à Votre Majesté et de porter vos lettres comme nous pourrons, suivant votre commandement. » Il ne répondit rien à cela et fut longtemps à penser en soi-même sans dire mot, et mon interprète me défendait de parler davantage; mais désirant avoir réponse sur cela, j'attendais toujours en grand souci ce qu'il me voudrait dire. Enfin il me dit qu'ayant un long voyage à faire nous devions nous bien pourvoir de tout ce qui nous serait utile pour retourner en notre pays. Et sur cela il me fit boire, et je pris congé de lui, pensant bien que si Dieu m'eût donné le don de faire les miracles comme à Moïse, peut-être l'aurais-je converti.

XLVII

Des sorciers et devins qui sont parmi les Tartares.

Les prêtres des Tartares sont leurs devins, et tout ce que ces gens-là commandent est exécuté sans délai. Je dirai ici à Votre Majesté quelle est leur charge, selon que je l'ai appris de Guillaume et de plusieurs autres qui m'en ont dit des choses assez vraisemblables. Ils sont plusieurs et ont un chef ou supérieur, qui est comme leur patriarche, et qui est toujours logé devant le palais du Khan, loin d'environ un jet de pierre. Il a sous sa garde les chariots qui portent leurs idoles, comme j'ai déjà dit; derrière le palais il y en a d'autres en certains lieux qui leur sont ordonnés; et ceux d'entre eux qui ont quelque connaisance plus grande en cet art sont consultés de tous ceux du pays. Quelques-uns d'eux sont fort experts et versés en l'astrologie judiciaire, et principalement leur supérieur. Ils savent prédire les éclipses du soleil et de la lune, et quand cela arrive, tout le peuple les fournit de vivres et de provisions en abondance, si bien qu'ils n'ont que faire alors de sortir de leurs maisons pour en chercher : quand l'éclipse paraît, ils commencent à battre des tambours et bassins avec grand bruit, criant à haute voix; et lorsqu'elle est passée, ils se mettent à faire bonne chère et à boire en grande réjouissance.

Ils annoncent aussi les jours heureux et malheureux, pour toutes sortes d'affaires. C'est pourquoi ils n'ont garde de faire aucune levée de gens de guerre ni n'entreprennent aucune expédition militaire sans le conseil et direction de ces gens-là. Il y aurait longtemps qu'ils fussent retournés en Hongrie si leurs devins le leur eussent permis. Tout ce qui s'envoie à la cour est premièrement passé au feu par eux, et ils ont leur part et portion de tout. Ils purifient aussi par le feu tous les meubles des défunts. Aussitôt que quelqu'un est mort, tout ce qui lui appartenait est séparé des autres meubles, et on ne les mêle point avec ce qui est de la cour, jusqu'à ce que tout soit purgé par le feu. J'en ai vu user de la sorte au logis d'une certaine dame qui mourut pendant que nous y étions.

Leur coutume est aussi d'assembler au neuvième de la lune de mai toutes les juments blanches qui se trouvent dans leurs haras et de les consacrer à leurs dieux. Et à tout cela les prêtres chrétiens étaient contraints d'assister avec leurs encensoirs. Ils épandent de leur nouveau koumis par terre et font une grande fête quand ils commencent à en boire de frais fait; ainsi qu'en quelques lieux parmi nous, quand on goûte du vin aux fêtes de saint Barthélemy et de saint Sixte, et que l'on goûte des fruits le jour de Saint-Jacques et de Saint-Christophe.

Ces devins sont aussi appelés à la naissance des enfants pour prédire leurs destinées; quand quelqu'un tombe malade, on les envoie querir aussitôt, afin qu'ils usent de leurs charmes sur le malade; ils disent si la maladie est naturelle ou si elle vient de sortilège. Sur quoi cette dame de Metz, dont j'ai parlé ci-dessus, m'apprit une chose étrange arrivée de cette sorte : c'est qu'un jour on avait présenté à sa maîtresse, qui était chrétienne, comme j'ai dit, des fourrures fort précieuses que les devins passèrent aussitôt par le feu; mais ils en retinrent pour leur part plus qu'il ne leur en fallait; une certaine femme qui avait la charge des riches meubles de cette dame les en accusa, ce dont la dame leur fit un grand reproche; mais il arriva peu de jours après que cette dame devint grièvement malade et souffrait de très grandes douleurs en tous les endroits de sa personne. Sur quoi ces maîtres devins furent appelés, et, s'étant assis un peu éloignés de la malade, ils commandèrent à une de ses femmes de mettre la main à l'endroit où était sa plus grande douleur, et si elle y trouvait quelque chose d'attaché, de l'en arracher aussitôt. Ce que l'autre fit et y trouva une petite pièce de drap ou feutre, qu'ils lui firent jeter contre terre ; et soudain cela commença à faire bruit et ramper, comme si c'eût été quelque chose de vivant; puis l'ayant mis dans de l'eau, cela se changea aussitôt en forme de sangsue ; sur cela ils prononcèrent hardiment que cette dame avait été ensorcelée et que cela venait du fait de cette autre femme qui avait découvert leur larcin, qu'ils accusèrent d'être sorcière; de sorte que, sur un faux rapport, cette pauvre femme fut menée hors les tentes, et là sept jours durant battue et tourmentée en diverses sortes pour lui faire avouer le crime qu'on lui imputait.

Pendant cela la dame mourut, et cette femme l'ayant su, elle supplia qu'on la fît mourir aussi, afin de pouvoir accompagner sa maîtresse, à qui elle protestait n'avoir jamais fait ni procuré aucun mal ni déplaisir, et ne confessa jamais autre chose. Ce que Mangu-Khan ayant entendu, il commanda que l'on la laissât vivre. Ces méchants sorciers, voyant qu'ils ne pouvaient venir à bout de leur dessein, accusèrent encore la nourrice de la fille de cette dame chrétienne dont j'ai parlé, et de qui le mari était un des principaux prêtres entre les nestoriens. On mena donc cette pauvre femme avec une de ses servantes au lieu de l'exécution pour en tirer la vérité ; la servante confessait bien que sa maîtresse l'avait envoyée un jour parler à un cheval pour avoir réponse de quelque chose, et la nourrice même avouait aussi qu'elle avait donné quelque charme à sa maîtresse pour gagner ses bonnes grâces, mais qu'elle n'avait rien fait qui lui pût porter dommage ni préjudice. Étant aussi interrogée si son mari ne savait rien de tout cela, elle répondit que non, et qu'elle était soigneuse de brûler tous les caractères et billets dont elle usait, afin qu'il n'en pût découvrir rien. Elle fut condamnée à mort et exécutée[1] ; et pour le prêtre son

---

1. On croirait assister à un procès de sorcellerie en plein Occident au moyen âge.

mari, le Khan l'envoya vers son évêque, qui était pour lors résidant au Cathay, pour être son juge, quoiqu'il ne fût coupable de rien.

Environ ce même temps, il arriva qu'une des principales femmes de Mangu-Khan mit au monde un fils, et aussitôt les devins furent appelés pour prédire ce qui arriverait à l'enfant; ils lui promirent tous une fort longue vie et beaucoup de prospérités, et qu'il serait un très grand monarque; mais peu de jours après l'enfant vint à mourir; la mère désespérée fit venir les devins et leur reprocha leur fausse prédiction; mais ils lui donnèrent à entendre pour excuse que cela venait de cette sorcière la nourrice de Chirina, qui avait été exécutée à mort peu de jours auparavant; qu'elle avait fait mourir cet enfant par ses sortilèges, et qu'ils avaient fort bien vu comme cette magicienne l'emportait avec elle.

Cette pauvre femme avait laissé un fils et une fille déjà grands dans les tentes; lors cette dame, devenue furieuse par ces paroles, commanda aussitôt, ne se pouvant plus venger sur la mère, que le jeune homme son fils fût mis à mort par un homme et la fille par une femme, en vengeance de la mort de son fils, que les devins assuraient avoir été tué par leur mère. Un peu de temps après cela, Mangu-Khan vint à songer une nuit de ces enfants de la nourrice, qu'on avait ainsi fait mourir; le lendemain il demanda ce que l'on en avait fait; mais ses serviteurs ne lui en osèrent rien dire. Il insista, demandant plus instamment ce qu'ils étaient devenus, d'autant qu'il les avait vus en songe la nuit d'auparavant. Enfin on lui en dit la vérité; sur quoi, plein de colère et d'indignation, il fit venir sa femme, lui reprochant comment elle avait eu l'audace de donner sentence de mort sans le consentement et permission de son mari; et en même temps la fit enfermer dans un cachot pendant sept jours durant, sans lui faire donner à boire ni à manger pendant ce temps-là; et pour celui qui avait exécuté le jeune homme il lui fit couper la tête, ordonnant que cette tête serait attachée au col de la femme qui avait tué la fille, puis qu'elle fût fouettée et battue par tous les carrefours avec des tisons de feu, et après mise aussi à mort. Il eût fait faire aussi la même exécution sur sa propre femme sans la considération des enfants qu'il avait eus d'elle; mais il la fit sortir de la cour, où elle ne retourna que plusieurs mois après.

Mais, pour revenir à ces devins et sorciers, ils prétendent savoir, quand il leur plaît, troubler l'air avec leurs charmes; et comme le froid est extrêmement violent vers le temps de Noël, quand ils voient qu'ils n'y peuvent apporter de remède avec tous leurs sorts, ils s'avisent d'accuser quelques-uns de la suite de la cour, comme étant cause de ces excessives froidures; et ceux-là sont mis à mort sur-le-champ.

Peu de jours avant que je partisse de là, une des femmes du Khan devint fort malade et était en une grande langueur; si bien que les devins, y étant appelés, murmurèrent quelques paroles de sort sur une certaine esclave allemande qu'elle avait. Cette esclave fut endormie l'espace de trois jours entiers, au bout desquels s'étant réveillée, ils lui demandèrent ce qu'elle avait vu durant son dormir; elle répondit qu'elle avait vu plusieurs sortes de personnes, qu'ils jugèrent devoir mourir bientôt; et comme elle dit n'avoir pas vu sa maîtresse parmi ces gens-là, ils prononcèrent hardiment qu'elle ne mourrait pas de cette maladie. Je vis depuis cette fille, qui se sentait encore fort mal à la tête de ce long sommeil.

Quelques-uns d'entre eux se mêlent aussi d'invoquer les diables, pour apprendre d'eux ce qu'ils désirent savoir. Quand ils veulent avoir réponse pour quelque chose que le Khan leur demande, ils mettent la nuit au milieu de la maison des pièces de chair bouillie; puis celui qui fait l'invocation commence à murmurer ses charmes, et tenant un tambourin en la main, le frappe fort contre terre et se démène, en sorte qu'il devient comme hors de soi et commence à rêver; après quoi il se fait lier bien serré; alors le diable vient durant l'obscurité de la nuit et lui donne à manger de ces chairs, et leur fait la réponse sur ce qu'ils demandent.

Une fois, comme je l'appris de Guillaume, un certain Hongrois s'était caché en leur maison pour voir ces horribles mystères, et, comme ils faisaient leurs invocations, on entendait les cris et hurlements du démon sur le faîte de la maison, qui se plaignait de n'y pouvoir entrer à cause qu'il y avait un chrétien parmi eux; ce que le Hongrois ayant ouï, il s'enfuit vitement, car les autres commençaient déjà à le chercher pour lui faire du mal. Ils font d'ordinaire toutes ces choses et plusieurs autres encore, qui seraient trop longues à rapporter.

XLVIII

D'une grande fête, et des lettres que le Khan envoya au roi de France saint Louis.

Les fêtes de la Pentecôte étant passées, le Khan ordonna de préparer les lettres qu'il voulait envoyer par nous. Cependant le Khan retourna à Caracorum, où il fit une grande fête et solennité environ l'octave de la Pentecôte, qui était le quinzième de juin, et voulut que tous les ambassadeurs s'y trouvassent. Le dernier jour il nous envoya querir aussi, mais j'étais alors allé à l'église pour y baptiser trois enfants d'un pauvre homme allemand que nous avions trouvé là.

Au reste, Guillaume fut le premier échanson de ce festin, car il commandait aux trois autres qui versaient à boire. Toute l'assistance faisait grande fête et réjouissance, dansait et battait des mains devant le Khan, qui après cela leur fit une harangue, dont la substance était : « Qu'il avait envoyé ses frères en divers pays fort éloignés et parmi de grands dangers et difficultés; que maintenant il fallait faire voir ce que ceux qui étaient présents sauraient faire quand ils les enverrait aussi pour le bien et l'agrandissement de l'État. »

Tous ces quatre jours que dura la fête, tous changeaient d'habits chaque jour, que l'on leur donnait de même couleur depuis les pieds jusqu'à la tête. Je vis là entre autres l'ambassadeur du calife de Baldach (Bagdad), qui se faisait porter en cour dans une litière par deux mules; quelques-uns disaient qu'il avait traité la paix avec eux sous condition de leur fournir dix mille chevaux pour leur armée. Mais d'autres disaient que le Khan ne voulait entendre à aucune paix, s'ils ne ruinaient toutes leurs forteresses, et que cet ambassadeur lui avait répondu que quand ils auraient ôté la corne du pied de leurs chevaux, alors ils démoliraient tous leurs forts.

Je vis encore là des ambassadeurs d'un soudan des Indes, qui avait amené huit lévriers instruits et faits à se tenir sur la croupe des chevaux, comme font les léopards. Quand je leur demandais en quelle partie du monde était cette Inde, ils me montraient le côté de l'occident. Je m'en retournai avec eux, et nous cheminâmes ensemble environ trois semaines toujours vers le couchant.

Je vis aussi l'ambassadeur du soudan de Turquie, qui apporta encore de riches présents, et dit, à ce que j'appris, qu'ils n'avaient pas faute d'or ni d'argent, mais seulement d'hommes, et pour ce suppliait le Khan de leur fournir des gens de guerre. La fête de saint Jean étant venue, le Khan se mit à tenir grande fête en buvant et faisant bonne chère, faisant traîner après lui cinq cents chariots, et quelque quatre-vingt-dix chevaux tous chargés de lait de vache. Et de même en fit-il le jour de Saint-Pierre et de Saint-Paul.

Enfin, les lettres pour Votre Majesté étant prêtes et nous les ayant envoyées, on nous fit interpréter et entendre tout ce qu'elles contenaient, à savoir : *que les commandements du Dieu éternel sont tels : qu'il n'y a qu'un Dieu éternel au ciel, et en terre qu'un souverain seigneur Cingis-Khan, fils de Dieu et de Temingu Tingey, ou Cingey, c'est-à-dire le son du fer (car ils appellent ainsi Cingis, à cause qu'il était fils d'un maréchal* ou serrurier, et comme leur orgueil s'est accru, ils l'appellent maintenant fils de Dieu). Voici les paroles que l'on vous fait savoir. Nous tous qui sommes en ce pays, soit Moals, soit Naymans, soit Mekrit, soit Musulmans, partout où oreilles peuvent entendre et où chevaux peuvent aller, vous leur fassiez savoir que quand ils auront entendu et compris mes commandements et ne les voudront pas croire ni observer, mais plutôt entreprendront de mettre armées en campagne contre nous, vous verrez et entendrez qu'ils auront des yeux et qu'ils ne verront pas; et quand ils voudront manier quelque chose, ils n'auront point de mains, et quand ils désireront marcher, ils ne pourront, n'ayant point de pieds. Et voici les commandements du Dieu éternel, et tout cela sera accompli par la puissance de ce Dieu éternel et du dieu d'ici-bas, seigneur des Moals. Ce commandement est fait par Mangu-Khan à Louis, roi de France, et à tous les autres seigneurs et prêtres, et à tout le grand peuple du royaume de France, afin qu'ils puissent entendre mes paroles et les commandements du Dieu éternel faits à Cingis-Khan, et depuis lui ce commandement n'est encore parvenu jusqu'à vous. Deux moines sont venus de votre part vers Sartach, qui les a envoyés à Baatu et Baatu ici, à cause que Mangu-Khan est le plus grand roi et empereur des Moals. Mais maintenant, afin que tout le monde, tant prêtres que moines et tous autres, puissent vivre en paix et se réjouir que les commandements de Dieu s'entendent parmi eux, nous eussions bien voulu envoyer nos ambassadeurs vers vous avec vos prêtres; mais ils nous ont fait entendre qu'entre ci et là il y a plusieurs pays de guerre, des nations fort belliqueuses et des chemins difficiles et dangereux; si bien qu'ils craignaient que nosdits ambassadeurs ne pussent aller seulement jusque-là; mais qu'ils s'offraient de porter nos lettres, contenant nos commandements au roi Louis. Ainsi donc nous vous avons envoyé les commandements du Dieu éternel par vos prêtres; et quand vous les entendrez et croirez, si vous vous disposez à nous obéir, vous nous enverrez vos ambassadeurs pour nous assurer si vous voulez avoir paix ou *guerre avec nous. Et quand, par la puissance du Dieu éternel, tout le monde sera uni en paix et en joie, alors on verra ce que nous ferons. Et si vous méprisez les commandements de Dieu et ne les voulez pas ouïr ni les croire, en disant que votre pays est bien éloigné, vos montagnes bien hautes et fortes et vos mers bien grandes et profondes, et qu'en cette confiance vous veniez faire la guerre contre nous pour éprouver ce que nous savons faire, celui qui peut rendre les choses difficiles bien aisées, et qui peut approcher ce qui est éloigné, sait bien ce que nous pourrons faire.* » Voilà à peu près la substance de leurs lettres [1].

Mon compagnon ayant su qu'il nous fallait retourner par les déserts de Baatu et que l'on nous donnerait un Moal pour guide, s'en alla sans m'en rien dire trouver le secrétaire Bulgay, auquel il fit entendre par signes, du mieux qu'il put, qu'il mourrait assurément s'il lui fallait retourner par ce chemin-là.

Le jour étant venu que nous devions prendre congé, à savoir environ quinze jours après la Saint-Jean, nous fûmes appelés à la cour, et le secrétaire dit à mon compagnon que la volonté de Mangu-Khan était que pour moi je retournasse vers Baatu, mais pour lui, qui se disait être malade, comme il paraissait assez à son visage, s'il voulait retourner avec moi qu'il le fît à la bonne heure, mais que peut-être ne trouverait-il pas par le chemin quelqu'un qui le pourvût de ce qu'il aurait besoin, si par hasard il était contraint de s'arrêter en quelque lieu; et partant qu'il avisât à demeurer encore s'il voulait ou le jugeait nécessaire, jusqu'à ce qu'il se présentât occasion de quelques ambassadeurs avec qui il s'en pût retourner tout à loisir à petites journées, et par des pays de villes et villages bien habités. A cela mon compagnon répondit qu'il remerciait bien humblement Sa Majesté le Khan, auquel

---

[1] La superbe fierté de ce message répond assez mal au but que s'était proposé le pieux roi de France en chargeant le pauvre moine Rubruquis d'une mission auprès du puissant monarque oriental.

il priait que Dieu voulût donner un heureux succès à tous ses desseins; qu'il demeurerait donc là, puisqu'il le trouvait bon. Alors, entendant tout cela, je dis à mon compagnon : « Mon frère, regardez bien ce que vous faites, car je ne vous quitte pas.

— Vous ne me quittez pas, répondit-il, mais c'est moi qui suis contraint de vous laisser, parce que si je m'en retourne avec vous je me vois en danger et du corps et de l'âme, et ma mort tout assurée, étant imposssible que je puisse supporter de nouveau des incommodités comme celles que j'ai déjà souffertes. »

Après cela il nous fut apporté trois habillements; comme nous ne voulions prendre ni or ni argent, on nous dit que puisque nous avions fait là force prières pour le Khan, qu'au moins nous voulussions recevoir de sa part chacun un habillement, afin de ne pas partir les mains vides de sa présence. Il nous fallut donc accepter, par honneur et respect; car ils trouvent fort mauvais quand on refuse leurs présents, ce qui est les mépriser. Avant cela ils nous demandèrent fort souvent ce que nous désirions d'eux, et toujours nous avions répondu de même; à savoir que notre seul désir était que les chrétiens fussent estimés et mieux regardés chez eux que les autres, qui ne demandent jamais que des dons et des présents; mais ils nous répliquaient que nous étions des fous, et que si le Khan leur eût voulu donner son palais et tous ses trésors, ils l'auraient volontiers accepté, et feraient sagement. Nous reçûmes donc les habits qu'ils nous présentaient, nous priant de faire quelques oraisons et prières pour le Khan.

Ayant ainsi pris congé d'eux, nous nous en allâmes à Caracorum.

XLIX

Comme ils partirent de Caracorum pour aller vers Baatu, et de là à la ville de Saray.

Pendant que nous étions au logis de sieur Guillaume, mon guide vint me trouver, apportant dix jascots de la part du Khan, dont il en fit donner cinq, afin de servir aux nécessités du père et du frère de Guillaume, s'ils en avaient besoin; les autres cinq pour être donnés au bonhomme mon interprète, pour les frais et nécessités de notre voyage, suivant l'ordre que le sieur Guillaume y avait donné, sans que nous en sussions rien. Je fis aussitôt changer un de ces jascots en monnaie, que je distribuai aux pauvres chrétiens qui étaient là et qui n'avaient autre espérance qu'en nous; nous en employâmes un autre pour acheter ce qui nous était nécessaire pour le voyage, comme vêtements et autres petites commodités; l'interprète se servit du troisième pour se pourvoir de certaines choses qui lui profitèrent fort par les chemins; nous dépensâmes le reste en notre voyage. Car depuis que nous fûmes entrés en Perse, on ne nous fournissait plus ce qui nous était nécessaire, ni même parmi les Tartares; et nous ne trouvions que fort rarement quelque chose à vendre.

Notre bon ami Guillaume, qui a été autrefois bourgeois et habitant de votre ville de Paris, envoie par nous à Votre Majesté une ceinture où est une pierre précieuse, dont ils se servent ici contre le tonnerre, et salue Votre Majesté de tout son cœur et affection, priant tous les jours le bon Dieu pour sa santé et prospérité. Il faut que j'avoue que je ne saurais assez reconnaître le bien et l'honneur que nous avons reçu de lui, et dont je rends grâces à Dieu. Nous baptisâmes quelques enfants, puis nous prîmes congé les uns des autres, non sans beaucoup de larmes. Mon compagnon est demeuré auprès de Guillaume, et moi je m'en suis retourné avec mon interprète, un serviteur seulement et notre guide, qui avait charge de nous donner tous les quatre jours un mouton pour le vivre ordinaire de nous quatre. Nous avons employé deux mois et six jours à aller de Caracorum jusqu'à Baatu, et durant tout ce temps-là nous n'avons trouvé ni ville, ni village, ni même aucun vestige de maisons ni d'habitations, mais seulement des sépultures et tombeaux, excepté un seul village fort mauvais, où nous ne pûmes même trouver du pain.

En tout ce chemin de deux mois et plus, nous n'eûmes qu'un seul jour de repos, et encore parce que ce jour-là nous ne pûmes trouver des chevaux; nous avons repassé par la plupart des pays que nous avions déjà vus en venant, et par plusieurs autres encore. Nous y avions passé durant l'hiver, et nous y sommes repassés en été, suivant toujours les plus éloignées parties des pays septentrionaux, excepté qu'il nous a fallu aller quinze jours durant et côtoyant le rivage d'une rivière entre les montagnes, ne trouvant herbe ni fourrage que le long de ce fleuve. Nous demeurions quelquefois deux et trois jours sans avoir d'autre nourriture que du koumis; une fois entre autres nous fûmes en grand danger de mourir de faim.

Quand nous eûmes marché environ vingt jours, nous eûmes nouvelles que le roi d'Arménie était passé pour aller au-devant de Sartach, que nous rencontrâmes sur la fin du mois d'août. Il alla trouver Mangu-Khan, avec une partie de sa cour, ses troupeaux, ses femmes et enfants, le reste avec ses grandes maisons étant demeuré entre les fleuves de Tanaïs et Étilia ou Volga. Je fis mon devoir envers lui, le saluant bien humblement et lui disant que j'eusse bien désiré demeurer en ces pays-là; mais que Mangu-Khan avait voulu que je m'en retournasse et portasse ses lettres; il ne me répondit autre chose sinon qu'il fallait contenter Mangu-Khan.

Nous arrivâmes à la cour de Baatu le même jour que l'année d'auparavant, à savoir le jour de l'Exaltation de la sainte Croix. Je trouvai nos gens en bonne santé, grâce à Dieu, et néanmoins ils avaient été en de grandes nécessités et avaient souffert beaucoup, ainsi que j'appris de l'un d'eux; et sans le roi d'Arménie qui en passant les avait soulagés et recommandés à Sartach, ils fussent tous morts misérablement; d'autant qu'ils croyaient tous que je le fusse aussi, et déjà les Tartares leur avaient demandé s'ils savaient bien garder les troupeaux et traire les juments; sans notre retour ils eussent été contraints de demeurer en cette dure servitude.

Baatu me fit commander de le venir trouver et me fit interpréter les lettres que Mangu envoie à Votre Majesté. Mangu lui avait écrit qu'il eût à y ajouter, ôter ou changer tout ce que bon lui semblerait; alors il me dit : « Vous porterez ces lettres et les ferez interpréter à votre roi; » puis il me demanda par quel chemin nous nous en irions, par mer ou par terre; je lui répondis que la mer étant déjà fermée à cause de l'hiver, il me fallait aller par terre; aussi que je croyais que Votre Majesté serait encore pour lors en Syrie[1]; et si j'eusse su qu'elle fût déjà retournée en France, j'eusse passé par la Hongrie pour y être plus tôt, et par un chemin plus court et plus aisé que par la Syrie.

Ayant trouvé le provincial de mon ordre à Nicoscé, il m'a emmené avec lui à Antioche... De là je fus envoyé par lui pour résider au couvent d'Acre, et il n'a jamais voulu me permettre d'en partir, pour aller vous saluer ainsi que je le désirais; mais il m'a commandé de vous écrire par le porteur des présentes; à quoi je n'ai osé désobéir. J'ai tâché de vous rendre compte et

---

1. Après ses insuccès en Terre Sainte, saint Louis resta plusieurs années en Syrie, non seulement pour racheter les chrétiens captifs, mais encore pour négocier avec les princes des pays orientaux, « notamment, dit le chroniqueur Matthieu Paris, avec Sartach, petit-fils de Gengis-Khan, qui protégeait les chrétiens dans l'Asie centrale et professait une grande haine pour les musulmans. Il ne se décida à partir que lorsqu'il apprit la mort de la reine Blanche, sa mère (1253). Après six ans d'absence, il arriva à Paris le 12 septembre 1254.

raison de tout mon voyage le moins mal qui m'a été possible ; suppliant très humblement votre incomparable clémence, si je ne me suis si bien acquitté de ma commission que je le devais, et si j'ai dit quelque chose mal à propos et indiscrètement. Votre Majesté aura égard, s'il lui plaît, à mon peu d'esprit et d'intelligence ; car je ne suis accoutumé et stylé à raconter comme il faudrait tout ce que nous avons vu et ce qui nous est arrivé en ce voyage. La paix de Dieu, qui surpasse toute intelligence et connaissance des hommes, veuille éclairer de sa lumière votre cœur et votre entendement...

VOYAGE
DE
MARCO POLO

VOYAGE
DE
MARCO POLO

LIVRE PREMIER

I

Comment Nicolas et Marco Polo s'en allèrent en Orient.

L'an de Jésus-Christ 1255, sous l'empire du prince Baudoin, empereur de Constantinople [1], deux gentilshommes de la très illustre famille des Pauls, à Venise, s'embarquèrent sur un vaisseau chargé de plusieurs sortes de marchandises pour le compte des Vénitiens ; et ayant traversé la mer Méditerranée et le détroit du Bosphore par un vent favorable et le secours de Dieu, ils arrivèrent à Constantinople. Ils s'y reposèrent quelques jours; après quoi ils continuèrent leur chemin par le Pont-Euxin, et arrivèrent au port d'une ville d'Arménie, appelée Soldadie [2]; là ils mirent en état les bijoux précieux qu'ils avaient, et allèrent à la cour d'un certain grand roi des Tartares appelé Barka ; ils lui présentèrent ce qu'ils avaient de meilleur. Ce prince ne méprisa point leurs présents, mais au contraire les reçut de fort bonne grâce et leur en fit d'autres beau-

---

1. Empereur de Constantinople de 1228 à 1261.
2. Aujourd'hui Soudak, au sud-est de la Crimée.

coup plus considérables que ceux qu'il avait reçus. Ils demeurèrent pendant un an à la cour de ce roi, et ensuite ils se disposèrent à retourner à Venise. Pendant ce temps-là il s'éleva un grand différend entre le roi Barka et un certain autre roi tartare nommé Allau, en sorte qu'ils en vinrent aux mains; la fortune favorisa Allau, et l'armée de Barka fut défaite. Dans ce tumulte nos deux Vénitiens furent fort embarrassés, ne sachant quel parti prendre ni par quel chemin ils pourraient s'en retourner en sûreté dans leur pays; ils prirent enfin la résolution de se sauver par plusieurs détours du royaume de Barka; ils arrivèrent d'abord à une certaine ville nommée Guthacam [1], et un peu au delà ils traversèrent le grand fleuve; après quoi ils entrèrent dans un grand désert, où ils ne trouvèrent ni hommes ni villages, et arrivèrent enfin à Bochara [2], ville considérable de Perse. Le roi Baràch faisait sa résidence en cette ville; ils y demeurèrent trois ans.

II

Comment ils allèrent à la cour du grand roi des Tartares.

En ce temps-là un certain grand seigneur qui était envoyé de la part d'Allau vers le plus grand roi des Tartares, arriva à Bochara pour y passer la nuit; et trouvant là nos deux Vénitiens qui savaient déjà parler le tartare, il en eut une extrême joie, et songea comment il pourrait engager ces Occidentaux, nés entre les Latins, à venir avec lui, sachant bien qu'il ferait un fort grand plaisir à l'empereur des Tartares. C'est pourquoi il leur fit de grands honneurs et de riches présents, surtout lorsqu'il eut reconnu dans leurs manières et dans leur conversation qu'ils en étaient di-

---

1. Aujourd'hui Aukak, sur le Volga.
2. Pour arriver là, ils quittent les rives du Volga, passent au-dessus de la mer Caspienne et contournent la mer d'Aral.

gnes. Nos Vénitiens, d'un autre côté, faisant réflexion qu'il leur était impossible, sans un grand danger, de retourner en leur pays, résolurent d'aller avec l'ambassadeur trouver l'empereur des Tartares, menant encore avec eux quelques autres chrétiens qu'ils avaient amenés de Venise. Ils quittèrent donc Bochara; et, après une marche de plusieurs mois, ils arrivèrent à la cour de Koubilaï[1], le plus grand roi des Tartares, autrement dit le Grand Khan, qui signifie roi des rois[2]. Or la raison pourquoi ils furent si longtemps en chemin, c'est que marchant dans des pays très froids qui sont vers le septentrion, les inondations et les neiges avaient tellement rompu les chemins que, le plus souvent, ils étaient obligés de s'arrêter.

III

Avec quelle bonté ils furent reçus du Grand Khan.

Ayant donc été conduits devant le Grand Khan, ils en furent reçus avec beaucoup de bonté; il les interrogea sur plusieurs choses, principalement des pays occidentaux, de l'empereur romain et des autres rois et princes, et de quelle manière ils se comportaient dans leur gouvernement, tant politique que militaire; par quel moyen ils entretenaient entre eux la paix, la justice et la bonne intelligence. Il s'informa aussi des mœurs et de la manière de vivre des Latins; mais surtout il voulut savoir ce qu'était la religion chrétienne, et ce qu'était le pape, qui en est le chef. A quoi nos Vénitiens ayant répondu le mieux qu'il leur fut possible, l'empereur en fut si content qu'il les écoutait volontiers et qu'il les faisait souvent venir à sa cour.

1. Khubilaï-Khan ou Chi-Tsou, empereur mongol, petit-fils du fameux Gengis-Khan, fondateur de la vingtième dynastie. Il réunit la Chine à son empire, qui comprit ainsi la Tartarie, le Bégu, le Tibet, le Tonkin, etc. (1214 à 1294).
2. D'après Rubruquis (chap. xix), la désignation *khan* aurait la signification de *devin*.

IV

Ils sont envoyés au pontife de Rome par le Grand Khan.

Un jour le Grand Khan, ayant pris conseil des premiers de son royaume, pria nos Vénitiens d'aller de sa part vers le pape, et leur donna pour adjoint un de ses barons, nommé Gogaca, homme de mérite et des premiers de sa cour. Leur commission portait de prier le saint-père de lui envoyer une centaine d'hommes sages et bien instruits dans la religion chrétienne pour faire connaître à ses docteurs que la religion chrétienne est la meilleure de toutes les religions et la seule qui conduise au salut; et que les dieux des Tartares ne sont autre chose que des démons, qui en ont imposé aux peuples orientaux, pour s'en faire adorer. Car comme cet empereur avait appris plusieurs choses de la foi chrétienne et qu'il savait bien avec quel entêtement ses docteurs tâchaient de défendre leur religion, il était comme en suspens, ne sachant de quel côté il devait reposer son salut, ni quel était le bon chemin. Nos Vénitiens, après avoir reçu avec respect les ordres de l'empereur, lui promirent de s'acquitter fidèlement de leur commission et de présenter ses lettres au pontife romain. L'empereur leur fit donner, suivant la coutume de l'empire, une petite table d'or, sur laquelle étaient gravées les armes royales, pour leur servir, et à toute leur suite, de passeport et de sauf-conduit dans tous les pays de sa domination, et à la vue de laquelle tous les gouverneurs devaient les défrayer et les faire escorter dans les lieux dangereux; en un mot, leur fournir aux dépens de l'empereur tout ce dont ils auraient besoin pendant leur voyage. L'empereur les pria aussi de lui apporter un peu d'huile de la lampe qui brûlait devant le sépulcre du Seigneur à Jérusalem, ne doutant point que cela ne lui fût fort avantageux, si Jésus-Christ était le Sauveur du monde. Nos gens prirent congé de l'empereur et se mirent en chemin;

mais à peine avaient-ils faits vingt milles à cheval, que Gogacal, leur adjoint, tomba grièvement malade. Sur quoi ayant délibéré, ils résolurent de le laisser là et de continuer leur chemin, pendant lequel ils furent partout bien reçus, en vertu du sceau de l'empereur. Ils furent néanmoins obligés de mettre pied à terre en plusieurs endroits, à cause des inondations ; en sorte qu'ils restèrent plus de trois ans avant de pouvoir arriver au port d'une ville des Arméniens appelée Layas [1]; de Layas ils se rendirent à Acre [2], l'an de Notre-Seigneur 1269, au mois d'avril.

V

Ils attendent l'élection d'un nouveau pontife.

Étant arrivés à la ville d'Acre, ils apprirent que le pape Clément IV était mort [3] depuis peu et qu'on n'en avait pas encore élu un autre en sa place, ce dont ils furent fort affligés. Il y avait à Acre un légat du saint-siège nommé Théobaldo, comte de Plaisance, à qui ils dirent qu'ils étaient envoyés du Grand Khan et lui exposèrent le sujet de leur commission ; le légat était d'avis qu'ils attendissent l'élection de l'autre. Ils allèrent donc à Venise et demeurèrent avec leurs parents et amis pour attendre que le nouveau pontife fût élu. Nicolas Polo trouva sa femme décédée ; mais il trouva en bonne santé son fils Marco, qui était alors âgé de quinze ans, et qui est l'auteur de ce livre. Cependant l'élection du nouveau pontife traîna pendant trois ans.

---

1. Ville de la Turquie d'Asie, dans le golfe d'Alexandrette, au nord d'Alep. On croit que c'est l'ancienne Egée.
2. Saint-Jean-d'Acre, l'ancienne Ptolémaïs, ville de Syrie.
3. En 1268.

VI

Ils retournent vers le roi des Tartares.

Deux ans après qu'ils furent de retour dans leur patrie, les deux frères, craignant que l'empereur des Tartares ne s'inquiétât d'un si long délai, s'en furent à Acre trouver le légat, menant avec eux Marco Polo, dans le dessein qu'il les accompagnât dans un si long voyage. Le légat leur donna des lettres pour l'empereur des Tartares, dans lesquelles la foi catholique était clairement expliquée ; après quoi nos voyageurs se disposèrent à retourner en Orient ; mais ils n'étaient que fort peu éloignés d'Acre quand le légat reçut des lettres des cardinaux, par lesquelles on lui apprenait qu'il avait été élevé au souverain pontificat[1]. Sur quoi il fit courir après nos Vénitiens et les avertit de différer leur voyage, leur donnant d'autres lettres pour l'empereur des Tartares, et pour compagnie deux frères prêcheurs d'une probité et d'une capacité reconnues, qui se trouvèrent pour lors à Acre : l'un s'appelait Nicolas et l'autre Guillaume de Tripoli. Ils partirent donc tous ensemble et arrivèrent à un port de mer d'Arménie. Et parce qu'en ce temps-là le sultan de Babylone[2] avait fait une rude invasion en Arménie, nos deux frères commencèrent à appréhender. Pour éviter les dangers des chemins et les sinistres aventures des guerres, ils se réfugièrent chez le maître d'un temple en Arménie ; car ils avaient déjà plus d'une fois couru risque de leur vie. Cependant ils s'exposèrent à toutes sortes de périls et de travaux et arrivèrent avec bien de la peine à une ville de la dépendance de l'empereur des Tartares, nommée Cleminfu[3]. Car leur voyage, s'étant fait en hiver, avait été très fâcheux, étant sou-

---

1. Theobaldo Visconti, élu pape sous le nom de Grégoire X en 1271.
2. Babylone pour Égypte.
3. Ou Chang-fou. Cette ville, que le Grand Khan avait fait construire, était située en Mongolie au nord de la grande muraille, à 700 *li* ou 70 lieues

vent arrêtés par les neiges et les inondations. Le roi Koubilaï, ayant appris leur retour, quoiqu'ils fussent encore bien loin, envoya plus de quarante mille de ses gens au-devant d'eux, pour avoir soin de leur faire fournir toutes les choses dont ils pouvaient avoir besoin.

VII

Comment les Vénitiens sont reçus par l'empereur des Tartares.

Ayant donc été introduits à la cour, ils se prosternèrent la face contre terre devant le roi, suivant la coutume du pays, duquel ils furent reçus avec beaucoup de bonté. Il les fit lever et leur commanda de lui raconter le succès de leur voyage et de leur commission auprès du souverain pontife ; ils lui rendirent compte de toutes choses avec ordre, et lui présentèrent les lettres qu'ils avaient. Le roi fut extrêmement réjoui et loua fort leur exactitude. Ils lui présentèrent aussi de l'huile de la lampe du saint-sépulcre, qu'il fit serrer dans un lieu honorable. Et ayant appris que Marco était le fils de Nicolas, il lui fit un fort bon accueil ; et il traita si bien les trois Vénitiens, à savoir le père, le fils et l'oncle, que tous les courtisans en étaient jaloux, quoiqu'ils leur portassent beaucoup d'honneur.

VIII

Comment Marco Polo se rendit agréable au Grand Khan.

Marco se fit bientôt aux manières de la cour de l'empereur des Tartares. Et ayant appris les quatre différentes langues de cette nation, en sorte qu'il pouvait non seulement les lire, mais aussi les écrire, il se fit aimer de tous, mais particulièrement de l'empereur,

---

de Pékin. Le souverain en faisait sa résidence d'été. Elle est aujourd'hui ruinée. (P.)

lequel, afin de faire éclater sa prudence, le chargea d'une affaire dans un pays éloigné et où il ne pouvait pas se rendre en moins de six mois. Il s'en acquitta avec beaucoup de sagesse et s'acquit tout à fait les louanges et les bonnes grâces du prince. Et sachant que l'empereur était curieux de nouveautés, il eut soin de s'informer, dans tous les pays par où il passa, des mœurs et des coutumes des hommes, des différentes espèces et de la nature des animaux, dont il faisait après cela le rapport à l'empereur, et par où il se concilia si bien son amitié que, quoiqu'il n'eût que dix-sept ans, le roi s'en servait dans les plus grandes affaires du royaume, l'envoyant dans les différentes parties de son vaste empire. Après qu'il avait expédié les affaires de sa commission, il employait le reste du temps à observer les propriétés des pays; il remarquait la situation des provinces et des villes, ce qui se trouvait d'extraordinaire ou qui était arrivé dans les différents lieux par où il passait, et il mettait tout par écrit. Et c'est de cette manière qu'il a procuré à nos Occidentaux la connaissance de ce qui fera la matière du second livre.

IX

Après plusieurs années passées à la cour du Grand Khan, ils obtiennent de retourner à Venise.

Après que nos Vénitiens eurent demeuré pendant quelque temps à la cour du Grand Khan, poussés du désir de revoir leur patrie, ils demandent permission au roi de s'en retourner. Ce qu'ils eurent beaucoup de peine à obtenir, parce qu'il les voyait avec plaisir. Il arriva dans ce temps-là que le roi des Indes, nommé Argon, envoya trois hommes considérables à la cour du grand Koubilaï, qui s'appelaient Culataï, Ribusca et Coila, pour lui demander une fille de sa race en mariage, sa femme, nommée Balgana, étant morte depuis peu, laquelle, en mourant, avait mis dans son testament et prié instamment son mari de ne se jamais remarier qu'avec quelque fille de sa famille. De sorte que le roi Koubilaï leur accorda ce qu'ils demandaient, et choisit pour femme au roi Argon une fille de sa race nommée Gogatim, âgée de dix-sept ans, qu'il leur confia pour la lui mener. Ces envoyés devant partir pour conduire cette nouvelle reine, et connaissant l'ardent désir que les Vénitiens avaient de retourner en leur pays, prièrent le roi Koubilaï que, pour faire honneur au roi Argon, il leur permît de partir avec eux et d'accompagner la reine aux Indes, d'où ils pourraient continuer leur voyage en leur pays. L'empereur, pressé de leur sollicitation et de la demande des Vénitiens, leur accorda, quoique à regret, ce qu'ils demandaient.

X

Leur retour à Venise.

Ils quittèrent donc la cour de Koubilaï et s'embarquèrent sur une flotte de quatorze navires chargés de munitions; chaque navire avait quatre mâts et quatre voiles. Ils reçurent, en s'embarquant, deux tables d'or, ornées des armes du roi, qu'ils devaient montrer à tous les commandants des provinces de son empire, en vertu desquelles on devait leur fournir les provisions et autres choses nécessaires pour leur voyage. Le roi leur donna pour adjoints des ambassadeurs tant pour le souverain pontife que pour quelques autres princes chrétiens. Et après trois mois de navigation ils arrivèrent à une certaine île nommée Jana, et de là, traversant la mer Indienne, après beaucoup de temps ils arrivèrent au palais du roi Argon. Ils lui présentèrent la fille qu'il devait prendre pour femme, mais il la fit épouser à son fils. Des six cents hommes que le roi avait envoyés pour amener la nouvelle reine, plusieurs moururent en chemin et furent regrettés. Or nos Vénitiens et les ambassadeurs qui les accompagnaient partirent de là, après avoir obtenu du vice-roi, nommé Acata, qui gouvernait le royaume pendant la minorité, deux autres tables d'or, suivant la coutume du pays, pour leur servir de sauf-conduit par tout le royaume. Ils sortirent de cette manière sains et saufs et avec beaucoup d'honneur de ce pays-là ; et, après un long voyage et beaucoup de peines, ils arrivèrent, avec le secours de Dieu, à Constantinople et de là ils se rendirent à Venise, en bonne santé, comblés d'honneurs et de richesses, l'an de Notre-Seigneur 1295, remerciant Dieu de les avoir conduits, à travers tant de dangers, dans leur chère patrie. Il a fallu marquer ces choses dès le commencement, afin que l'on sût de quelle manière et à quelle occasion Marco Polo, auteur de cette relation, a pu être informé de tout ce qu'il rapporte et de toutes choses qui vont être décrites dans les chapitres suivants.

XI

De l'Arménie Mineure.

Après avoir fait mention de nos voyages en général, il faut maintenant venir au particulier et faire la description de chaque pays que nous n'avons touché qu'en passant. L'Arménie Mineure donc, qui est la première où nous avons entré, est gouvernée avec beaucoup de justice et d'économie ; le royaume a plusieurs villes, bourgs et villages ; la terre y est fertile, et il n'y manque rien de ce qui est nécessaire à la vie ; la chasse y est abondante en bêtes et en oiseaux ; l'air y est pur et subtil. Les habitants étaient autrefois bons guerriers ; mais à présent ils sont ensevelis dans la mollesse et ne s'adonnent plus qu'à l'ivrognerie et au luxe. Il y a en ce royaume une ville maritime, nommée Layas, dont le port est très bon ; et il y abonde beaucoup de marchands de toutes sortes de pays, et même de Venise et de Gênes ; c'est, pour ainsi dire, le magasin de diverses marchandises précieuses et de toutes les richesses de l'Orient, particulièrement des parfums de toutes les sortes. Cette ville est comme la porte des pays orientaux.

XII

De la province de Turquie.

La Turquie est une province de peuples ramassés : car elle est composée de Turcs, de Grecs et d'Arméniens. Les Turchiens ont une langue particulière, ils font profession de la loi détestable de Mahomet ; ils sont ignorants, rustiques, vivant la plupart à la campagne, tantôt sur les montagnes et tantôt dans les vallées, là où ils trouvent des pâturages : car leurs grandes richesses consistent en troupeaux de juments ; ils ont aussi des mulets qui sont fort estimés. Les Grecs et les Arméniens qui habitent parmi eux ont aussi des villes et des villages, et travaillent à la soie. Entre plusieurs villes qu'ils possèdent, les plus considérables sont Sovas, Cæsarea et Sébaste, où le bienheureux Basile a souffert le martyre pour la foi de Jésus-Christ. Ces peuples ne reconnaissent qu'un seul seigneur de tous les rois des Tartares.

XIII

De l'Arménie Majeure.

L'Arménie Majeure est la plus grande de toutes les provinces qui payent tribut aux Tartares ; elle est pleine de villes et de villages. La ville capitale s'appelle Arzinga ; on y fait d'excellent « buchiramus »[1]. Il y a aussi plusieurs fontaines, dont les eaux sont salutaires pour les bains et la guérison de diverses sortes de maladies. Les plus considérables villes après la capitale sont Erzeroum et Darzirim. Plusieurs Tartares

---

1. Étoffe devenue célèbre sous le nom de *bougran*.

se retirent en été sur leur territoire pour jouir de la fraîcheur et de l'utilité des pâturages, et ne se retirent qu'en hiver, à cause des grandes neiges et des inondations. C'est sur les montagnes de cette province[1] que s'arrêta l'arche de Noé après le déluge. Elle a à l'orient la province des Géorgiens. Du côté du septentrion on trouve une grande source dont il sort une liqueur semblable à l'huile; elle ne vaut rien à manger, mais elle est bonne à brûler et à tout autre usage; ce qui fait que les nations voisines en viennent faire leur provision, jusqu'à en charger beaucoup de vaisseaux, sans que la source, qui coule continuellement, en paraisse diminuée en aucune manière[2].

XIV

De la province de Géorgie.

La province de Géorgie paye tribut au roi des Tartares et le reconnaît pour son souverain. Les Géorgiens sont de beaux hommes, bons guerriers et fort adroits à tirer de l'arc; ils sont chrétiens selon les rites des Grecs; ils portent les cheveux courts comme les clercs d'Occident. Cette province est de difficile accès, principalement du côté de l'orient, car le chemin est très étroit et bordé d'un côté par la mer, et de l'autre par des montagnes. Il faut passer par ce chemin-là, qui est long de quatre lieues, avant que d'entrer dans le pays, ce qui fait qu'on en peut empêcher l'entrée à une grande armée, avec peu de monde. Les habitants ont plusieurs villes et châteaux; leur principale richesse est en soie, dont ils font de riches étoffes. Quelques-uns s'appliquent aux ouvrages mécaniques, d'autres aux

---

1. Sur le mont Ararat. Une légende du pays veut même que les débris de l'arche soient encore sur cette montagne.
2. L'huile de pétrole, que produit en grande abondance la presqu'île de Bakou, sur la mer Caspienne. Cette région est encore considérée comme terre sacrée par les derniers adorateurs du feu, ou parsis, disciples de Zoroastre.

marchandises. La terre est assez fertile. Ils racontent une chose admirable de leur terre : ils disent qu'il y a un grand lac, formé par la chute des eaux des montagnes, qu'ils appellent communément mer de Chelucelam [1]. Ce lac a environ six cent milles; toute l'année il ne donne de poisson que le carême jusqu'au samedi saint ; ce lac est éloigné de toutes autres eaux de douze milles.

XV

Du royaume de Mosul.

Le royaume de Mosul est à l'orient; il touche en partie à l'Arménie Majeure. Les Arabes l'habitent, qui sont mahométans; il y a aussi beaucoup de chrétiens, divisés en nestoriens et jacobins [2], qui ont un grand pa-

1. La mer Caspienne, qui, mal connue à cette époque, était l'objet de maintes légendes.
2. Nestorius, Syrien qui occupa le siège épiscopal de Constantinople au commencement du cinquième siècle, fut le promoteur d'une doctrine portant particulièrement sur le dogme relatif à la nature divine et humaine du Rédempteur. Il enseignait qu'il y avait en Jésus-Christ deux personnes, Dieu et l'homme, que l'homme était né de la Vierge Marie et non de Dieu ; d'où il résultait qu'il n'y avait point d'union personnelle entre le Verbe divin et la nature humaine, et que, par conséquent, entre Dieu et l'homme dans le Christ il n'y avait qu'une union morale analogue à celle qui existe entre chaque juste et Dieu, mais seulement à un degré plus éminent. Ces propositions, qui de fait constituaient la négation du caractère absolument divin de Jésus-Christ, dogmatiquement reconnu par l'Église romaine, causèrent de grands troubles dans la chrétienté. Plusieurs conciles condamnèrent l'erreur de Nestorius, qui fut déposé de son siège, puis relégué d'abord à Petra et ensuite dans une oasis de Libye, où il mourut sans avoir abjuré sa doctrine. Mais les idées de Nestorius avaient laissé de nombreux adeptes. Proscrits par les empereurs, les nestoriens se retirèrent dans l'empire des Perses, où ils furent bien accueillis, et fondèrent à Séleucie d'abord, puis à Mossoul, un patriarcat très florissant. De là leur doctrine se répandit de plus en plus sur tous les points de l'Orient, ce qui explique que Marco Polo signale, comme nous le verrons, l'existence de chrétiens nestoriens presque jusqu'au cœur de l'empire mongol. — Les *jacobins* ou *jacobites* sont ainsi nommés comme disciples du moine Jacques Zanzale, qui au milieu du sixième siècle, étant évêque d'Édesse, remit en honneur la doctrine d'Eutychès. Celui-ci, contemporain et adversaire de Nestorius, professait qu'en Jésus-Christ la nature divine avait absorbé et détruit la nature humaine. La

triarche qu'ils appellent *catholique* et qui fait des archevêques, des abbés et tous autres prélats, qu'il envoie par tout le pays d'Orient, comme fait le pape de Rome pour les pays latins. On fait là de précieuses étoffes d'or et de soie. Au reste il y a dans les montagnes de ce royaume certains hommes, appelés Cardis (les Curdes), dont les uns sont nestoriens, les autres jacobins, et d'autres mahométans, qui sont de grands voleurs.

XVI

De la ville de Baldachi.

Il y a dans ces quartiers-là une ville considérable, nommée Baldachi (Bagdad), où fait sa résidence le grand prélat des Saracéniens (Sarrasins), qu'ils appellent caliphe. On ne trouve point de plus belles villes que celle-là dans toute cette région. On y fait de fort belles étoffes de soie et d'or, de différente manière. L'an 1250, Houlagou, grand roi des Tartares, assiégea cette ville et la pressa si vivement qu'il la prit. Il y avait alors plus de cent mille hommes de guerre dans la place; mais Houlagou était bien plus fort qu'eux. Au reste le caliphe, qui était seigneur de la ville, avait une tour remplie d'or et d'argent, de pierres précieuses et d'autres choses de prix; mais au lieu de se servir de ses trésors et d'en faire part à ses soldats, son avarice lui fit tout perdre avec la ville. Car le roi Houlagou, ayant pris la ville, fit mettre ce caliphe dans la tour où il gardait son trésor, avec ordre de ne lui donner ni à boire ni à manger, et lui disant : « Si tu n'avais pas gardé ce trésor avec tant d'avarice, tu aurais pu te conserver toi et ta ville; jouis-en donc présentement tout à ton aise; bois-en, manges-en, si tu peux, puisque c'est ce que tu as le plus aimé. » C'est ainsi que ce misérable mourut de faim sur son trésor. Il passe par

---

doctrine des *eutychéens* ou *monophysites* fut condamnée par le concile de Chalcédoine en 451.

cette ville une grande rivière (le Tigre), qui va se décharger dans la mer des Indes, de l'embouchure de laquelle cette ville est éloignée de dix-huit milles, en sorte que l'on y apporte aisément toutes sortes de marchandises des Indes, et en abondance.

XVII

De la ville de Taurisium.

Il y a aussi en Arménie la célèbre ville de Taurisium (Tauris), fort renommée par toutes sortes de marchandises, entre autres de belles perles, des étoffes d'or et de soie et d'autres choses précieuses. Et parce que la ville est dans une situation avantageuse, il y vient des marchands de toutes les parties du monde, à savoir des Indes, de Baldach, de Mosul et de Cremesor. Il en vient aussi des pays occidentaux, parce qu'il y a beaucoup à gagner et que les marchands s'y enrichissent. Les habitants sont mahométans, quoiqu'il y en ait aussi de jacobins et de nestoriens. Il y a autour de cette ville de très beaux jardins et fort agréables, qui rapportent d'excellents fruits, et en abondance.

XVIII

De quelle manière une certaine montagne fut transportée hors de sa place.

Il y a une montagne en ce pays-là, non loin de Taurisium, qui fut transportée hors de sa place par la puissance de Dieu à l'occasion que je vais dire [1]. Un jour les Saracéniens, voulant mépriser l'Évangile de Jésus-Christ et tourner sa doctrine en ridicule : « Vous savez, disaient-ils, qu'il est dit dans l'Évangile : Si vous

---

1. N'oublions pas que notre voyageur ne fait ici — comme d'ailleurs il le fera souvent par la suite — que rapporter les *on-dit* des pays qu'il visite.

aviez de la foi grande comme un grain de moutarde, vous diriez à cette montagne : transporte-toi là, et cela arriverait, et il n'y aurait rien d'impossible pour vous. A présent donc, si vous avez une vraie foi, transportez cette montagne hors de sa place. » Et comme les chrétiens étaient sous leur puissance, ils se trouvaient dans la nécessité ou de transporter la montagne ou d'embrasser la loi de Mahomet ; ou, s'ils ne voulaient faire ni l'un ni l'autre, ils étaient en danger de mort. Alors un fidèle serviteur de Jésus-Christ, exhortant ses camarades à avoir confiance en Dieu, et après avoir fait son oraison avec ferveur, commanda à la montagne de se transporter ailleurs. Ce qui arriva, au grand étonnement de ces infidèles, qui, à la vue d'un si grand miracle, se convertirent, et plusieurs Saracéniens embrassèrent la foi de Jésus-Christ.

XIX

Du pays des Perses.

La Perse est une province très grande et très étendue ; elle a été autrefois fort célèbre et fort renommée ; mais à présent que les Tartares l'ont en leur disposition, elle a beaucoup perdu de son lustre [1]. Elle est cependant considérable entre les provinces voisines, car elle contient huit royaumes. Il y a en ce pays-là de beaux et grands chevaux, qui se vendent quelquefois jusqu'à deux cents livres tournois la pièce. Les marchands les amènent aux villes de Chisi et de Curmosa (Kormus), qui sont sur le bord de la mer, d'où ils les transportent aux Indes. Il y a aussi de très beaux ânes, qui se vendent jusqu'à trente marcs d'argent ; mais les hommes de ce pays sont très méchants ; ils sont querelleurs, voleurs, homicides, et professent la religion de Mahomet. Les marchands sont par-ci par-là

---

1. Ravagée par les Tartares, qui détruisirent la dynastie des Kharem Chal, qui avaient succédé aux Seldjoucides. (P.)

tués par ces voleurs, s'ils ne voyagent par bandes. Dans les villes il y a cependant de très bons artisans et qui excellent dans les ouvrages de soie et d'or et de plumes. Le pays est abondant en gruau, blé, orge, millet et en toutes sortes de grains. Ils ont aussi des fruits et du vin.

XX

De la ville de Jasdi.

Jasdi [1] est une grande ville, dans le même pays, dans laquelle on fait beaucoup de marchandises. Il s'y trouve aussi des artisans subtils qui travaillent en soie. Les habitants sont aussi mahométans. Par delà Jasdi, l'espace de sept milles, on ne trouve aucune habitation jusqu'à la ville de Kerman. Ce sont des lieux champêtres et broussailleux, fort propres à la chasse. On y trouve de grands ânes sauvages en abondance.

XXI

De la ville de Kerman.

Kerman est une ville très renommée, où se trouvent beaucoup de ces pierres précieuses qu'on appelle vulgairement « turchici » ou turquoises. De même sont ici des mines d'acier et d'andaine (antimoine). Pareillement, on y a des faucons excellents, le vol desquels est très vite, et qui néanmoins sont plus petits que les étrangers. Kerman a des artisans de plusieurs ordres, qui fabriquent quantité de brides, éperons, selles, épées, arcs, carquois, et d'autres instruments, selon la coutume de ce pays-là. Les femmes sont occupées de la broderie, et font des coutes (couvertures) et des chevets très curieux. De Kerman on s'en va par une grande plaine, et quand on a voyagé sept jours, on parvient à une descente, qui se parachève dans l'espace de deux

---

1. Sans doute Yezd, entre Chiraz et Ispahan. (P.)

jours, et cela tellement que le pied du passant penche toujours en bas. Dans cette plaine se trouvent force perdrix, comme aussi des châteaux et des villes; dans la descente penchante sont beaucoup d'arbres fruitiers; mais nulle demeure ou habitation, sinon celles des bergers. Il fait dans ce pays si froid en hiver que l'on n'y peut demeurer.

XXII

De la ville de Camandu et du pays de Reobarle.

On vient après cela à une grande plaine, où il y a une ville appelée Camandu [1]. Elle était grande autrefois, mais les Tartares l'ont ruinée. Le pays en a gardé le nom; on y trouve des dattes en abondance, des pistaches, des pommes de paradis (bananes), et plusieurs autres différents fruits qui ne croissent point chez nous. Il y a en ce pays-là de certains oiseaux nommés fincolines (francolins), dont le plumage est mêlé de blanc et de noir, qui ont les pieds et le bec rouges. Il y a aussi de fort grands bœufs, qui sont blancs pour la plupart, ayant les cornes courtes et non aiguës, et une bosse sur le dos [2], comme les chameaux, ce qui les rend si forts qu'on les accoutume aisément à porter de lourds fardeaux; et quand on les charge, ils se mettent aussi à genoux, comme les chameaux; après quoi ils se relèvent, étant dressés de bonne heure à ce manège. Les moutons de ce pays-là sont aussi grands que des ânes, ayant des queues si longues et si grosses qu'il y en a qui pèsent jusqu'à trente livres [3]. Ils sont beaux et gras et de fort bon goût. Il y a aussi dans cette plaine plu-

---

1. Aucun commentateur n'a pu dire de quelle ville l'auteur veut ici parler.
2. C'est le zébu, *Bos indicus* des naturalistes.
3. *Ovis laticaudata*. — La partie caudale de ces animaux devient parfois si volumineuse que pour éviter qu'elle se déchire en traînant sur la terre on les attelle à des espèces de petits chariots destinés à soutenir cette queue phénoménale.

sieurs villes et villages, mais dont les murailles ne sont que de boue, mal construites, quoique assez fortes. Car il règne en ce pays-là de certains voleurs, qu'ils appellent Caraons, et qui ont un roi. Ces voleurs usent, dans leur brigandage, de certains enchantements. Quand ils vont faire leurs courses, ils font par leur art diabolique que le jour s'obscurcit pendant ce temps-là, en sorte que l'on ne peut pas les apercevoir ni parconséquent se précautionner, et ils peuvent faire durer cette obscurité six ou sept jours, pendant lequel temps ils battent la campagne, au nombre quelquefois de dix mille hommes. Ils campent comme les gens de guerre, et lorsqu'ils sont dispersés, voici comment ils font : ils prennent tout ce qu'ils rencontrent, bêtes et gens; ils vendent les jeunes hommes et tuent les vieux. Moi Marco, qui écris ces choses, je suis une fois tombé à leur rencontre; heureusement que je n'étais pas loin d'un château appelé Canosalim, où je n'eus que le temps de me sauver; cependant plusieurs de ma suite tombèrent dans ce piège diabolique, et furent partie vendus et partie tués [1].

XXIII

De la ville de Cormos.

Cette plaine dont nous venons de parler s'étend au midi d'environ cinq milles; il y a au bout un chemin par où l'on est obligé d'aller toujours en descendant. Ce chemin est très méchant et rempli de voleurs et de dangers. Enfin l'on arrive dans de belles campagnes, qui s'étendent de la longueur de deux milles. Ce terroir abonde en ruisseaux et en palmiers. Il y a aussi quantité de toutes sortes d'oiseaux, mais surtout de perroquets, que l'on ne voit pas le long de la mer. De

[1]. D'après les commentateurs, il faudrait voir dans ces brigands, qui devaient sans doute à leur extrême cruauté les légendes répandues à leur sujet, de nombreuses tribus venues du nord de la Chine et qui pendant plusieurs siècles ravagèrent tantôt une région, tantôt l'autre. (P.)

là on vient à la mer Océane, sur le bord de laquelle il y a une ville nommée Cormos [1], ayant un bon port, où abordent beaucoup de marchands, qui apportent des Indes toutes sortes de marchandises, comme des parfums, des perles, des pierres précieuses, des étoffes de soie et d'or et des dents d'éléphant. C'est une ville royale ayant sous sa dépendance d'autres villes et plusieurs châteaux. Le pays est chaud et malsain. Quand quelque étranger marchand ou autre meurt dans le pays, tous ses biens sont confisqués au profit du roi. Ils font du vin de dattes ou d'autres espèces de fruits, qui est fort bon; cependant, quand on n'y est pas accoutumé, il donne le flux de ventre; mais au contraire, quand on y est fait, il engraisse extraordinairement. Les habitants du pays ne se nourrissent point de pain ni de viande, mais de dattes, de poisson salé et d'oignon. Ils ont des vaisseaux, mais qui ne sont pas trop sûrs, n'étant joints qu'avec des chevilles de bois et de cordes faites d'écorces de certains bois des Indes. Ces écorces sont préparées à peu près comme le chanvre. On en fait des filasses, et de cette filasse des cordes très fortes, et qui peuvent résister à l'impétuosité des eaux et de la tempête; elles ont cela de propre qu'elles ne pourrissent et ne se gâtent pas dans l'eau [2]. Ces vaisseaux n'ont qu'un mât, une voile, un timon, et ne se couvrent que d'une couverture. Ils ne sont point enduits de poix, mais de la laitance des poissons. Et lorsqu'ils font le voyage des Indes, menant des chevaux et plusieurs autres charges, ils prennent plusieurs vaisseaux.

1. Hormuz, à l'entrée du golfe Persique.
2. Un passage de Chardin, qui écrivait au dix-septième siècle, confirme et explique ces assertions de Marco Polo. Les bateaux dont ils se servent dans le golfe Persique, et qu'ils nomment *chambouc*, sont hauts, longs, étroits. Ils sont faits de cet arbre qui porte les noix de coco et duquel on dit dans le pays que l'on peut en faire et en charger un navire tout ensemble : le corps du vaisseau étant fait du corps de l'arbre, les voiles et les cordages avec son écorce, et le fruit de l'arbre fournissant le chargement du vaisseau. Ce qui est remarquable, c'est que les planches des barques sont cousues avec ces sortes de cordes et enduites de chaux à défaut de poix, ce qui fait que ces bâtiments ne résistent guère à la mer.

Car la mer est orageuse, et les vaisseaux ne sont point garnis de fer. Les habitants de ce pays-là sont noirs et mahométans ; en été, lorsque les chaleurs sont insupportables, ils ne demeurent point dans les villes, mais ils ont hors des murs des lieux de verdure entourée d'eau, où ils se retirent à la fraîcheur, contre les ardeurs du soleil. Il arrive aussi assez souvent qu'il règne un vent fort et brûlant, qui vient d'un certain désert sablonneux [1] ; alors, s'ils ne se sauvaient d'un autre côté, ils en seraient suffoqués, mais d'abord qu'ils commencent à en sentir les approches, ils se sauvent où il y a des eaux et se baignent dedans ; et de cette manière ils évitent les ardeurs funestes de ce vent. Il arrive aussi dans ce pays-là qu'ils ne sèment les terres qu'au mois de novembre, et ne recueillent qu'au commencement de mars, qui est le temps aussi où les fruits sont en état d'être serrés. Car dès que le mois de mars est passé, les feuilles des arbres et les herbes sont desséchées par la trop grande ardeur du soleil, en sorte que durant l'été l'on ne trouve pas un brin de verdure, si ce n'est le long des eaux. C'est la coutume du pays, quand quelque chef de la famille est mort, que la veuve le pleure pendant quatre ans, tous les jours une fois. Les pères et les voisins viennent aussi à la maison, jetant de grands cris, pour marquer la douleur qu'ils ont de sa mort.

XXIV

Du pays qui est entre les villes de Cormos et de Kerman.

Pour parler aussi des autres pays, il faut laisser les Indes et retourner à Kerman, pour parler ensuite avec ordre des terres que j'ai vues et parcourues. En allant donc au nord de la ville de Cormos, vers Kerman, on

---

[1] Ce vent, qui vient du désert du Béloutchistan, est appelé en persan le *vent pestiféré*. Le pays, d'ailleurs fort dénudé, qui avoisine cette partie du golfe Persique est en quelque sorte inhabitable pendant les rigueurs torrides de l'été.

trouve une belle et grande plaine, qui produit de tout ce qui est nécessaire à la vie ; il y a surtout du blé en abondance. Les habitants ont aussi des dattes et d'excellents fruits en quantité ; ils ont aussi des bains fort salutaires pour la guérison de plusieurs sortes de maladies.

XXV

Du pays qui est entre Kerman et la ville de Cobinam.

En allant ensuite de Kerman à Cobinam (Kabis?) on trouve un chemin fort ennuyant. Car outre qu'il est long de sept journées, on n'y trouve point d'eau ou fort peu. Encore sont-elles fort salées et amères, étant de couleur verte comme si c'était du jus d'herbes ; et si l'on en boit, on a le flux de ventre. La même chose arrive quand on use du sel fait de cette eau. Il est donc à propos que les voyageurs portent d'autre eau avec eux, s'ils ne veulent pas s'exposer à mourir de soif. Les bêtes même ont horreur de cette eau, lorsqu'elles sont obligées d'en boire ; et quand elles en ont bu, elles ont aussitôt le même mal que les hommes. Il n'y a dans ces déserts aucune habitation d'hommes ni de bêtes, excepté les onagres ou ânes sauvages, le pays ne produisant ni de quoi manger ni de quoi boire.

XXVI

De la ville de Cobinam.

Cobinam est une grande ville, qui est riche en fer et en acier, et en audanic (antimoine). On y fait aussi de très grands et de très beaux miroirs d'acier. On y fait encore un onguent propre au mal des yeux, qui est comme une espèce d'éponge, et se fait en cette manière : ils ont en ce pays-là des mines dont ils tirent la terre et la cuisent dans des fourneaux ; la vapeur qui monte va dans ce récipient de fer et devient matière, étant coagulée; la matière la plus grossière de cette terre, et qui reste dans le feu, est appelée éponge[1]. Les habitants de ce canton-là sont mahométans.

XXVII

Du royaume de Trimochaim et de l'arbre du soleil appelé par les Latins « l'arbre sec ».

Ayant laissé derrière soi la ville de Cobinam, on rencontre un autre désert très aride et qui, à huit journées de longueur, n'a ni arbres ni fruits; le peu d'eau qu'il y a est très amère, en sorte que les juments même n'en peuvent pas boire. Il faut que les voyageurs en portent d'autre avec eux, s'ils ne veulent pas périr de soif. Après avoir passé ce désert on entre dans le royaume de Timochaim, où il y a beaucoup de villes et de châteaux. Ce royaume est borné au septentrion par la Perse. Il croît dans la plaine de ce royaume un grand arbre appelé l'arbre du soleil, et par les Latins l'arbre sec[2]. Il est fort gros, ses feuilles sont blanches d'un côté et vertes de l'autre; il porte des fruits faits en manière de châtaigne, mais vides et de couleur de buis. Cette campagne s'étend plusieurs milles sans que l'on y trouve un seul arbre. Les gens du pays disent qu'Alexandre le Grand combattit Darius en cette plaine. Toute la terre habitée du royaume de Timochaim est fertile et abondante en plusieurs choses, le climat en est bon, l'air y est tempéré, les hommes y sont beaux, et les femmes encore plus belles; mais ils sont tous mahométans.

1. Ce collyre minéral est très réputé dans le pays sous le nom de *tatie*. La tatie, dit M. Pauthier, est un oxyde de zinc qui se forme dans les fourneaux où l'on traite la calamine. (P.)
2. De grandes discussions se sont engagées à propos de cet arbre, qui pour les uns serait tout simplement le platane, tandis que d'autres veulent y voir un exemplaire unique d'une essence qu'on ne définit pas clairement. Ceux-là, au lieu d'arbre *du soleil*, disent arbre *seul* (*sol* dans le vieux texte) ou isolé.

XXVIII

D'un certain fameux tyran et de ses affaires.

Il y a par là un certain canton nommé Mulète[1], où commande un très méchant prince, appelé le Vieux des Montagnards, ou Vieux de la Montagne, dont j'appris beaucoup de choses, que je vais rapporter, comme les tenant des habitants du lieu. Voici ce qu'ils me racontèrent : Ce prince et tous ses sujets étaient mahométans; il s'avisa d'une étrange malice. Car il assembla certains bandits appelés communément meurtriers, et par ces misérables enragés il faisait tuer tous ceux qu'il voulait, en sorte qu'il jeta bientôt la terreur dans tout le voisinage. De quoi il acheva de venir à bout par une autre imposture. Il y avait en ces quartiers-là une vallée très agréable, entourée de très hautes montagnes; il fit faire un plantage dans ce lieu agréable, où les fleurs et les fruits de toutes sortes n'étaient pas épargnés; il y fit aussi bâtir de superbes palais, qu'il orna des plus beaux meubles et des plus rares peintures. Il n'est pas besoin que je dise qu'il n'oublia rien de tout ce qui peut contribuer aux plaisirs de la vie. Il y avait plusieurs ruisseaux d'eau vive, en sorte que l'eau, le miel, le vin et le lait y coulaient de tous côtés; les instruments de musique, les concerts, les danses, les exercices, les habits somptueux, en un mot tout ce qu'il y a au monde de plus délicieux. Dans ce lieu enchanté il y avait des jeunes gens qui ne sortaient point et qui s'adonnaient sans souci à tous les plaisirs des sens; il y avait à l'entrée de ce palais un fort château bien gardé et par où il fallait absolument passer pour y entrer. Ce vieillard, qui se nommait Alaodin, entretenait hors de ce lieu certains jeunes hommes courageux jusqu'à la témérité, et qui

---

1. Ou *Alamont*, dans la province actuelle de Ghilan, sur le versant méridional des montagnes qui bordent la mer Caspienne.

étaient les exécuteurs de ses détestables résolutions. Il les faisait élever dans la loi meurtrière de Mahomet, laquelle promet à ses sectateurs des voluptés sensuelles après la mort. Et afin de les rendre plus attachés et plus propres à affronter la mort, il faisait donner à quelques-uns un certain breuvage, qui les rendait comme enragés et les assoupissait[1]. Pendant leur assoupissement, on les portait dans le jardin enchanté, en sorte que lorsqu'ils venaient de se réveiller de leur assoupissement, se trouvant dans un si bel endroit, ils s'imaginaient déjà être dans le paradis de Mahomet, et se réjouissaient d'être délivrés des misères de ce monde et de jouir d'une vie si heureuse. Mais quand ils avaient goûté pendant quelques jours de tous ces plaisirs, le vieux renard leur faisait donner une nouvelle dose du susdit breuvage, et les faisait sortir hors du paradis pendant son opération. Lorsqu'ils revenaient à eux et qu'ils faisaient réflexion combien peu de temps ils avaient joui de leur félicité, ils étaient inconsolables et au désespoir de s'en voir privés, eux qui croyaient que cela devait durer éternellement. C'est pourquoi ils étaient si dégoûtés de la vie qu'ils cherchaient tous les moyens d'en sortir. Alors le tyran, qui leur faisait croire qu'il était prophète de Dieu, les voyant en l'état qu'il souhaitait, leur disait : « Écoutez-moi, ne vous affligez point; si vous êtes prêts à vous exposer à la mort, au courage, dans toutes les occasions que je vous ordonnerai, je vous promets que vous jouirez des plaisirs dont vous avez goûté. » En sorte que ces misérables, envisageant la mort comme un bien, étaient prêts à tout entreprendre, dans l'espérance de jouir de cette vie bienheureuse. C'est de ces gens-là que le tyran se servait pour exécuter ses assassinats et ses homicides sans nombre. Car, méprisant la vie, ils méprisaient aussi la mort; en sorte

1. Ce breuvage enivrant n'était autre que le célèbre *haschi* ou *hachisch*, substance tirée des tiges du chanvre mis en fermentation : d'où le nom de *hachischin* donné à ceux qui en faisaient usage, et dont nous avons formé notre mot *assassin*.

qu'au moindre signe du tyran ils ravageaient tout dans le pays, et personne n'osait résister à leur fureur. D'où il arriva que plusieurs pays et plusieurs puissants seigneurs se rendirent tributaires du tyran pour éviter la rage de ces forcenés [1].

XXIX

Comment le susdit tyran fut tué.

L'an 1262, Allau [2], roi des Tartares, assiégea le château du tyran, dans le désir de chasser un si méchant et si dangereux voisin de ses États, et il le prit avec tous ses assassins au bout de trois ans, les vivres leur manquant; et après les avoir fait tous tuer, il fit détruire le château de fond en comble.

XXX

De la ville de Chebourkan.

En sortant dudit lieu, l'on vient dans un beau pays, orné de collines et de plaines, de fort bons pâturages et d'excellents fruits. La terre en est très fertile, et il n'y manque rien excepté l'eau, car il faut faire quelquefois cinquante et soixante milles pour en trouver, ce qui fait que les voyageurs sont obligés d'en porter avec eux, aussi bien que pour les bêtes. Il faut donc traverser ce pays-là le plus vite que l'on peut, parce qu'il

---

1. L'histoire du Vieux de la Montagne, que Marco Polo fit connaître un des premiers en Europe, est restée fameuse. Elle a donné lieu à un grand nombre de recherches et d'écrits historiques, ainsi qu'à beaucoup de compositions romanesques. En réalité, ce prince redoutable était le chef d'une secte dite des ismaéliens, qu'il avait fondée. « Il se faisait passer, dit M. Pauthier, pour avoir une puissance surnaturelle et être le vicaire de Dieu sur la terre. » Il mourut trente-quatre ans après son entrée dans le château fort d'Alamont, sans en être sorti une seule fois, passant sa vie à lire et à écrire sur les dogmes de sa secte et à gouverner l'État qu'il avait créé.

2. Allau ou Houlagou, frère utérin de Mangu-Khan, prédécesseur de Koubilaï. — Voy. Rubruquis, chap. XLIV.

est trop aride. Excepté cela, il y a beaucoup de villages : les habitants reconnaissent Mahomet. Après cela on vient à une ville nommée Chebourkan, où l'on trouve de tout en abondance, principalement des melons et citrouilles, qu'ils coupent par tranches et qu'ils vont vendre quand ils sont secs aux lieux voisins, où ils sont fort recherchés, parce qu'ils sont doux comme le miel. Il y a aussi dans ce pays-là beaucoup de gibier et de venaison.

XXXI

De la ville de Balac.

En partant de là nous vînmes à une certaine ville nommée Balac (Balk), qui fut autrefois grande, célèbre et ornée de plusieurs édifices de marbre; mais à présent c'est peu de chose, ayant été détruite par les Tartares. Les habitants du lieu disent qu'Alexandre le Grand y épousa une des filles de Darius; elle est bornée au septentrion par la province de Perse; en sortant et en marchant entre le midi et le septentrion, on ne trouve, pendant deux journées, aucune habitation, parce que les habitants, pour se mettre à couvert des insultes des voleurs et des brigands, dont ils étaient continuellement obsédés, ont été forcés de se retirer dans les montagnes. On trouve là des eaux en abondance et force gibier; il y a aussi des lions. Les voyageurs doivent porter des vivres avec eux, pour deux jours, leur étant impossible de trouver aucun aliment sur cette route.

XXXII

Du royaume de Taican.

Après avoir fait les deux journées dont nous avons fait mention, on rencontre un château nommé Taican, dont le terrain est abondant en froment et la campagne fort belle. Il y a aussi au midi de ce château des montagnes de sel si grandes, qu'elles pourraient fournir du sel à tout le monde entier. Le sel en est si dur qu'on ne peut le rompre et le tirer qu'avec des marteaux de fer. Passé ces montagnes, et allant entre l'orient et le septentrion, après avoir fait trois journées, vous arrivez à une ville nommée Kechem. Tous les habitants de ce pays sont mahométans; ils boivent cependant du vin [1], car le terroir en fournit en abondance aussi bien que du froment et toutes sortes de fruits. Leur principale occupation est de vider les pots et les verres tout le jour; leur vin est bien cuit et excellent; mais les gens sont très méchants et bons chasseurs, car le pays est abondant en bêtes sauvages. Les hommes et les femmes vont la tête nue, excepté que les hommes se ceignent le front d'une espèce de bandelette, longue de dix paumes; ils se font des habits des peaux des bêtes qu'ils prennent, de même que des souliers et des chausses, n'ayant point d'autres vêtements.

XXXIII

De la ville de Cassem.

La ville de Cassem est située dans une plaine; il y a beaucoup de châteaux dans les montagnes qui lui sont voisines; une grande rivière passe au milieu. Il y a en cette contrée beaucoup de porcs-épics, qui, quand on approche pour les prendre, blessent souvent de leurs épines les hommes et les chiens : car les chiens étant lancés par les chasseurs sur ces porcs, étant ainsi provoqués, ils irritent et courroucent tellement ces bêtes féroces, qu'en courant ils s'élancent en arrière sur les hommes et sur les chiens avec tant de violence qu'ils les blessent souvent de leurs épines. Cette nation a une langue particulière. Les pasteurs demeurent dans les montagnes, n'ayant point d'autres habitations que les

---

1. On sait que Mahomet a interdit l'usage du vin à ses disciples.

cavernes. On va de là, en trois journées, à la province de Balascia (Badakchan). Il n'y a point d'habitations sur cette route.

XXXIV
De la province de Balascia.

Balascia (Badakchan) est une grande province qui a sa langue particulière, et dont le culte est mahométan. Ses rois se disent descendants d'Alexandre le Grand. Cette province produit des pierres de grand prix, qui tiennent leur nom de la province même [1]. Il est défendu, sous peine de la vie, de fouir la terre pour chercher de ces pierres, et les transporter dans d'autres pays, sans la permission du roi. Car toutes ces pierres lui appartiennent; il en envoie à qui il veut, soit en présent, soit en payement de tribut; et quelquefois il en troque contre de l'or et de l'argent. Ce terrain produit une si grande quantité de ces pierres, que le revenu du roi n'en serait pas si considérable s'il était permis à un chacun de les chercher; et par là aussi, en devenant trop commune, elle perdrait beaucoup de son prix. Il y a une autre province qui produit la pierre appelée « lazulum [2] », de laquelle se fait le meilleur azur qui se trouve dans le monde; elle se tire des mines à peu près comme le fer; il y a aussi des mines d'argent. C'est un pays très froid. Il y a beaucoup de beaux et de bons chevaux, qui sont grands et rapides à la course; ils ont la corne du pied si dure qu'ils n'ont pas besoin d'être ferrés, quoiqu'ils courent par les cailloux et les rochers. Ce pays abonde encore en venaison et en gibier; il y a aussi des hérodiens et de très bons faucons. Ses campagnes produisent d'excellents blés, froment et millet; il y a des olives en quantité, mais ils font

---

1. Les pierres précieuses dites *rubis balais*.
2. Le *lapis-lazuli*, ou pierre d'azur, qui pulvérisée donne le beau bleu dit d'outremer.

l'huile de sésame et de noix. Les habitants ne craignent point les invasions de leurs voisins, parce que les entrées de la province sont fort étroites et de difficile accès. Leurs villes et leurs forts sont fortifiés par art et par nature. Ils ont parmi eux de bons tireurs d'arc et d'excellents chasseurs. Ils sont vêtus la plupart de crin, parce que les étoffes de lin et de laine y sont fort chères ; les dames de qualité portent cependant du linge et des robes de soie.

XXXV

De la province de Bascia.

La province de Bascia est éloignée de Balascia de dix journées. C'est un pays fort chaud, ce qui fait que les hommes y sont noirs, mais rusés et malins ; ils portent des pendants d'oreilles d'or et d'argent, et aussi de perles ; ils vivent de riz et de viande, ils sont idolâtres, s'étudiant aux enchantements et invoquant les démons.

XXXVI

De la province de Chesimur.

La province de Chesimur (Cachemir) est éloignée de Bascia de sept journées. Les habitants ont une langue particulière et sont idolâtres, s'adressant aux idoles et recevant les oracles des démons. Ils font, par leurs sortilèges et leurs invocations, condenser l'air et former des tempêtes. Ils sont basanés, car le climat est tempéré. Ils vivent de riz et de chair, et cependant ils sont très maigres. Il y a beaucoup de villes et de villages ; leur roi ne paye tribut à personne, parce que son pays est entouré de déserts de tout côté, ce qui fait qu'il n'appréhende rien[1]. Il y a dans cette pro-

---

1. L'isolement naturel de ce pays très fertile, habité par un peuple très industrieux, le laissait encore pour ainsi dire inconnu de ses voisins au

vince de certains ermites qui servent les idoles dans des monastères et des cellules. Ils adorent leurs dieux par de grandes abstinences, ce qui fait qu'on les honore beaucoup et qu'on a grand'peur de les offenser en transgressant leurs cruels commandements; d'où vient que ces ermites sont en grand honneur parmi le vulgaire.

XXXVII

De la province de Vocam et de ses hautes montagnes.

Nous nous trouverions encore ici près des Indes, si je suivais ma première route; mais parce que j'en dois faire la description dans le troisième livre, j'ai résolu de prendre un autre chemin et de revenir à Balascia, prenant ma route entre le septentrion et le midi. On vient donc en deux jours à un certain fleuve (l'Oxus), le long duquel on rencontre beaucoup de châteaux et de maisons de campagne. Les habitants de ces cantons sont de bonnes gens, bons guerriers, mais mahométans. A deux journées de chemin de cet endroit, on entre dans la province de Vocam (Wakkan), qui est sujette du roi de Balascia, ayant trois journées de chemin de long et de large. Les habitants ont une langue particulière et font profession de la loi de Mahomet. Ils sont vaillants guerriers et bons chasseurs, car ce pays-là est rempli de bêtes sauvages. Si de là vous allez du côté de l'orient, il vous faudra monter pendant trois jours jusqu'à ce que vous soyez parvenu sur une montagne, la plus haute qui soit dans le monde [1]. On trouve là aussi une agréable plaine entre deux montagnes, où il y a une grande rivière, le long de laquelle il y a de gras pâturages où les chevaux et les

---

temps de Marco Polo. Il n'en sortait guère, comme on le voit ici, que des échos de légendes terribles. Ce n'est presque qu'au siècle dernier qu'on a eu les premières notions exactes sur cette intéressante région.

1. Le *Bam-i-douniah* (ou Cime du monde), dont certain sommet s'élève à 5,800 mètres au-dessus du niveau de la mer.

bœufs, pour maigres qu'ils soient, s'engraissent en dix jours; il y a aussi grande quantité de bêtes sauvages; surtout on y trouve des béliers sauvages d'une grandeur extraordinaire, ayant de longues cornes dont on fait diverses sortes de vases[1]. Cette plaine contient douze journées de chemin : elle s'appelle Pamer ; mais si vous avancez plus avant, vous trouvez un désert inhabité ; c'est pourquoi les voyageurs sont obligés de porter des provisions. On ne voit point d'oiseau en ce désert, à cause de la rigueur du froid, et que le terrain est trop élevé, et qu'il ne peut donner aucune pâture aux animaux. Si on allume du feu dans ce désert, il n'est ni si vif ni si efficace[2] que dans les lieux plus bas, à cause de l'extrême froidure de l'air. De là le chemin conduit entre l'orient et le septentrion, par des montagnes, des collines et des vallées, dans lesquelles on trouve plusieurs rivières, mais point d'habitation ni de verdure. Ce pays s'appelle Belor, où il règne en tout temps un hiver continuel ; et cela dure pendant quarante journées, ce qui fait qu'on est obligé de se fournir de provisions pour tout ce temps-là. On voit cependant sur ces hautes montagnes, par-ci par-là, quelques habitations ; mais les hommes en sont très cruels et très méchants, adonnés à l'idolâtrie, et ils vivent de chasse et se vêtissent de peaux.

XXXVIII

De la province de Cassar.

En sortant de là on vient à la province de Cassar

---

1. Les voyageurs modernes confirment ces assertions, qui paraissent extraordinaires. L'animal de qui proviennent ces cornes est appelé koutchar ou mouton sauvage. (P.) — Voy. Rubruquis, chap. VII.

2. Ces derniers mots témoignent que dès cette époque avait été faite une remarque dont la découverte de la pression atmosphérique devait, à plusieurs siècles de là, donner la théorie. On sait que sur les hautes montagnes, où la pression diminue, l'ébullition de l'eau ayant lieu à un degré de calorique bien inférieur, cette eau ne peut opérer la cuisson des légumes, des œufs... Ainsi s'explique ici l'expression *ni si efficace*.

(Kachghar), laquelle est tributaire du Grand Khan. Il y a dans cette province des vignes, des vergers, des arbres fruitiers, de la soie et toutes sortes de légumes. Les habitants ont leur langue particulière, sont bons négociants et bons artisans, et ils vont de provinces en provinces pour s'enrichir, étant si fort avides de biens et si avares qu'ils n'oseraient toucher à ce qu'ils ont une fois amassé. Ils sont aussi mahométans, quoiqu'il y ait entre eux quelques chrétiens nestoriens, qui ont leurs églises particulières. Le pays peut avoir cinq journées de long.

XXXIX

De la ville de Samarcham.

Samarcham est une grande ville et considérable dans le pays ; elle est tributaire du neveu du Grand Khan. Les habitants sont partie chrétiens et partie saracéniens, savoir mahométans. Il arriva en ce temps-là un miracle par la puissance divine en cette ville : le frère du Grand Khan, nommé Cigatai, qui commandait dans le pays, se fit baptiser, à la persuasion des chrétiens ; ceux-ci, ravis de joie et honorés de sa protection, firent bâtir dans cette ville une grande église qu'ils dédièrent à Dieu sous le titre de Saint-Jean-Baptiste ; or les architectes qui bâtirent cette église le firent avec tant d'adresse, que tout le bâtiment reposait sur une colonne de marbre qui était au milieu de l'église ; or les mahométans avaient une pierre qui convenait tout à fait à servir de base à cette colonne ; les chrétiens la prirent et la firent servir à leur dessein ; de quoi les mahométans furent fâchés, n'osant néanmoins se plaindre, parce que le prince y avait donné les mains. Or il arriva que le prince, quelque temps après, vint à mourir, et comme son fils lui succéda bien au royaume, mais non pas dans la foi, les mahométans, prenant l'occasion aux cheveux, obtinrent de lui que les chrétiens seraient obligés de leur rendre la pierre fondamentale de ladite colonne. Les chrétiens leur offrirent une somme raisonnable pour le prix de leur pierre, mais ils ne consentirent point, voulant absolument leur pierre. Ce qu'ils faisaient par malice et parce qu'ils s'attendaient qu'en l'ôtant de sa place, l'église serait entièrement renversée. Les chrétiens, voyant bien qu'il n'y avait pas à regimber contre l'éperon et qu'ils n'étaient pas les plus forts, eurent recours au Dieu tout-puissant et à son saint Jean-Baptiste, les priant avec larmes de les secourir dans un si grand embarras. Le jour étant venu qu'on devait tirer la pierre de dessous la colonne, le bon Dieu permit qu'il en arrivât tout autrement que ce à quoi les mahométans s'attendaient; car la colonne se trouvant suspendue de sa base de la hauteur de trois paumes, ne laissa pas de rester en état par la vertu toute-puissante de Dieu; lequel miracle continue encore à présent.

XL

De la province de Yarchan.

Étant partis de cette ville, nous entrâmes dans la province de Yarchan (Yarckand), faisant environ cinq jours de chemin. Cette province est abondante en tout ce qui est nécessaire à la vie; elle est sujette du neveu du Grand Khan. Les habitants révèrent Mahomet; il y a cependant parmi eux quelques chrétiens nestoriens.

XLI

De la province de Cotam.

La province de Cotam suit la province de Yarchan; elle est située entre l'orient et le septentrion; elle obéit au neveu du Grand Khan; elle a plusieurs villes et villages, dont la capitale est appelé Cotam. Cette province peut avoir huit journées de long, il n'y manque rien de ce qui est nécessaire à la vie;

elle a beaucoup de soie et de très bonnes vignes en quantité. Les hommes n'y sont pas aguerris, mais fort adonnés au trafic et aux arts; ils sont mahométans.

XLII

De la province de Peim.

En allant par la même plage, on trouve la province de Peim (Paï ou Baï), qui a environ cinq journées d'étendue. Elle est sujette du Grand Khan et renferme plusieurs villes et villages. La capitale s'appelle Peim, qui est arrosée par une rivière, où l'on trouve des pierres précieuses, à savoir du jaspe et des chalcédoines. Les habitants de ce pays-là révèrent Mahomet, et sont fort adonnés aux arts et au trafic; ils ont de la soie en abondance, de même que toutes les choses nécessaires à la vie. C'est une coutume dans cette province que quand un homme marié est obligé pour quelque affaire d'aller en voyage et qu'il demeure vingt jours dehors, il est permis à la femme de prendre un autre mari, et le mari peut à son retour épouser une autre femme, sans que cela fasse aucune difficulté.

XLIII

De la province de Ciartiam.

Après cela on vient à la province de Ciartiam (Kharachar), qui est sujette du Grand Khan, et qui renferme beaucoup de villes et de châteaux; la ville capitale est appelée du nom de la province. On y trouve dans plusieurs rivières beaucoup de pierres précieuses, surtout des jaspes et des chalcédoines, que les marchands portent à la province de Cathay (Chine orientale). La province de Ciartiam est fort sablonneuse, ayant plusieurs eaux amères, ce qui rend la terre stérile. Quand quelque armée étrangère passe par ce pays-là, tous les habitants s'enfuient dans le pays voisin avec leurs femmes, leurs enfants, leurs bêtes et leurs meubles, où ils trouvent de bonne eau et des pâturages, et ils y demeurent jusqu'à ce que l'armée soit passée; quand ils s'enfuient ainsi, le vent efface tellement leurs vestiges sur le sable, que les ennemis ne peuvent y rien connaître; mais si c'est l'armée des Tartares, auxquels ils sont sujets, ils ne s'enfuient pas : ils transportent seulement leur bétail dans un autre lieu, de peur que les Tartares ne s'en saisissent. En sortant de cette province il faut passer pendant cinq jours au travers des sables, où l'on ne trouve presque point d'eau, si ce n'est amère, jusqu'à ce que l'on arrive à une ville nommée Lop, et remarquez que toutes les provinces dont nous avons parlé jusqu'ici, à savoir Cassar, Yarcham, Cotam, Peim et Ciartiam, jusqu'à ladite ville de Lop, sont mises entre les limites de la Turchie [1].

XLIV

De la ville de Lop et d'un fort grand désert.

Lop est une grande ville à l'entrée d'un grand désert [2], située entre l'orient et le septentrion; les habitants sont mahométans; les marchands qui veulent traverser le grand désert doivent s'y pourvoir de vivres. Ils s'y reposent pour cet effet pendant quelque temps pour acheter des mulets ou de forts ânes, pour porter leurs provisions, et à mesure que les provisions diminuent, ils tuent les ânes ou les laissent en chemin, faute de pouvoir les nourrir dans ce désert; ils conservent plus aisément les chameaux, parce que, outre qu'ils mangent fort peu, ils portent de grosses charges. Les voyageurs rencontrent quelquefois dans ce désert des eaux amères, mais plus souvent de douces, en sorte qu'ils en ont tous les jours de nouvelles pendant

---

1. C'est-à-dire qu'au temps de Marco Polo la langue et les croyances des Turcs manifestaient leur influence jusque-là. (P.)

2. L'étendue immense qui sur nos cartes d'Asie porte le nom de *grand désert de Gobi* ou *Cha-mo* (sables mouvants).

les trente jours qu'il faut au moins employer pour le passer; mais c'est quelquefois en si petite quantité qu'à peine y en a-t-il suffisamment pour une bande raisonnable de voyageurs. Ce désert est fort montagneux, et dans la plaine il est fort sablonneux; il est en général stérile et sauvage, ce qui fait qu'on n'y voit aucune habitation. On y entend quelquefois, et même assez souvent pendant la nuit, diverses voix étranges. Les voyageurs alors doivent bien se donner de garde de se séparer les uns des autres ou de rester derrière; autrement ils pourraient aisément s'égarer et perdre les autres de vue, à cause des montagnes et des collines, car on entend là des voix de démons qui appellent dans ces solitudes les personnes par leurs propres noms, contrefaisant la voix de ceux qu'ils savent être de la troupe, pour détourner du droit chemin et conduire les gens dans le précipice. On entend aussi quelquefois en l'air des concerts d'instruments de musique, mais plus ordinairement le son des tambourins. Le passage de ce désert est fort dangereux [1].

XLV

De la ville de Sachion et de la coutume qu'on observe de brûler les corps morts.

Après avoir traversé le désert on vient à la ville de Sachion [2], qui est à l'entrée de la grande province de Tanguin, dont les habitants sont idolâtres, quoiqu'il

1. « Les phénomènes extraordinaires que rapporte ici Marco Polo, remarque M. Pauthier, ne sont pas, quelque étranges qu'ils puissent paraître, aussi rares et absolument incroyables qu'on pourrait le croire. La part étant faite aux amplifications populaires, on peut admettre de certains effets de mirage ou d'écho qui ont frappé les voyageurs, disposés aux illusions par les fatigues endurées en traversant ce pays. » Le savant commentateur cite à l'appui de sa remarque plusieurs passages de récits contemporains où des phénomènes tout naturels ont été observés que de certains esprits eussent assurément interprétés comme manifestations surnaturelles.

2. *Cha-tchéou*, dans la province de Tanghout, aujourd'hui Tangh-Chou,

s'y trouve quelques chrétiens nestoriens ; ils ont un langage particulier. Les habitants de cette ville ne s'adonnent point au négoce, mais vivent des fruits que la terre produit. Il y a plusieurs temples consacrés aux idoles, où l'on offre des sacrifices aux démons, qui sont fort honorés par le commun peuple. Quand il naît un fils à quelqu'un, aussitôt il le voue à quelque idole et nourrit pendant cette année-là un bélier dans sa maison, lequel il présente avec son fils au bout de l'an à cette idole, ce qui se pratique avec beaucoup de cérémonies et de révérence. Après cela on fait cuire le mouton et on le présente encore à l'idole, et il demeure sur l'autel jusqu'à ce qu'ils aient achevé leurs infâmes prières suivant la coutume ; surtout le père de l'enfant prie l'idole avec beaucoup d'instance de conserver son fils, qu'il lui a dédié. Au reste, voici comme ils en usent à l'égard des morts : les plus proches du mort ont soin de faire brûler les corps, ce qui se fait en cette manière : premièrement ils consultent les astrologues pour savoir quand il faut jeter les corps au feu ; alors ces fourbes s'informent du mois, du jour et de l'heure que le mort est venu au monde, et, ayant regardé sous quelle constellation, ils désignent le jour qu'on doit brûler le corps. Il y en a d'autres qui gardent le mort pendant quelques jours, quelquefois jusqu'à sept jours, et même jusqu'à un mois; quelques-uns le gardent pendant six mois, lui faisant une demeure dans leur maison, dont ils bouchent toutes les ouvertures si adroitement qu'on ne sent aucune puanteur. Ils embaument le corps avec des parfums et couvrent la niche, qu'ils ont auparavant peinte et enjolivée de quelque étoffe précieuse. Pendant que le cadavre est à la maison, tous les jours à l'heure du dîner on met la table près de la niche, qui est servie de viandes et de vin; laquelle reste ainsi dressée pendant une heure, parce qu'ils croient que l'âme du mort mange de ce qui a été ainsi servi. Et quand on doit transférer le corps, les astrologues sont de nouveau consultés pour savoir par quelle porte on doit le faire sortir ; car si quelque porte du logis se trouvait avoir été bâtie sous quelque influence maligne, ils disent qu'on ne doit pas s'en servir pour faire passer le corps, et ils en indiquent une autre, ou ils en font faire une autre. Or pendant qu'on fait le convoi par la ville, on dresse dans le chemin des échafauds, qui sont couverts d'étoffes d'or et de soie ; et quand le cadavre passe, ils répandent par terre d'excellent vin et des viandes exquises, s'imaginant que le mort s'en réjouit dans l'autre monde. Des concerts de musique et d'instruments précèdent le convoi; et lorsqu'on est arrivé au lieu où le corps doit être brûlé, ils désignent et peignent sur des feuilles de papier diverses figures d'hommes et de femmes, et même de plusieurs pièces de monnaie; toutes lesquelles choses sont brûlées avec le corps. Ils prétendent en cela que le mort aura en l'autre monde en réalité tout ce qui était peint sur ces papiers, et qu'il vivra avec cela heureux et honoré éternellement. La plupart des païens observent cette superstition en Orient, lorsqu'ils brûlent les corps de leurs morts.

XLVI

De la province de Camul.

Camul (Khamil) est une province renfermée dans la grande province de Tanguth; elle est sujette du Grand Khan, comprenant plusieurs villes et villages. Camul est voisine de deux déserts, à savoir le grand, dont nous avons parlé ci-dessus, et un autre plus petit. Cette province abonde en tout ce que l'homme peut souhaiter pour la vie. Les habitants ont une langue particulière et semblent n'être nés que pour se donner du bon temps. Ils sont idolâtres et adorent les démons, qui les portent à cela. Quand quelque voyageur s'arrête pour loger dans quelque endroit, le maître de la maison le reçoit avec joie et ordonne à sa femme et toute sa famille d'en avoir bien soin, de lui obéir en tout et de en le point mettre dehors tant qu'il voudra rester dans sa maison; pour lui, il va loger ailleurs et ne retourne point chez lui que son hôte ne soit parti. Pendant ce temps la femme obéit à l'hôte comme à son propre époux.

XLVII

De la province Chinchinthalas.

Après la province de Camul on trouve celle de Chinchinthalas[1], qui est bornée au septentrion par un désert, et peut avoir en longueur environ seize journées de chemin; elle est sujette du Grand Khan; elle comprend plusieurs villes et beaucoup de châteaux. Le peuple est divisé en trois sectes : il y a peu de chrétiens, qui sont nestoriens; les autres sont mahométans ou idolâtres. Il y a dans cette province une montagne où l'on trouve des mines d'acier et d'audanic, de même des salamandres[2], dont on fait des étoffes lesquelles étant jetées dans le feu ne sauraient être brûlées. Cette étoffe se fait de terre, de la manière que je vais dire, et que j'ai apprise d'un de mes compagnons, nommé Curficar, de la province de Turchie, homme de beaucoup d'esprit et qui a eu le commandement des mines d'où on les tire en cette province-là. On trouve sur cette montagne certaine mine de terre, qui produit des filets ayant aspect de laine, lesquels étant desséchés au soleil sont pilés dans un mortier de cuivre; ensuite on les lave, ce qui emporte toute la terre; enfin ces filets ainsi lavés et purifiés sont filés comme de la laine, et ensuite on en fait des étoffes. Et quand ils veulent blanchir ces étoffes, ils les mettent dans le feu pendant une heure; après cela elles en sortent blanches comme neige et sans être

1. Saï-gin-tala dans la province de Thian-chan-pé-lou. (P.)
2. Il s'agit ici de l'aimante ou asbeste, qui, chacun le sait, est une matière minérale filamenteuse, qui peut se filer et se tisser comme le chanvre, le coton ou la laine. L'amiante, qui résiste au feu, doit à cette particularité le nom que lui donne ici Marco Polo, par analogie avec l'animal légendaire qui, disait-on, vivait dans les flammes.

aucunement endommagées. C'est de cette manière aussi qu'ils ôtent les taches sur ces étoffes, car elles sortent du feu sans aucune souillure. A l'égard du serpent (ou lézard) nommé salamandre, que l'on dit qu'il vit dans le feu, je n'ai pu rien apprendre dans les pays orientaux. On dit qu'il y a à Rome une nappe d'étoffe de salamandre, où le suaire de Notre-Seigneur est enveloppé, de laquelle un certain roi des Tartares a fait présent au souverain pontife.

XLVIII

De la province de Suchur.

Ayant laissé derrière soi la province de Chinchinthalas, on prend un chemin qui mène à l'orient environ de dix journées de suite, où l'on ne trouve aucune habitation, si ce n'est en peu d'endroits, après quoi l'on entre dans la province de Suchur (Sou-Tchéou), où l'on trouve beaucoup d'habitations et de villages. La capitale s'appelle aussi Suchur. Dans cette province la plus grande partie des habitants est idolâtre, et il y a quelques chrétiens; ils sont tous sujets du Grand Khan. Ils ne trafiquent point et se contentent de vivre des fruits que la terre produit. On trouve dans les montagnes de cette province de la rhubarbe[1], que l'on transporte par toute la terre.

XLIX

De la ville de Campition.

Campition (Kan-Tchéou) est une ville grande et célèbre; elle commande au pays de Tanguth. Ses habitants sont partie chrétiens, partie mahométans, et partie

---

1. C'est à la Chine que nous devons cette plante, qui, ne jouant guère chez nous qu'un rôle officinal, est fort appréciée comme végétal alimentaire chez nos voisins d'outre-Manche.

idolâtres. Ces derniers ont plusieurs monastères où ils adorent leurs idoles, qui sont faites de terre, de bois ou de boue, dorées par-dessus; il y en a de si grandes qu'elles ont dix pas de long, auprès desquelles il y en a de plus petites, qui sont dans une posture respectueuse. Ces idoles ont leurs sacrificateurs et leurs religieux, qui, en apparence, vivent plus régulièrement que les autres, car plusieurs gardent le célibat et s'attachent à l'observation de la loi de leurs dieux. Ils comptent leur année par lunes, aussi bien que leurs mois et leurs semaines. Dans ces lunes ils s'abstiennent, pendant cinq jours, de tuer ni bête ni oiseau, et de manger aucune viande. Ils vivent aussi pendant ces jours-là plus exactement. Les idolâtres ont en cette ville une coutume, que chacun peut avoir autant de femmes qu'il en peut nourrir; la première est seulement la plus estimée et passe pour la plus légitime. Le mari ne reçoit point de dot de sa femme; mais il lui en assigne une en bestiaux, en argent, en serviteurs, suivant ses moyens. Si un homme se dégoûte de sa femme, il lui est permis de la répudier. Enfin cette nation regarde comme permises bien des choses que nous regardons comme de grands péchés. Ils vivent en beaucoup de choses comme les bêtes; car j'ai eu le temps de connaître leurs mœurs, ayant demeuré dans cette ville avec mon père et mon oncle pendant un an, pour quelques affaires.

L

De la ville d'Ézina et d'un autre grand désert.

De la ville de Campition jusqu'à Ézina[1] il y a douze journées. Cette dernière est bornée au septentrion par un désert sablonneux; il y a beaucoup de chameaux et plusieurs autres animaux et des oiseaux de divers genres. Les habitants sont idolâtres, négligeant le

---

1. *Itzi-naï*, aujourd'hui détruite. (P.)

négoce et vivant des fruits que la terre produit. Les voyageurs se pourvoient en cette ville de provisions, quand ils veulent traverser ce grand désert dont nous avons parlé, lequel ne peut se passer en moins de quarante jours. On ne trouve en ce désert aucune sorte d'herbe ni aucune habitation, si ce n'est quelques cabanes dans certaines montagnes et vallées, où quelques hommes se retirent pendant l'été. On trouve aussi en quelques endroits des bêtes sauvages, surtout des ânes, qui y sont en grand nombre. Au reste toutes les susdites provinces dépendent de la grande province de Tanguth.

LI

De la ville de Caracorum et de l'origine de la puissance des Tartares.

Après avoir passé le grand désert ci-dessus, on vient à la ville de Caracorum [1] du côté du septentrion, d'où les Tartares ont pris leur origine. Car ils ont premièrement habité dans les campagnes de ce pays-là, n'ayant encore ni villes ni villages, et campant seulement où ils trouvaient des pâturages et de l'eau pour nourrir leur bétail. Ils n'avaient point non plus de prince de leur nation; mais ils étaient tributaires d'un certain grand roi nommé Uncham, que l'on appelle communément aujourd'hui le grand Prêtre-Jean [2]; mais s'ac-

1. *Caracorum*, ancienne capitale du premier empire mongol. Cette ville n'existant plus, et aucun voyageur européen n'en ayant recherché les ruines, nos géographes sont fort empêchés de déterminer le point juste qu'elle occupait en Tartarie. On croit seulement savoir qu'elle était bâtie au pied des derniers versants méridionaux des monts Altaï, qui séparent la Chine de la Sibérie, par 102° ou 103° de longitude et 46° ou 48° de latitude, ce qui la placerait à environ trois cent cinquante lieues plus à l'ouest et deux cents lieues plus au nord que Cambalu (Pékin), où Koubilaï-Khan tenait sa cour. C'est près de Caracorum que Mangu-Khan, prédécesseur de Koubilaï, reçut l'envoyé de saint Louis Rubruquis, qui a longuement décrit cette cité royale. — Voy. Rubruquis, chap. XXVIII et suivants.

2. Prêtre-Jean, personnage sur le compte duquel au moyen âge fu-

croissant de jour en jour et devenant plus forts, le roi Uncham commença à appréhender qu'ils ne se révoltassent contre lui. Pour empêcher leur trop grande puissance, il résolut de les séparer et de leur assigner différents pays pour se retirer. Mais les Tartares, ne voulant point se séparer, se retirèrent tous dans un désert du côté du septentrion, occupant un grand pays, dans lequel ils crurent qu'ils seraient en sûreté et ne craindraient plus leur roi, auquel ils refusèrent dès lors de payer tribut.

LII

Les Tartares élisent un roi d'entre eux, lequel fait la guerre au roi Uncham.

Quelques années après, les Tartares élurent un roi d'un consentement unanime : c'était un homme sage et prudent nommé Chinchis[1], et lui mirent la couronne sur la tête, l'an de Notre-Seigneur 1187. Alors tous ceux de la nation accoururent de toute part, et promirent volontairement de lui rendre obéissance et soumission. Ce roi, qui, comme j'ai dit, était prudent, gouvernait sagement ses sujets, et en peu de temps soumit à son empire huit provinces. Et quand il prenait quelque ville ou quelque château, il défendait de tuer personne, ni de lui ôter son bien, lorsqu'on se soumettait de bon gré à sa domination ; ensuite il s'en servait pour soumettre d'autres villes. Cette humanité le fit aimer extrêmement de tout le monde, de sorte

---

rent débitées en Occident toutes sortes de fables, et qui fut en réalité un chef de la tribu des Kéraïtes, de race mongole. — Voy. le récit de Rubruquis, chap. xix.

1. C'est le fameux conquérant Dchinghis-Khan (le Gengis-Khan de nos histoires), chef de la dynastie mongole qui régnait sur la Chine lors du voyage de Marco Polo. D'abord simple chef d'une bande de Mongols tributaire des Tartares, il se signala dès l'âge de quinze ans par un esprit aussi sagace qu'aventureux. Quand il mourut, en 1227, ses armes l'avaient rendu maître absolu de tout le territoire compris entre Pékin et la mer Caspienne.

que, voyant sa gloire suffisamment bien établie, il envoya des députés au roi Uncham, auquel il payait autrefois tribut, pour le prier de lui donner sa fille en mariage. Mais Uncham, fort indigné du message, lui fit réponse avec beaucoup d'aigreur qu'il aimerait mieux faire brûler sa fille que de la donner en mariage à un de ses esclaves; et ayant chassé les députés il leur dit : « Allez, dites à votre maître, puisqu'il est assez insolent pour demander la fille de son maître en mariage, qu'il n'espère pas cela, car je la ferais plutôt mourir que de la lui donner. »

LIII

Le roi Uncham est vaincu par les Tartares.

Le roi Chinchis, ayant entendu cette réponse, assembla une grande armée et se disposa à la guerre contre le roi Uncham, dans le dessein de tirer raison de cet affront, et alla se camper dans une plaine nommée Tanduc, et lui envoya déclarer qu'il eût à se défendre. Lequel vint aussitôt à la tête d'une très grande armée, et s'alla camper tout près des Tartares. Alors Chinchis, roi des Tartares, ordonna aux enchanteurs et aux astrologues de lui dire quel événement le combat devait avoir; alors les astrologues rompant un roseau en deux morceaux les posèrent à terre, donnant le nom d'Uncham à l'un de ces morceaux et à l'autre celui de Chinchis, et puis ils dirent au roi : « Sire, pendant que nous ferons les invocations des dieux, il arrivera par leur puissance que ces deux morceaux de roseaux se choqueront l'un l'autre, et celui qui montera sur l'autre marquera quel roi sera victorieux dans ce combat. » Une grande multitude de monde étant accourue à ce spectacle, les astrologues commencèrent leurs prières et leurs enchantements, et aussitôt les morceaux du roseau commencèrent aussi à se mouvoir et à se combattre l'un contre l'autre, jusqu'à ce que celui qui avait le nom de Chinchis prit le dessus sur celui qui avait été nommé Uncham : ce que les

Tartares ayant vu, ils furent par là comme assurés de la victoire. Le combat se donna donc le troisième jour, et après un grand carnage de part et d'autre la victoire demeura à la fin au roi Chinchis, d'où il arriva que les Tartares subjuguèrent le royaume d'Uncham. Chinchis régna encore six ans après la mort d'Uncham, pendant lesquelles il conquit plusieurs provinces; mais à la fin, en assiégeant un certain château et s'étant approché de trop près, il fut atteint d'une flèche au genou, dont il mourut. Il fut enterré sur une montagne nommée Altaï [1], où tous ceux de sa race et tous ses successeurs ont depuis choisi leur sépulture, et on y transporte leurs corps, quand ils seraient à cent journées de là.

LIV

Suite des rois tartares et de leur sépulture sur la montagne d'Altaï.

Le premier roi des Tartares fut appelé Chinchis, le second Gui, le troisième Barchim, le quatrième Allau, le cinquième Mangu [2], le sixième Koubilaï, qui règne présentement, et dont la puissance est plus grande que celle de tous ses prédécesseurs. Car si tous les royaumes des chrétiens et des Turcs étaient joints ensemble, à peine égaleraient-ils l'empire des Tartares, ce que l'on verra plus clairement en son lieu, lorsque je ferai la description de sa puissance et de son domaine. Or quand on transporte le corps du Grand Khan pour l'enterrer sur la montagne d'Altaï, ceux qui accompagnent le convoi tuent tous ceux qu'ils rencontrent sur le chemin, leur disant : « Allez servir notre seigneur et maître en l'autre monde. » Car ils sont telle-

---

1. L'Altaï ou monts d'Or, chaîne de montagnes bornant au nord l'ancienne Mongolie.
2. Mangou-Khan, petit-fils de Gengis-Khan, est le roi à la cour duquel alla Rubruquis. Il mourut en 1259.

ment possédés du démon qu'ils croient que ces gens ainsi tués vont servir le roi défunt en l'autre vie; mais leur rage ne s'étend pas seulement sur les hommes, mais aussi sur les chevaux, qu'ils égorgent quand ils se trouvent sur leur passage, croyant qu'ils doivent aussi servir au roi mort. Quand le corps du grand khan Mangu, prédécesseur de celui-ci, fut mené sur la montagne d'Altaï pour y être inhumé, les soldats qui le conduisaient ont rapporté avoir tué de cette manière environ vingt mille hommes.

LV

Des mœurs et coutumes les plus générales des Tartares.

C'est une chose permise et honnête parmi eux d'avoir autant de femmes qu'on en peut nourrir et de prendre pour femmes leurs plus proches parentes, excepté les sœurs, jusqu'à la belle-mère, si le père est mort. La première des femmes est la plus honorée. Il est permis d'épouser la veuve de son frère. Les hommes ne reçoivent point de dot de leurs femmes, mais en donnent aux femmes et à leurs mères. Les Tartares ont beaucoup d'enfants à cause de cette pluralité de femmes, et le grand nombre de ces femmes n'est pas à charge au pays, parce qu'elles sont fort laborieuses. Elles sont premièrement fort soigneuses du ménage et de préparer le boire et le manger. Les hommes vont à la chasse et ne s'attachent qu'au dehors et à l'exercice des armes. Les Tartares nourrissent de grands troupeaux de bœufs, de moutons et d'autres bestiaux, et les conduisent dans les lieux où il y a des pâturages; en été ils vont sur les montagnes, pour y chercher la fraîcheur des bois et des pâturages, et en hiver ils se retirent dans les vallées, où ils trouvent de la nourriture pour leurs bêtes. Ils ont des cabanes faites comme des tentes et couvertes de feutre[1], qu'ils

---

[1]. Marco Polo confirme ici tout ce qu'a dit Rubruquis des mœurs pastorales des Tartares.

portent partout avec eux, car ils peuvent les plier, les tendre, les dresser et les détendre à leur fantaisie; ils les dressent de manière que la porte regarde toujours le midi. Ils ont aussi des espèces de chariots couverts de feutre, dans lesquels ils mettent leurs femmes, leurs enfants et tous leurs ustensiles, où ils sont à couvert de la pluie, et qui sont traînés par des chameaux.

LVI

Des armes et des vêtements des Tartares.

Les armes dont les Tartares se servent au combat ne sont point de fer, mais faites de cuir fort et dur, tel que le cuir des buffles et des autres animaux qui ont le dos le plus dur. Ils sont fort adroits à tirer de l'arc, y étant exercés dès leur jeunesse. Ils se servent aussi de clous et d'épées, mais cela est rare. Ceux qui sont riches sont habillés de vêtements de soie et d'or, qui ont des doublures de fines peaux de renards ou d'armelines, ou d'autres animaux appelés vulgairement zibelines, qui sont les plus précieuses de toutes.

LVII

Du manger des Tartares.

Les Tartares se nourrissent de viandes fort grossières ; leurs mets plus ordinaires sont la viande, le lait et le fromage. Ils aiment fort la venaison des animaux purs ou immondes, car ils mangent la chair des chevaux et de certains reptiles qui sont chez eux en abondance. Ils boivent le lait des cavales, qu'ils préparent de telle manière qu'on le prendrait pour du vin blanc, et qui n'est pas une boisson trop mauvaise ; ils l'appellent chuinis[1].

---

[1]. Le khoumis, dont l'usage est encore général parmi toutes les peuplades tartares. — Voy. Rubruquis, chap. VI.

LVIII

De l'idolâtrie et des erreurs des Tartares.

Les Tartares adorent pour Dieu une certaine divinité qu'ils se sont forgée eux-mêmes, qu'ils appellent Natagai. Ils croient qu'il est le Dieu de la terre et qu'il prend soin d'eux, de leurs enfants, de leurs troupeaux et des fruits de la terre. Ils ont ce Dieu en grande vénération, et il n'y en a point qui n'ait dans sa maison son image. Et parce qu'ils croient que Natagai a une femme et des enfants, ils mettent auprès de son image de petites représentations de femmes et d'enfants, à savoir l'image d'une femme à sa gauche, et des images d'enfants devant la face de l'idole. Ils portent beaucoup de respect à ces idoles, surtout avant le dîner et avant le souper, car alors avant de manger ils oignent la bouche de leurs images de la graisse des viandes qui sont sur la table et en mettent une partie en dehors de la maison à leur honneur, croyant que leurs dieux vont manger leur offrande. Après quoi ils mangent le surplus. Si un Tartare perd un fils qui n'ait jamais été marié et qu'il meure en même temps une fille à un autre, les parents de l'un et de l'autre s'assemblent et font le mariage des deux morts; après avoir dressé le contrat, ils peignent le garçon et la fille sur un papier, et, après avoir réuni quelque argent et quelques ustensiles et meubles, ils font brûler le tout, croyant fermement que les morts sont mariés ensemble en l'autre monde. Ils font aussi en cette occasion de grands festins, dont ils répandent une partie du manger par terre çà et là, croyant que les mariés y participent et mangent ce qui a été répandu. C'est pourquoi les parents sont aussi persuadés de la réalité de ce mariage que s'il avait été fait pendant la vie de l'un et de l'autre.

LIX

De la valeur et de l'industrie des Tartares.

Les Tartares sont belliqueux et courageux dans les armes et infatigables dans le travail. Ils ne sont ni mous ni efféminés, n'étant point accoutumés aux délices; mais ils sont endurcis à la fatigue et supportent facilement la faim. Il arrive souvent qu'ils seront un mois sans manger autre chose que du lait des juments et la chair des bêtes qu'ils prennent à la chasse. Leurs chevaux mêmes, quand ils vont à la guerre, n'ont point d'autre nourriture que l'herbe des champs, en sorte que cette nation est fort laborieuse et se contente de peu. Lorsqu'ils vont faire quelque expédition dans quelque pays éloigné, ils ne portent point d'autres équipages que leurs armes et de petites tentes pour se mettre à l'abri lorsqu'il pleut. Chacun porte aussi deux petits vases; dans l'un ils mettent leur lait, l'autre est pour cuire leurs viandes. Mais lorsqu'ils veulent faire une prompte marche, ils prennent leur lait, dont ils font une espèce de pâte, quand il est coagulé, et qui leur sert de boire et de manger [1].

LX

De la justice et des jugements des Tartares.

Voici comment ils punissent les criminels: si quelqu'un a volé une chose de peu de valeur et ne mérite pas la mort, il est fouetté de sept coups de verges; ou de dix-sept, de vingt-sept, et quelquefois de quarante-sept, proportionnant le nombre des coups à la

---

1. Faut-il voir ici, comme le suppose le savant commentateur qui nous sert de guide habituel, un procédé de condensation du lait analogue à celui qui est en usage aujourd'hui et qu'on croirait, à tort par conséquent, d'invention nouvelle? Ou bien s'agit-il tout bonnement du lait transformé en fromage? Nous ne trancherons pas la question.

grandeur du crime, ce qui va quelquefois jusqu'à cent, ajoutant toujours dix; en sorte que parfois la mort s'ensuit. Mais si quelqu'un a volé un cheval ou autre chose qui mérite la mort, on lui ouvre le ventre; si toutefois il a de quoi racheter sa vie, il doit réparer le vol en en payant neuf fois la valeur. C'est pourquoi ceux qui ont des chevaux, des bœufs, des chameaux, se contentent de les marquer au poil avec un fer chaud, et les envoient sans aucune garde à la pâture; ils font seulement garder les petits animaux par des pasteurs. Ce furent là les premières coutumes des Tartares; mais comme ils ont été depuis mêlés à différentes nations, ils ont beaucoup dégénéré de leurs premières lois, et se sont assujettis à celles des peuples avec lesquels ils se sont trouvés.

LXI

Des campagnes de Bargu et des îles qui sont à l'extrémité du septentrion.

Nous nous sommes un peu arrêtés aux coutumes et mœurs des Tartares; maintenant nous continuerons à faire la description des autres provinces de l'Orient, en suivant le même ordre que nous avons tenu ci-devant. Ayant laissé la ville de Caracorum et la montagne d'Altaï du côté du septentrion, on vient aux campagnes de Bargu[1], qui ont quarante journées de long. Les habitants de ces cantons s'appellent Nerkistes, et obéissent au Grand Khan, observant les coutumes des Tartares. Ce sont des hommes sauvages et qui ne vivent que de leur chasse; ils prennent particulièrement des cerfs, qui sont en abondance et qu'ils savent si bien apprivoiser qu'ils s'en servent comme des chevaux et des ânes; ils n'ont ni blé ni vin. En été ils s'exercent beaucoup à la chasse des oiseaux et des animaux sauvages, dont ils mangent la chair pendant l'hiver,

1. Dans les environs du lac Baïkal. (P.)

car pendant cette saison ils sortent du pays à cause de la rigueur du froid. Après avoir quitté ces campagnes et cheminé pendant quarante journées sur l'orient et un peu au septentrion, on trouve l'Océan, sur les montagnes duquel les faucons ont coutume de faire leurs nids quand ils doivent passer la mer. On prend là ces faucons et on les porte à la cour du Grand Khan. Il y a dans ces parties septentrionales quelques îles qui avancent si près du septentrion, que l'étoile de tramontane (la polaire) y demeure quelque peu visible à midi.

LXII

Du pays d'Erigimul et de la ville de Singui.

Il nous faut retourner ici à la ville de Campition dont nous avons parlé un peu plus haut, afin de prendre de là notre route, pour parcourir les autres provinces qui nous restent à décrire. En partant donc de Campition et marchant du côté de l'orient par l'espace de cinq journées de chemin, on entend dans les lieux à moitié chemin des voix horribles de démons, pendant la nuit, jusqu'à ce qu'on ait atteint le royaume d'Erigimul, qui est un grand royaume sujet du Grand Khan. On trouve là des chrétiens nestoriens, des mahométans et des idolâtres. Il y a beaucoup de villes et de châteaux. De là, si l'on avance entre l'orient et le midi, on vient à la province de Cathay [1]. Il y a cependant entre le royaume de Cathay et celui de Cerguth une ville nommée Singui (Si-ning-fou), qui est tributaire du Grand Khan, dont les habitants professent aussi les trois susdites sectes. On trouve là des bœufs sauvages très beaux et grands comme des éléphants [2], ayant le poil noir et blanc de la longueur de trois paumes: Il y a de ces bœufs que l'on apprivoise et dont l'on se sert comme d'autres

---

1. La Chine proprement dite.
2. Le yack (*Bos grunniens*).

bêtes de charge; d'autres, étant mis à la charrue, font en peu de temps beaucoup de travail. On recueille en cette province le plus excellent musc qui soit en tout le monde, car il y a en ce pays-là un certain bel animal de la grandeur d'une gazelle, ayant le poil épais comme le cerf et les pieds de même; il n'a que quatre dents, deux en haut et deux en bas, qui sont longues de trois travers de doigt en dessous de ses lèvres [1]. Or il a près du nombril, entre cuir et chair, une vessie pleine de sang, lequel sang est ce musc agréable et précieux. Les habitants sont idolâtres, adonnés à leurs sens, gras de corps et ayant un fort petit nez, et se laissant croître le poil sur les lèvres. Les femmes sont blanches et belles. Quand les hommes veulent se marier, ils cherchent plutôt la beauté que la noblesse ou la richesse; d'où il arrive souvent qu'un grand seigneur épousera une pauvre fille, mais qui sera belle, et assignera de quoi vivre à sa mère. On trouve là beaucoup de négociants et d'artisans. Cette province peut avoir vingt-cinq journées de long et est fort fertile; il y a une grande quantité de faisans, qui ont la queue de huit ou dix paumes de long. On y trouve aussi plusieurs autres sortes d'oiseaux d'un très beau plumage, mêlés de diverses belles couleurs.

LXIII

De la province d'Égrigaia.

En allant plus avant vers l'orient et après avoir fait sept journées, on rencontre la province d'Égrigaia (?) où il y a beaucoup de villes et de châteaux. Elle dépend de la grande province de Tanguth, dont la ville capitale s'appelle Calacia (?). Les habitants sont idolâtres, excepté quelques chrétiens nestoriens, qui y ont trois églises. Ils sont tous sujets du Grand Khan. On trouve dans la ville de Calacia des draps qu'on appelle ca-

---

1. Le chevrotain à musc (*Moschus moschiferus*).

melots, qui sont faits de laine blanche et de poils de chameau[1] et qui sont aussi beaux qu'on en puisse trouver dans tout le monde. Ce qui fait que les négociants les transportent en divers pays.

LXIV

De la province de Teuduch, de Gog et Magog, et de la ville des Cianiganiens.

En sortant de la province d'Égrigaia et allant vers l'orient, le chemin conduit à la province de Teuduch[2], qui contient beaucoup de villes et de châteaux, et où ce grand roi, renommé par toute la terre sous le nom vulgaire de Prêtre-Jean, faisait autrefois sa résidence ; mais à présent cette province paye tribut au Grand Khan ; elle a un roi qui est de la race du grand Prêtre-Jean. Au reste, tous les Grands Khans, depuis la mort de celui qui fut tué dans le combat qu'il donna contre Cinchis, ont toujours donné leurs filles en mariage à ces rois-là. Et quoiqu'il y ait dans le pays quelques idolâtres et quelques mahométans, cependant la plus grande partie des habitants de la province sont chrétiens, et les chrétiens tiennent le premier rang dans la province, surtout parmi une certaine nation nommée Argon, qui surpasse les autres peuples en capacité et en excellence. Il y a aussi deux cantons nommés Gog et Magog. On trouve dans ces pays la pierre nommée lazuli, dont on fait d'excellent azur. On y fait aussi des étoffes de poil de chameau, qui sont très bonnes, de même que des étoffes de soie et d'or de plusieurs façons. Il y a là une ville nommée Sindacui, où l'on fait de très belles et bonnes armes de diverses sortes, pour l'usage des gens de guerre. Il y a dans les montagnes de cette province de grandes mines d'argent et

---

1. D'où le nom qu'on donne à ces tissus.
2. Les commentateurs s'accordent assez peu sur la situation réelle de ces dernières provinces et des villes dont il va être question.

grande quantité de bêtes sauvages pour la chasse; le pays de montagnes est appelé Ydisa. A trois journées de la susdite ville on en trouve une autre, nommée Cianiganiorum, où il y a un magnifique palais appartenant au Grand Khan et où il fait sa demeure quand il vient dans la ville. Il y vient souvent, parce qu'il y a près de cette ville des marais où il y a de toutes sortes d'oiseaux, surtout des grues, des faisans, des perdrix et d'autres sortes. On prend ces oiseaux avec des griffalques (gerfauts) ou faucons; le roi y goûte un singulier plaisir. On y trouve de cinq sortes de grues: quelques-unes ont les ailes noires comme les corbeaux; d'autres sont blanches ayant les plumes semées d'yeux de couleur d'or, comme nos paons; on en voit aussi comme chez nous; il y en a d'autres plus petites, mais qui ont de longues plumes très belles de couleur mêlée de rouge et de noir; la cinquième espèce est de couleur grise, ayant les yeux rouges et noirs, et celles-là sont fort grandes. Il y a près de cette ville une vallée où se voient quantité de cabanes dans lesquelles on nourrit un grand nombre de perdrix, que l'on garde pour le roi lorsqu'il vient en cette ville.

LXV

De la ville de Ciandu et de son bois, et de quelques fêtes des Tartares.

Il y a trois journées en avançant vers le septentrion de la ville de Cianiganiorum jusqu'à celle de Ciandu, qui fut bâtie par le grand khan Koubilaï, lequel y fit construire un superbe palais de marbre enrichi d'or [1]. Près de ce palais il y a un parc royal fermé de murailles de toute part, et qui a quinze milles de tour. Dans ce parc il y a des fontaines et des rivières, des prairies et diverses sortes de bêtes, comme cerfs,

---

1. Cette résidence d'été était située dans la Mongolie, au nord de la province de Pé-tchi-li et de la Grande Muraille. (P.)

daims, chevreaux, et des faucons, que l'on entretient pour le plaisir et pour la table du roi, lorsqu'il vient dans la ville. Car il y vient souvent pour prendre le divertissement de la chasse; il monte à cheval et mène avec lui un léopard apprivoisé, qu'il lance sur les daims, et qui, après avoir pris la bête, la porte aux gerfauts, à quoi le roi trouve un fort grand plaisir. Au milieu de ce parc il y a une maison bâtie avec des roseaux très magnifiques, étant dorée dehors et dedans et remplie de belles peintures; elle est bâtie avec tant d'industrie que la pluie n'y peut faire aucun dommage. Cette maison se peut porter partout comme une tente, car l'on soutient qu'elle est attachée avec deux cents cordes de soie; les roseaux dont elle est construite ont quinze pas de longueur et trois paumes d'épaisseur; tout en est fait : les colonnes, les tables, les assemblages et les couvertures. Ces roseaux sont rompus à l'endroit des nœuds, et chaque partie fendue donne comme deux petites gouttières, par lesquelles la pluie s'écoule, ne causant aucun dommage. Le Grand Khan demeure là ordinairement pendant trois mois de l'année, à savoir juin, juillet et août; car cet endroit a un air fort sain, n'étant point exposé aux ardeurs du soleil. Pendant ces trois mois la maison demeure sur pied, et le reste du temps elle est pliée et serrée. Le roi part de la ville de Ciandu le 28 d'août, et va à un autre endroit pour faire un sacrifice solennel à ses dieux, et leur demander la continuation de la vie et de la santé, pour lui, pour ses femmes, ses enfants et ses bestiaux. Car il a une grande quantité de chevaux blancs et de cavales blanches. On en fait monter le nombre jusqu'à dix mille et plus. Or pendant cette fête on prépare du lait de cavale, dans de beaux vases; et le roi, de ses propres mains, le verse par terre çà et là, s'imaginant, instruit à cela par ses magiciens, que les dieux boivent ce lait répandu, et que cela les engage à prendre soin de tous ses biens. Après ce sacrifice le roi boit lui-même de ce lait de cavales blanches, et il n'est permis à personne d'en boire ce jour-là, à moins qu'il ne soit de la maison royale, excepté un certain peuple de ces cantons-là, nommé Horiach, qui a aussi ce privilège, à cause d'une grande victoire qu'il remporta pour le service du grand khan Chinchis. Cette coutume est observée des Tartares depuis un temps immémorial, le 28e jour d'août; et de là vient aussi que les chevaux blancs et les cavales blanches sont en grande vénération parmi le peuple. On mange aussi dans cette province de la chair humaine, prise sur ceux qui ont été exécutés à mort pour leurs crimes : car pour ceux qui meurent de maladie on ne les mange point. Le Grand Khan a des magiciens, qui, par leur art diabolique, obscurcissent l'air et y excitent des tempêtes, ne laissant la clarté de la lumière que sur le palais royal. Ces magiciens par le même art font, lorsque le roi est à table, que les vases d'or où il boit se transportent d'eux-mêmes sur la table où il est, d'une autre table qui est au milieu d'une cour et qui sert de buffet ; et ils disent qu'ils font tout cela par une vertu secrète. Et cela peut être vu des milliers de personnes présentes. N'y a-t-il pas d'ailleurs en nos pays de savants nécromanciens qui vous diront que ces choses sont très faisables[1] ? Quand ils célèbrent les fêtes de leurs idoles, le roi leur donne des béliers, qu'ils offrent à leurs dieux, brûlant plusieurs bois d'aloès et d'encens en sacrifice de bonne odeur. Après quoi ils font cuire la chair du bélier, et la présentent à manger à leurs idoles avec des cris de réjouissance ; et en répandent le jus par terre de-

---

1. M. Pauthier, s'appuyant sur cette dernière phrase, d'ailleurs caractéristique, se livre à de longues considérations sur les singulières assertions du voyageur. « Nous rions, dit-il, de ces peuples qui s'en laissent imposer par de prétendus magiciens, comme si chez nous, alors que nous nous croyons doués d'une grande sagesse philosophique, l'on ne croyait pas à l'action occulte des esprits frappeurs, aux tables tournantes et autres effets merveilleux. Cela est soutenu dans des salons du grand monde, où l'on fait se produire toutes sortes de phénomènes surnaturels, par une *vertu secrète* aussi, du moins en apparence, et des *milliers de personnes* qui en ont été témoins attestent aussi des faits lesquels ne sont pas pour cela plus réels. »

vant eux, assurant que par là ils obtiennent de la clémence de leurs dieux la fertilité de la terre.

LXVI

De quelques moines idolâtres.

On trouve en ce pays-là plusieurs moines dévoués au service des idoles; ils ont un grand monastère de la grandeur à peu près d'un village, contenant environ deux mille moines, qui vivent au service des idoles, étant habillés et rasés d'une manière différente des autres. Car ils se rasent la tête et la barbe et portent un habit religieux; leur occupation est de chanter, ou plutôt de beugler, aux fêtes des idoles; ils allument plusieurs cierges dans le temple et font plusieurs autres cérémonies ridicules et extravagantes. Il y a en d'autres endroits d'autres moines idolâtres, dont quelques-uns ont plusieurs femmes; d'autres gardent le célibat à l'honneur de leurs dieux et mènent une vie austère, car ils ne mangent rien que du son bouilli dans l'eau. Ils sont aussi vêtus de bure de couleur obscure; ils couchent sur des planchers fort froids. Cependant les autres moines, qui mènent une vie plus relâchée, regardent comme hérétiques ceux qui mènent une vie si austère, disant qu'ils n'honorent point Dieu comme il faut [1].

[1]. Il s'agit ici des bonzeries de toute espèce qui pullulèrent toujours dans le vaste empire asiatique, dont elles sont des plaies en quelque sorte normales : car l'innombrable population qu'elles contiennent non seulement est improductive, mais vit des superstitions qu'elle entretient dans le peuple et attire à elle des richesses considérables. A plusieurs reprises les empereurs ont essayé de détruire les bonzeries, mais sans jamais y réussir.

LIVRE II

I

De la puissance et de la magnificence de Koubilaï, très grand roi des Tartares.

J'ai résolu de faire dans ce second livre la description de la pompe, de la magnificence, de la somptuosité, de la puissance, des richesses et du gouvernement de l'empire de Koubilaï, empereur des Tartares, qui tient présentement le sceptre. Car il surpasse de beaucoup tous ses prédécesseurs en magnificence, et, dans l'étendue de son domaine, il a tellement reculé les limites de son empire qu'il tient presque tout l'Orient sous sa domination. Il est de la race de Chinchis, premier prince des Tartares; il est le sixième empereur de cette monarchie, ayant commencé à régner l'an de Notre-Seigneur 1256, et gouvernant ses peuples avec beaucoup de sagesse et de majesté. C'est un homme vaillant et exercé aux armes, vigoureux de corps et d'esprit et prompt à l'exécution; homme de conseil, avisé et circonspect dans le gouvernement de ses peuples. Car avant de monter sur le trône il a souvent fait le devoir de bon soldat, en différentes occasions, et donné des marques de sa prudence; mais depuis qu'il est devenu empereur il ne s'est trouvé qu'à une bataille, et il donne le commandement de ses armées à ses fils ou à quelqu'un de ses courtisans.

II

De quelle manière le roi Koubilaï a souffert la rébellion de son oncle Naiam.

Nous avons dit que le roi Koubilaï ne s'est trouvé qu'une fois à la tête de son armée ; maintenant il faut dire à quelle occasion. L'an de Notre-Seigneur 1286, son oncle du côté paternel, nommé Naiam, étant âgé de trente ans et se voyant maître d'un grand peuple et de plusieurs pays, se trouva tellement enflé de vanité qu'il résolut de se révolter contre son seigneur Koubilaï, et mena contre lui une grande armée ; et pour mieux réussir dans son entreprise, il s'allia avec un roi nommé Caydu, qui était neveu de l'empereur Koubilaï, et qui le haïssait ; de sorte que, pour appuyer sa rébellion, il lui promit de venir le joindre en personne à la tête de cent mille hommes. Or ils avaient résolu de s'assembler dans une certaine plaine avec leurs troupes, pour faire une irruption sur les terres de l'empereur. Naiam avait environ quarante mille hommes de troupes.

III

De quelle manière Koubilaï se précautionna contre ses ennemis.

L'empereur, n'ignorant pas ce que ses parents machinaient contre lui, et avec quelle animosité ils étaient portés à conspirer contre sa personne et son État, jura par sa tête et par sa couronne impériale qu'il vengerait une si grande insolence et qu'il punirait une si noire perfidie. Après quoi il assembla en trois semaines une nombreuse armée composée de trois cent soixante mille cavaliers et de cent mille hommes de pied, qu'il tira seulement du voisinage de la ville de Cambalu. Et, quoiqu'il eût pu lever une plus grande armée, il ne voulut pas le faire, pour être plus tôt en état de surprendre ses ennemis, qui ne s'attendaient pas à une si prompte marche, et de peur que sa résolution ne vînt à être connue de Naiam, son ennemi, et qu'il ne se retranchât dans quelque lieu avantageux. L'empereur avait alors d'autres armées sur pied, qu'il avait envoyées pour subjuguer différentes provinces, et qu'il ne voulut point rappeler, pour que son dessein ne fût découvert à l'ennemi. C'est pourquoi il envoya partout garder les chemins fort exactement, afin que ses ennemis n'eussent pas le moindre vent de son arrivée. Car tous les passants étaient arrêtés par les gardes du roi, afin que personne ne pût informer Naiam des desseins de l'empereur. Les choses étant ainsi ordonnées, le roi consulta les astrologues, pour savoir à quel jour et à quelle heure il devait partir afin d'avoir un heureux succès dans son entreprise. Les astrologues l'assurèrent tous, d'une voix unanime, que son voyage serait heureux et que le temps lui était alors favorable pour triompher de ses ennemis.

IV

De quelle manière Koubilaï vainquit Naiam.

L'empereur partit donc sur cette assurance et se rendit dans la susdite plaine, où Naiam attendait encore l'arrivée du roi Caydu, qui devait lui amener du secours. Ayant fait camper son armée sur une colline, il y passa la nuit avec tous ses gens. Pendant ce temps-là les soldats de Naiam, qui ne se défiaient de rien et qui ne croyaient pas qu'il y eût rien à craindre, battaient la campagne, les uns avec leurs armes, les autres sans armes; mais la nuit étant passée et le jour commençant à paraître, l'empereur monta sur le plus haut de la colline; il partagea son armée en douze bataillons de trois mille hommes chacun. Les bataillons furent ainsi ordonnés, à savoir, qu'en quelques bataillons les piétons couvriraient de leurs lances le front des combattants. Le roi était dans un château admirable bâti sur quatre éléphants, où était aussi l'étendard royal ; mais aussitôt que l'armée de Naiam eut aperçu les enseignes et les camps de Koubilaï, elle fut saisie d'un grand étonnement, car le secours qu'elle attendait du roi Caydu n'était pas encore arrivé. Saisis d'épouvante, ils coururent à la tente de Naiam, qui dormait, et le réveillèrent. Il se leva et mit le plus promptement qu'il put son armée en bataille. C'est une coutume générale parmi les Tartares de sonner de la trompette et de battre de toutes sortes d'instruments de guerre, en chantant à perte d'haleine, avant que le roi ait donné le signal d'attaquer l'ennemi ; de sorte qu'après cette cérémonie faite dans les deux armées, le roi ordonna de donner le signal aux trompettes et d'attaquer les troupes de Naiam. Tout aussitôt le combat fut très sanglant, car l'air fut obscurci d'une grêle de flèches et de traits, et, les machines à jeter des pierres ayant été laissées, les adversaires se tuaient à coups de lances et d'épées. Naiam était chrétien de nom, mais il ne suivait pas les maximes de la religion chrétienne ; cependant il avait fait peindre sur son principal étendard le signe de la croix et avait beaucoup de chrétiens avec lui. Le combat dura depuis le commencement du jour jusqu'à midi ; il périt beaucoup de gens dans les deux armées, mais à la fin Koubilaï fut vainqueur et mit l'ennemi en fuite. Dès que l'armée de Naiam commença à fuir, ce prince fut pris, et une grande multitude de fuyards fut mise à mort.

V

De quelle manière mourut Naiam.

Le roi Koubilaï, ayant son ennemi entre les mains, ordonna qu'on le tuât sur-le-champ, pour punir sa témérité d'avoir osé prendre les armes contre son souverain et fomenté une si noire rébellion ; mais parce qu'il était de son sang, il ne voulut pas que le sang royal fût répandu, ni que la terre en fût imbibée, ni que le ciel et l'air fussent témoins de la mort honteuse de quelqu'un de la race royale. Il ordonna donc qu'il fût mis dans un sac et qu'il y fût lié et secoué jusqu'à ce qu'il fût étouffé. Après qu'il fut mort, les principaux et tout le peuple rebelle qui avaient échappé du combat, parmi lesquels il y avait plusieurs chrétiens, se soumirent de leur bon gré à la domination et à l'obéissance de l'empereur Koubilaï. Et pour lors quatre provinces furent ajoutées à son empire[1].

VI

Koubilaï impose silence aux juifs et aux mahométans.

Or les juifs et les mahométans qui étaient dans l'armée de Koubilaï reprochaient aux chrétiens qui étaient venus avec Naiam, que Jésus-Christ, dont Naiam avait fait porter le signe sur son étendard, n'avait cependant pu les secourir; et ils réitéraient tous les jours ces reproches, pour couvrir de honte les chrétiens et tourner en mépris leur religion aussi bien que la puissance de Christ; or les chrétiens qui s'étaient soumis à l'obéissance du roi Koubilaï, ne pouvant plus supporter ces outrages, surtout parce qu'ils retournaient contre l'honneur de Jésus-Christ, en firent leurs plaintes à l'empereur. Sur quoi il fit assembler les juifs et les mahométans, et, s'étant retourné du côté des chrétiens, il leur tint ce discours en présence de tous : « Votre Dieu et sa croix n'a voulu donner aucun secours à Naiam; mais vous ne devez pas pour cela vous en chagriner ni avoir honte de votre religion, parce que Dieu, qui est bon, est juste aussi et ne peut par conséquent favoriser le crime et l'injustice. Naiam était traître à son roi, il avait excité une rébellion contre tout droit et justice; après cela il implo-

---

[1]. Les domaines de Naiam, successivement agrandis aux dépens des apanages d'autres princes mongols, formaient ce qu'on nomme aujourd'hui la grande Mandchourie, au nord-est de Pékin et à vingt journées de marche de cette capitale; (P.)

rait le secours de votre Dieu dans sa malice ; mais lui, comme un Dieu qui est bon et juste, n'a point voulu favoriser ses mauvais desseins. » Ensuite il ordonna aux juifs et aux mahométans et à tous les ennemis du nom chrétien de ne pas blasphémer davantage contre le Dieu des chrétiens ni contre sa croix ; et de cette manière il leur imposa silence. Koubilaï, ayant ainsi apaisé le tumulte, s'en retourna, rempli de gloire et de joie de sa victoire, à sa ville royale de Cambalu [1].

VII

De quelle manière le Grand Khan récompensa ses soldats.

Le roi Koubilaï, ayant été vainqueur, récompensa les généraux, les capitaines et les soldats de son armée en cette manière. Celui qui commandait avant cela à cent soldats fut élevé à un plus haut degré, le faisant chef de mille, et ainsi des autres chefs ; il leur fit aussi présent de vases d'or et d'argent, de tablettes royales, sur lesquelles étaient gravés des privilèges et des exemptions. D'un côté de ces tablettes était écrit : « Par la vertu toute-puissante du grand Dieu, et à cause de la grâce qu'il a accordée à l'empereur, le nom du Grand Khan soit béni ! » De l'autre côté était gravée la figure d'un lion, avec le soleil ou la lune, ou l'image d'un griffon ou de quelque autre animal. Or quiconque a une de ces tablettes avec le soleil ou la lune empreints dessus, lorsqu'il marche en public, on lui porte le pallium pour marque de sa grande autorité ; celui qui a la figure du griffon peut conduire et mener avec lui, d'un lieu à un autre, toute la milice de quelque prince que ce soit ; et de cette manière ces tablettes montrent le degré d'honneur et de dignité de ceux qui les possèdent, suivant les différentes choses qui y sont gravées, et qui sont significatives du pou-

---

1. *Khan-Balikh*, ou la ville du Khan, aujourd'hui Pékin. (P.)

voir qu'elles représentent. Et si quelqu'un refusait d'obéir à la vue de ces tablettes, suivant l'autorité qui y serait exprimée, il serait tué comme rebelle aux ordres de l'empereur.

VIII

Portrait du roi Koubilaï, de ses femmes et de ses fils.

Le roi Koubilaï est un fort bel homme, d'une médiocre taille, ni trop gras ni trop maigre, ayant le visage rouge et ouvert, de grands yeux, le nez bien fait, et tous les traits et les parties du corps fort bien proportionnées; il a quatre femmes qu'il regarde comme légitimes, et le fils aîné de la première est son successeur à la couronne. Chacune de ces quatre femmes tient sa cour particulière dans son palais, ayant environ trois cents filles pour la servir et beaucoup d'autres domestiques, chacune ayant bien dix mille personnes en sa cour. Le roi a, outre ces quatre femmes, plusieurs épouses non légitimes : car il y a parmi les Tartares une certaine nation, que l'on appelle Ungrac, qui produit de très belles femmes et bien élevées, dont il entretient dans son palais une centaine des plus accomplies. Au reste, le roi a de ses quatre femmes légitimes vingt-deux fils; l'aîné de la première s'appelait Chincis; il devait lui succéder à l'empire s'il n'était pas mort avant son père. Ce Chincis a laissé un fils, nommé Temur, qui est prudent et exercé aux armes et succédera à Koubilaï son grand-père à la place de son père. Au reste le roi Koubilaï a vingt-sept garçons de ses femmes non légitimes, qui sont tous de grands seigneurs à sa cour.

XI

De son palais dans la ville de Cambalu, et de sa belle situation.

L'empereur demeure dans la ville royale de Cambalu pendant trois mois de l'année, à savoir décembre, janvier et février. Son palais est d'un artifice admirable; il a quatre milles en tous sens, un mille de long et autant de large. Les murailles en sont élevées de dix pas et fort épaisses; elles sont blanchies et rougies en dehors. A chaque coin de ce carré il y a un magnifique palais, comme autant de forteresses; et au milieu de chaque mur de l'enceinte est un autre palais somptueux, en sorte qu'il y en a huit en tout. C'est dans ces palais que l'on garde les armes, les instruments de guerre, les canons et autres machines servant à la guerre, les arcs, les flèches, les carquois, les éperons, les brides, les lances, les massues, les cordes des arcs. Tout cela est serré, chaque espèce dans un palais particulier : de sorte que c'est proprement l'arsenal royal. La face du palais qui regarde le midi a cinq portes, dont celle du milieu est plus grande que les autres; on ne l'ouvre que pour le roi. Car il n'est permis qu'au roi d'entrer par cette porte ; mais ceux qui accompagnent le roi entrent par les quatre autres, qui sont aux côtés de celle-là. Chacune des trois autres faces n'a qu'une seule porte au milieu, par où il est permis à tout le monde de passer. Au reste, il y a une seconde muraille intérieure, outre celle dont nous avons parlé, qui a, comme la première, huit palais, tant aux angles qu'au milieu des côtés. Dans ces palais sont gardés les vases précieux et les bijoux du roi; or, au milieu de l'espace de carré intérieur est le palais où loge le roi. Ce palais n'est pas bien éclairé ; car son pavé est élevé de dix paumes en dehors, et le toit en est aussi fort haut et orné de belles peintures ; les murailles des cours et de l'enclos brillent d'or et d'argent; elles sont peintes de différentes manières; mais particulièrement on y voit plusieurs traits d'histoire des guerres, qui sont représentés avec de vives couleurs, et tout y est éclatant d'or. Dans la grande cour de ce palais il y a une table où six mille hommes peuvent manger ensemble. Entre les deux murailles qui entourent ce palais il y a plusieurs parcs, plusieurs prés, et de nombreux arbres fruitiers et autres. Ces parcs sont remplis de bêtes sauvages, à savoir des cerfs, des animaux qui portent le musc, des chevreaux, des daims et d'autres animaux de diverses espèces. Il y a du côté du septentrion des viviers où l'on nourrit le meilleur poisson du monde ; il entre dans ce lac une rivière qui en sort aussi, mais l'entrée et la sortie sont fermées par des grilles de fer, de peur que le poisson ne s'échappe. A une lieue hors du palais il y a une petite montagne assez élevée, qui peut avoir un mille de tour, et sur laquelle il y a en tout temps un plantage d'arbres toujours verts. Le roi a soin de faire conduire sur cette montagne les meilleurs arbres de toutes sortes d'endroits les plus éloignés, qui sont chargés sur des éléphants : car on les déracine et on les transplante sur cette montagne. Et parce que cette montagne est toujours verdoyante, on l'appelle la montagne Verte. Il y a sur la pointe un magnifique palais, où le Grand Khan se retire souvent pour vaquer à ses affaires. Ce palais est peint aussi de vert. Il y a aussi un autre grand palais ou château, près de celui du Grand Khan, dans lequel Temur, son petit-fils et son successeur, tient une cour royale et magnifique. Car il a une très grande autorité et a même le sceau impérial, quoiqu'il soit soumis au Grand Khan comme à son seigneur.

X

Description de la ville de Cambalu.

La ville de Cambalu est située sur le bord d'une rivière dans la province de Cathay ; elle est fort ancienne, et depuis longtemps le siège des rois ; le mot de Cambalu signifie « ville du Seigneur », en langue du pays. Le Grand Khan la changea de place et la transféra à un autre endroit de la rivière, ayant appris par les astrologues qu'elle devait être rebelle à l'empire [1]. La ville est faite en carré et peut avoir vingt-quatre milles de superficie, chaque côté ayant six milles de long. Ses murailles sont blanchies ; elles sont de vingt pas de haut, dix de large, elles sont bâties en talus. Chaque long côté de la muraille a trois portes principales, qui font douze en tout ; auprès de chaque porte il y a de magnifiques palais ; il y a aussi de beaux bâtiments aux angles des murs, qui servent à garder les armes de la ville ; il y a dans cette ville des rues et des places tirées au cordeau, en sorte que l'on peut voir d'une porte à l'autre tout le travers de la ville. Ces rues sont ornées de belles maisons de chaque côté ; au milieu de la ville il y a une maison où il y a une très grosse cloche, dont on donne le signal tous les soirs par trois coups, pour avertir que personne n'ait à sortir de sa maison jusqu'au lendemain, à moins que ce ne soit pour secourir les malades. Car ceux qui sont obligés par nécessité de sortir la nuit doivent porter de la lumière avec eux. Chaque porte de la ville est gardée par

---

1. *Cambalu,* dans la province du Cathay, ne serait autre, selon M. Pauthier, que Pékin, ancienne capitale effective de l'empire chinois. « Koubilaï, délaissant l'ancienne ville, dit-il, en fit édifier tout auprès une nouvelle, séparée de la première par une rivière qui est un affluent du Peï-ho. C'est dans cette nouvelle ville que se trouvent encore aujourd'hui les palais impériaux et les grands établissements publics, dont plusieurs datent de l'époque mongole. » — Toutefois certains commentateurs nouveaux émettent des doutes au sujet de cette assimilation.

mille soldats, non pas autant par crainte des ennemis que des voleurs et des brigands, car le roi prend beaucoup de soin à ce que cette maudite race soit exterminée.

XI

Des faubourgs et des marchands de la ville de Cambalu.

Hors de la ville de Cambalu il y a douze grands faubourgs, qui sont contigus aux douze portes, où l'on trouve beaucoup de marchands et où logent ordinairement les étrangers. Car à cause de la cour du roi et de l'affluence des marchandises qui se trouve dans ces faubourgs, on y voit tous les jours une grande quantité de peuple qui y vient négocier. Ces faubourgs ne sont pas comme ceux des autres villes, car ils égalent en bâtiments les plus beaux de la ville même, excepté le palais royal. On n'enterre aucun corps mort dans l'enceinte de la ville, mais seulement hors les faubourgs; les idolâtres brûlent leurs corps morts, mais les autres sectes les enterrent. Il est impossible de dire combien de sortes de marchandises et d'ouvrages on transporte dans cette ville; on dirait qu'il y en aurait assez pour en fournir tout l'univers. On y apporte des pierres précieuses, des perles, de la soie et diverses sortes de parfums des divers pays; car cette ville est comme le centre où viennent aboutir toutes les provinces voisines, et il ne passe pas un seul jour en toute l'année que les marchands étrangers n'apportent bien près de mille chariots chargés de soie, dont on fait des étoffes admirables dans cette ville.

XII

Le Grand Khan a une fort nombreuse garde.

Le Grand Khan a pour sa garde douze mille cavaliers que l'on appelle « quesite » ou les fidèles soldats du roi, qui gardent sa personne; cette troupe a quatre chefs, dont chacun commande trois mille hommes; leur office est, comme nous avons dit, de garder le roi jour et nuit; c'est pourqoi ils sont nourris à la cour. Voici l'ordre qu'ils tiennent à la garde : chaque commandant fait la garde avec ses trois mille hommes; après quoi il est relevé par un autre commandant avec aussi trois mille hommes, et ainsi alternativement pendant toute l'année. Ce n'est pas que l'empereur ait rien à craindre, mais il fait ainsi éclater davantage sa magnificence.

XIII

Du magnifique appareil de ses festins.

Voici de quelle manière on procède dans la pompe et la somptuosité des festins du roi. Lorsque, pour quelque fête ou pour quelque autre raison, le roi veut donner un festin, ce qui se fait ordinairement dans la grande cour de son palais, la table où il doit manger est portée à la partie septentrionale de la cour, et plus élevée que les autres tables. Quand le roi se met à table, il a le visage tourné du côté du midi, ayant à sa gauche la première reine, et à sa droite ses fils et ses neveux, et tous ceux qui sont de la maison royale. Leur table est cependant plus basse, en sorte que leurs têtes sont à hauteur des pieds du roi; les barons et courtisans et autres officiers de guerre sont encore dans un lieu plus bas, ayant chacun leurs femmes à leur gauche; chacun tient son rang, et les femmes suivent le rang de leurs maris. Car tous les nobles qui doivent dîner à la cour un jour de fête amènent leurs femmes avec eux; et l'empereur même, pendant qu'il est à table, passe en revue des yeux tous les conviés. Hors de cette cour royale, il y a d'autres cours à côté, dans lesquelles, un jour de solennité, il y a quelquefois jusqu'à quarante mille conviés; les uns sont des courtisans, d'autres viennent pour renouveler leur dépendance de l'empereur. Il y a grande quantité de farceurs et de baladins; c'est pourquoi au milieu de la cour royale on pose un vase d'or, d'où découle le vin ou quelque autre liqueur, comme d'une fontaine; et il y a quatre vaisseaux d'or placés çà et là pour recevoir cette douce liqueur, d'où on la puise ensuite pour en servir à tous ceux qui sont à table. Tous ceux qui sont traités dans cette cour boivent dans des vases d'or; on ne peut exprimer le grand appareil ni la quantité des vases d'or et d'ustensiles qui sont employés quand le Grand Khan donne une fête publique. Les princes qui servent le roi à table se couvrent la bouche d'une étoffe fort fine, de peur que leur souffle ou leur haleine ne donne sur le manger et le boire du roi. Et quand l'empereur lève la coupe pour boire, tous les joueurs d'instruments et de trompettes commencent à faire entendre une agréable musique, et tous les courtisans se mettent à genoux. Il n'est pas besoin que je fasse la description des mets de la table du roi, de leur délicatesse et de leur magnificence, ni avec combien de pompe et de splendeur ils sont servis. Le repas étant fini, les chanteurs et les joueurs d'instruments, les nécromanciens et les farceurs viennent faire leurs concerts et leurs grimaces devant la table du roi; ce qui contribue à le mettre de bonne humeur et à lui procurer une agréable digestion.

XIV

Comment on célèbre le jour de naissance du roi.

Les Tartares observent tous la coutume de célébrer avec beaucoup d'honneur le jour de la naissance de leur prince. Celui de la naissance de l'empereur Koubilaï est le 28 de septembre, et il célèbre ce jour avec plus de solennité qu'aucun de toute l'année, excepté les kalendes de février, qui est le commencement de l'année. Le roi, au jour de sa naissance, est revêtu d'un habit d'étoffe d'or très précieuse; tous les courtisans sont aussi habillés le plus magnifiquement qu'ils peuvent; le roi leur donne à chacun des manteaux d'or de grand prix, et des souliers faits de peau de chameau et cousus de fil d'argent, en sorte que chacun tâche de faire honneur au roi par sa magnificence, chacun des courtisans ayant l'air d'un roi. Cette pompe ne s'observe pas seulement pour le jour de la naissance du roi, mais dans toutes les fêtes que les Tartares célèbrent pendant l'année, et qui sont au nombre de treize, à toutes lesquelles le roi fait présent aux grands de sa cour d'habits précieux enrichis d'or, de perles et d'autres pierres précieuses, de même que des robes et des souliers, comme nous avons déjà dit. Et tous ces habits des courtisans sont de même couleur que celui du roi. C'est aussi une coutume parmi les Tartares que, le jour de la naissance du Grand Khan, les princes et les nobles de son empire envoient des présents à l'empereur; et ceux qui ont dessein d'obtenir de lui quelque faveur s'adressent à douze barons établis pour cela, dont la réponse est comme si l'empereur même avait répondu. Tous les peuples, de quelque secte qu'ils soient, chrétiens, juifs, mahométans, tartares et autres païens, sont obligés de prier leurs dieux pour la vie, la conservation et la prospérité du Grand Khan.

XV

Du premier jour de l'an, jour solennel parmi les Tartares.

Le premier jour de février est le commencement de l'année des Tartares. Ils le célèbrent avec beaucoup de solennité, en quelque endroit qu'ils soient; et tant hommes que femmes s'habillent ce jour-là de blanc, appelant cette fête à cause de cela la fête des blancs : car ils croient que l'habit blanc est d'un bon présage. C'est pourquoi ils s'habillent le premier jour de l'an de cette couleur, espérant que cela leur portera bonheur tout le reste de l'année; les gouverneurs des villes et les commandants des provinces, pour marque de leur soumission, envoient ce jour-là des présents à l'empereur : à savoir de l'or, de l'argent, des bijoux, des perles, des étoffes précieuses et des chevaux blancs; d'où il arrive quelquefois que le roi ce jour-là reçoit cent mille chevaux blancs; les Tartares se font aussi des présents les uns aux autres au commencement de l'année; et ils croient que cela est d'un bon présage pour eux pendant le reste de l'année. Enfin ce jour-là on mène à la cour tous les éléphants du roi, qui sont au nombre de cinq mille, couverts de tapis sur lesquels sont peintes les figures de divers animaux tant célestes que terrestres, et portant sur leur dos des coffres remplis de vases d'or et d'argent, qui servent à la célébration de cette fête magnifique des blancs. On amène aussi beaucoup de chameaux, couverts de très belles étoffes, et qui sont chargés de toutes les provisions nécessaires pour un si grand régal. Dès que le jour des blancs commence à paraître, tous les ducs, les barons, les officiers, les médecins, les astrologues, les commandants des provinces et des armées, et tous les officiers de l'empereur se rendent à la cour. Et comme cette place ne peut pas les contenir tous, à cause de la foule du peuple, ils se rendent dans les cours voisines. Chacun étant en ordre suivant sa dignité et le rang de sa charge, un de la troupe se lève au milieu de la multitude et crie à haute voix : « Inclinez-vous et adorez! » Cela étant dit, tout le monde se met promptement à genoux; et, mettant le front contre terre, ils font comme s'ils adoraient Dieu, ce qu'ils font par quatre fois. Cela étant achevé, chacun va à son rang à l'autel, qui est posé dans la cour sur une très belle table peinte en rouge, et sur laquelle est écrit le nom du Grand Khan, et ayant pris un fort bel encensoir, ils brûlent diverses sortes de parfums sur l'autel et sur la table à l'honneur du Grand Khan, et ensuite ils retournent à leur place. Cet encensement étant fini, chacun offre les présents dont nous avons parlé ci-dessus. Toutes les cérémonies étant achevées, on dresse les tables, et l'on sert un magnifique festin, où tout le monde se réjouit tant qu'il veut. Après le repas, les musiciens et les farceurs paraissent, qui achèvent de mettre les assistants en bonne humeur. Dans ces sortes de fêtes l'on amène au roi un lion apprivoisé, qui se couche à ses pieds, doux comme un petit chien qui reconnaît son maître.

XVI

Des bêtes sauvages que l'on envoie de tous côtés au Grand Khan.

Pendant les trois mois que nous avons dit que le Grand Khan demeure à Cambalu, à savoir décembre, janvier et février, tous les chasseurs que le roi a dans toutes les provinces du voisinage de Cathay s'occupent à la chasse et envoient aux commandants toutes les grandes bêtes qu'ils peuvent prendre, comme cerfs, ours, chevreaux, sangliers, daims et autres bêtes sauvages; et quand ces commandants sont éloignés de moins de trente journées de la cour de l'empereur, ils envoient ces bêtes par des chariots et des navires, après les avoir éventrées auparavant; mais s'ils sont éloignés de plus de trente journées, ils envoient seulement les peaux, dont on fait des couvertures d'armes.

XVII

De quelle manière le Grand Khan fait prendre les bêtes sauvages à l'aide des bêtes apprivoisées.

Le Grand Khan fait nourrir diverses bêtes, et, quand elles sont apprivoisées, il s'en sert à la chasse, et il prend un grand plaisir à voir battre une de ces bêtes apprivoisées contre une farouche. Il a surtout des léopards apprivoisés qui sont fort propres à la chasse et qui prennent beaucoup de bêtes. Il a des lynx qui ne sont pas moins adroits en cet exercice, et des lions très grands et très beaux; ils sont plus grands que ceux de Babylone et ils ont des poils de toute sorte de couleurs, blancs, noirs et rouges, et ils sont aussi dressés à la chasse : car les chasseurs s'en servent le plus souvent pour prendre des sangliers, des ours, des cerfs, des chevreaux, des ânes sauvages et des bœufs sauvages. On a coutume de mener deux lions sur une espèce de traîneau pendant qu'on va chasser, qui sont suivis chacun d'un petit chien. L'empereur a aussi plusieurs aigles apprivoisés, qui prennent les lièvres, les chevreaux, les daims et les renards. Il y en a parmi ces aigles de si audacieux qu'ils se jettent sur les loups avec impétuosité et les fatiguent tellement, que les hommes peuvent les prendre après cela sans peine et sans danger.

XVIII

De l'ordre observé quand le Grand Khan va à la chasse.

Le Grand Khan a deux barons qui sont comme ses grands veneurs ; chacun de ces barons a bien dix mille hommes sous lui, qui ont l'intendance de toutes les choses nécessaires à la chasse ; car ils nourrissent de grands chiens et les dressent. Et quand le Grand Khan veut prendre ce divertissement et faire une partie de chasse extraordinaire, les deux barons dont nous avons parlé mènent avec eux les vingt mille hommes qu'ils commandent et une grande troupe de chiens, qui sont ordinairement environ cinq mille, et vont se placer dans l'endroit où le roi veut chasser. Le roi se tient avec sa cour au milieu de la plaine, et les deux grands veneurs avec leurs gens se tiennent à droite et à gauche du roi ; la troupe de l'un de ces grands veneurs est habillée de rouge, et celle de l'autre l'est de bleu. Les hommes de chaque troupe se tiennent côte à côte sur une ligne, et ceux de l'autre sont de même vis-à-vis ; ils occupent un si grand terrain de cette manière qu'il faudrait bien employer un jour entier pour pouvoir aller des premiers jusqu'aux derniers. Ils ont leurs chiens avec eux, et après qu'ils sont rangés, comme nous avons dit, ils lâchent leurs chiens, lesquels, courant de cette manière par tant d'endroits, ne sauraient manquer de prendre un grand nombre de bêtes : car ce terrain est fort abondant en bêtes sauvages, et il est presque impossible qu'aucune puisse éviter les lacs ou les chiens.

XIX

De la chasse aux oiseaux par le Grand Khan.

Le mois de mars approchant, le Grand Khan quitte la ville de Cambalu et s'en va vers les campagnes, le long de l'Océan, menant avec lui un grand nombre de chasseurs aux oiseaux, environ mille, qui ont des faucons, des éperviers et plusieurs autres sortes d'oiseaux de rapine et propres à cette chasse : il y a bien au moins cinq cents de ces oiseaux. Or ces chasseurs se répandent dans les campagnes, et lâchent leurs faucons et leurs éperviers sur les oiseaux, qui sont là en abondance ; tous les oiseaux qui sont pris, ou du moins la plus grande partie, sont portés au roi. Le roi se tient dans une petite maison de bois portée par quatre éléphants et couverte de peaux de lion, et dorée en dedans. Le roi a pour lui tenir compagnie quelques-uns des principaux de sa cour et douze éperviers des meilleurs. Autour et à côté des éléphants qui portent le petit château royal il y a plusieurs nobles et officiers à cheval, qui, dès qu'ils aperçoivent quelques faisans, grues ou autres oiseaux en l'air, avertissent d'abord les chasseurs qui sont auprès du roi, et ceux-ci en avertissent l'empereur et découvrent la petite maison royale où il est, et lâchent les faucons et les éperviers ; de cette manière, le roi peut voir cette chasse sans bouger de sa place. Ces dix mille hommes, qui sont employés à cette chasse et qui sont répandus par la campagne deux à deux, prennent garde de quel côté les faucons et les éperviers prennent leur vol, et ils les secourent en cas de besoin.

Ces sortes de gens s'appellent en langue tartare « toscaor », qui veut dire gardes, et ils ont une certaine manière de rappeler les oiseaux quand ils veulent ; et il n'est pas nécessaire que le chasseur qui lâche l'oiseau le suive, parce que ceux dont nous venons de parler ont l'œil et doivent prendre garde qu'aucun ne se perde ou ne soit blessé. Ceux qui sont le plus près d'un oiseau, pendant le combat, sont obligés de le secourir ; les oiseaux que l'on lâche ainsi ont une petite tablette du prince ou de son chasseur, afin que si elle venait à s'égarer, on pût la connaitre et la reporter. Si on n'en connaît pas la marque, on la porte à un baron, que l'on appelle à cause de cela, en langue du pays, « bularguci », c'est-à-dire gardien des oiseaux perdus, et il les garde jusqu'à ce qu'on les lui demande. Il en est de même des chevaux ou des autres choses perdues à la chasse. Et quiconque ne porte pas sur-le-champ à ce baron quelque chose qu'il a trouvé à la chasse, et s'en sert pendant quelque temps, est puni comme voleur. C'est pourquoi ce gardien des choses perdues fait mettre son étendard sur quelque éminence pendant que la chasse se fait, afin qu'on l'aperçoive de loin, au milieu d'une si grande multitude de monde qui se trouve là, et que par ce moyen on lui puisse rapporter les choses perdues.

XX

Des tentes magnifiques du Grand Khan.

Pendant que l'on se divertit à la chasse des oiseaux, on arrive dans une plaine où il y a des tentes dressées, tant pour le roi que pour toute sa cour, au nombre d'environ dix mille, qui sont rangées dans l'ordre que je vais dire. Il y a premièrement une grande tente sous laquelle mille personnes peuvent aisément loger, et dont l'entrée regarde le midi. C'est là que logent les barons, les nobles et les officiers ; auprès de celle-là il y en a une autre vers l'occident, qui est comme la cour et le conseil du roi, et où il entre lorsqu'il veut parler à quelqu'un. Il y a dans un quartier de cette tente un lit où le roi couche; il y a encore d'autres chambres, cours et appartements auprès de cette tente royale. Voici comment sont bâties les tentes du roi, c'est-à-dire celles où est son lit, sa cour et son conseil; elles sont soutenues chacune par trois colonnes de bois de senteur ornés de sculpture, couvertes de peaux de lion rouge et noir, car il y a dans ces pays-là des lions de différentes couleurs. Ces tentes ne sauraient être endommagées par les vents ni par la pluie, parce que les cuirs dont elles sont couvertes sont assez forts pour résister à toutes les injures de l'air. Les dedans des tentes sont tapissés de riches peaux d'hermines et de zibelines, quoique ces peaux soient très rares et très chères en ce pays-là. Les cordes qui soutiennent ces trois tentes sont de soie. Autour de ces trois tentes royales, il y en a plusieurs autres pour les femmes et les fils du roi; il y en a encore pour les faucons, les éperviers, les hiboux, et les autres oiseaux qui servent au plaisir de la chasse; enfin il y a une si grande quantité de tentes qu'on dirait, quand on approche du camp, que c'est une très grande ville. Il y vient aussi une grande multitude de curieux, pour être les témoins d'un si beau spectacle, outre ceux qui sont destinés aux offices du roi, et qui ont leurs tentes tout comme ils ont leurs logements dans la ville de Cambalu; par exemple, les médecins, les astrologues et les autres devins du roi. Le roi demeure dans cette plaine pendant tout le mois de mars, et pendant ce temps-là on prend une infinité de bêtes et d'oiseaux; autrement il n'est permis à personne de chasser dans toutes les provinces de ce royaume-là, du moins à vingt journées d'un homme de pied à la ronde, ni aussi d'avoir aucun chien ou oiseau de chasse; il est principalement défendu, depuis le commencement du mois de mars jusqu'au mois d'octobre, de prendre, de quelque manière que ce puisse être, des cerfs, des daims, des chevreaux, des lièvres et autres bêtes de chasse.

C'est pour cela aussi que ce pays-là abonde en toutes sortes d'animaux, et la plupart sont si familiers avec les hommes qu'ils passent souvent auprès d'eux sans s'effaroucher. Le roi, après avoir traité pendant trois jours tous ceux qu'il a invités à cette chasse, se retire à sa maison et permet à chacun de retourner chez soi.

XXI

De la monnaie du Grand Khan.

La monnaie du Grand Khan n'est ni d'or, ni d'argent, ni d'autre métal. On se sert pour la faire de l'écorce intérieure (le liber) de l'arbre qu'on appelle mûrier, qui est celui dont les feuilles sont mangées par les vers qui font la soie. Cette écorce, fine comme papier, étant retirée, on la taille en morceaux de diverses grandeurs, sur lesquels on met la marque du prince, et qui ont diverses valeurs depuis la plus petite somme jusqu'à celle qui correspond à la plus grosse pièce d'or[1]. L'empereur fait battre cette monnaie dans la ville de Cambalu, d'où elle se répand dans tout l'empire : et il est défendu, sous peine de la vie, d'en faire ou d'en exposer d'autre dans le commerce, par tous les royaumes et terres de son obéissance, et même de refuser celle-là. Il n'est pas permis non plus à personne venant d'un autre royaume qui n'est pas sujet au Grand Khan d'apporter d'autre monnaie dans l'empire du Grand Khan. D'où il arrive que les marchands qui viennent souvent des pays éloignés à la ville de Cam-

---

1. Avons-nous besoin de faire remarquer qu'il s'agit d'un papier-monnaie fabriqué avec les fibres du mûrier, qui encore aujourd'hui sont particulièrement employées pour la confection du papier japonais, si recherché parmi nous ? Rubruquis (chap. XXXIX) parle aussi de ce papier-monnaie, qui avait déjà cours sous le prédécesseur de Koubilaï. M. Pauthier, qui a compulsé les anciens documents officiels, dit que sous le seul règne de Koubilaï il fut émis pour un milliard huit cent soixante-douze millions de papier-monnaie, sans que ces émissions correspondissent, bien entendu, à aucune réserve équivalente des sommes qu'elles représentaient. Système financier d'une commodité sans égale.

balu apportent de l'or, de l'argent, des perles et des pierres précieuses, qu'ils troquent contre cette monnaie impériale ; mais, parce qu'elle n'a point cours en leurs pays, quand ils veulent s'en retourner, ils en achètent des marchandises qu'ils emportent en leurs pays. Le roi commande quelquefois à ceux qui restent à Cambalu qu'ils aient à porter leur or, leur argent et leurs pierres précieuses sans retardement entre les mains de ses officiers, et en recevoir la juste valeur en la monnaie susdite. De là il arrive que les marchands et les habitants n'y perdent rien ; et que par ce moyen le roi tire tout l'or et se fait de grands trésors. L'empereur paye aussi en cette monnaie ses officiers et ses troupes ; et enfin il en paye tout ce qu'il a besoin pour l'entretien de sa maison et de sa cour. De sorte qu'il a fait d'une chose de rien beaucoup d'argent et qu'on peut faire aussi beaucoup d'or et d'argent avec cette misérable monnaie. Ce qui fait qu'il n'y a point de roi au monde plus riche que le Grand Khan, car il amasse des trésors immenses d'or et d'argent, sans dépenser rien pour cela.

XXII

Des douze gouverneurs des provinces et de leur office.

Le Grand Khan a douze barons à sa cour, qui commandent en son nom à trente-quatre provinces ; leur office est d'établir deux recteurs dans chaque province, pour avoir l'œil aux armées que le roi entretient dans les lieux de leur district, et les pourvoir des choses nécessaires. Ils donnent avis au roi de tout ce qu'ils font, qui confirme tout cela par son autorité ; ils accordent beaucoup de grâces et de privilèges. C'est pourquoi ils sont fort considérés, et pourquoi leur faveur est fort ambitionnée. Ils habitent dans la ville de Cambalu un grand palais qui leur est destiné, où il y a plusieurs chambres pour eux et pour leurs officiers. Ils ont aussi des assesseurs et des notaires, qui leur servent de conseils, et qui ont le soin d'enregistrer leurs résolutions.

XXIII

Des courriers et des messagers du Grand Khan, et des maisons qui lui sont destinées sur les routes.

De la ville de Cambalu partent plusieurs grands chemins qui mènent dans les provinces voisines ; il y a sur chacun de ces chemins des châteaux ou hôtelleries, avec de très beaux palais, à vingt-cinq milles de la ville de Cambalu, où les courriers du roi se reposent. Ces demeures s'appellent en langue du pays « janli », comme qui dirait logis des chevaux, car il y a toujours dans ces maisons-là trois ou quatre cents chevaux du roi, qui sont préparés pour les courriers de Sa Majesté ; et ainsi, de vingt-cinq milles en vingt-cinq milles, ils trouvent de pareilles hôtelleries, jusqu'à l'extrémité de l'empire ; et par toutes les routes il y a bien dix mille de ces hôtelleries, sur tous les chemins de l'empire, et le nombre des chevaux qui y sont entretenus pour le service des courriers monte au moins à deux cent mille. Dans les endroits inhabités, il y a aussi de ces sortes de cabarets, jusqu'à trente et quarante milles, à la susdite distance les uns des autres. Les villes voisines sont obligées de fournir à la nourriture des chevaux et à l'entretien de ceux qui en ont soin ; les hôtelleries qui sont situées dans les déserts reçoivent leurs provisions de la cour du roi. De sorte donc que quand le roi veut être informé de quelque chose, fût-ce d'un bout de son empire à l'autre, il envoie des cavaliers qui portent son commandement, et qui font en un jour des deux et trois cents milles de chemin, et en peu de jours parcourent une grande partie de la terre. Ce qui se fait de la manière que voici : on envoie deux hommes à cheval, qui courent sans s'arrêter jusqu'à la première hôtellerie, où étant arrivés ils laissent leurs chevaux fatigués et en prennent de frais, et ensuite ils se rendent au second cabaret. C'est ainsi qu'ils en usent soit en allant ou en revenant ; et en très peu de temps ils portent les ordres du roi à l'extrémité de l'empire, ou lui apportent des nouvelles des endroits les plus reculés. Entre ces hôtelleries il y a encore des habitations éloignées de trois à quatre milles les unes des autres, où il y a fort peu de maisons et où logent les coureurs à pied, lesquels portent une ceinture garnie de sonnettes. Ces coureurs sont toujours prêts, quand il vient des lettres du roi, de les porter avec une extrême vitesse à la première habitation ; et comme avant qu'ils arrivent le son de leurs clochettes les annonce, d'autres qui sont destinés au même emploi se préparent à porter les lettres plus loin. De sorte que ces lettres passent d'habitation en habitation, par plusieurs coureurs différents, et vont ainsi jusqu'où elles doivent rester. Et il arrive souvent que le roi apprend par là des nouvelles en trois jours, ou reçoit des fruits nouveaux d'un endroit éloigné de dix journées de Cambalu. Or tous ces coureurs sont exempts de tout tribut ou impôt, et reçoivent outre cela une bonne récompense du roi.

XXIV

De la prévoyance de l'empereur pour le cas de cherté des vivres.

Le Grand Khan a coutume d'envoyer tous les ans des messagers en diverses provinces de son empire, pour s'informer si les sauterelles et les insectes n'ont point causé de dommage aux blés, ou enfin s'il n'est point arrivé quelque obstacle à la fertilité de la terre. Et lorsqu'il apprend que quelque province a souffert un dommage considérable, il lui remet le tribut qu'elle devait lui payer cette année-là, et envoie du blé de ses greniers pour la nourriture de ce peuple et pour ensemencer les terres. Car dans le temps de l'abondance le roi achète une grande quantité de froment, afin de subvenir aux provinces qui n'auront pas fait la récolte ordinaire ; le roi vend son blé à un prix quatre fois moindre que les marchands. De même, quand la peste a détruit les bestiaux, il remet le tribut de cette année-là, et leur en donne d'autres à bon marché. Outre cela, pour que les voyageurs ou les courriers ne s'égarent point des chemins, il a fait planter des arbres d'espace en espace ; en sorte qu'en suivant la route marquée par ces arbres on ne saurait se tromper. Il est incroyable combien le roi nourrit de pauvres en toute l'année, et combien de pain il fait distribuer du blé de ses greniers pour leur subsistance. Ce que je peux dire, c'est que le nombre des pauvres se monte environ à trente mille, à qui il fournit du pain tous les ans, et qu'il n'en laisse manquer à personne. C'est pourquoi aussi les pauvres le regardent comme un dieu.

XXV

De quelle boisson on use dans la province de Cathay, à la place du vin.

Ils font dans la province de Cathay une fort bonne boisson composée de riz et de plusieurs parfums, laquelle par sa douceur surpasse la bonté du vin [1]. Et ceux qui en boivent trop ou qui n'ont pas la tête forte en sont plus tôt enivrés que s'ils avaient bu du vin.

XXVI

Des pierres qui brûlent comme le bois.

Par toute la province de Cathay, on tire des pierres

---

[1]. Le vin de riz ou *sakki*, dont on obtient par la distillation l'*arak*, eau-de-vie très enivrante, est encore la boisson ordinaire des Chinois et des Japonais. « On s'étonne, dit M. Pauthier, que Marco Polo, en parlant de la boisson des Chinois, ne fasse pas mention du thé, qui pourtant était cultivé en Chine longtemps avant le passage du célèbre voyageur. On doit croire que les Mongols préféraient encore leur koumis et d'autres boissons plus enivrantes que le thé. »

noires des montagnes, qui, étant mises au feu, brûlent comme du bois; et lorsqu'elles sont une fois allumées, elles gardent le feu pendant quelque temps, comme si, par exemple, on les allume le soir, elles durent jusqu'au lendemain. On use beaucoup de ces pierres, surtout dans les endroits où le bois est rare [1].

XXVII

De la rivière de Pulisachniz et de son pont magnifique.

Nous avons marqué jusqu'à présent, en ce second livre, la situation, la grandeur et le négoce de la ville de Cambalu; nous avons aussi fait la description de la magnificence, de la pompe et de la richesse du Grand Khan. L'ordre veut à présent que nous parcourions les pays voisins et que nous fassions mention en peu de mots de ce qui s'y trouve, ou de ce que l'on y fait de plus particulier. Le Grand Khan m'ayant donc envoyé moi, Marco, dans les pays éloignés de son empire pour quelques affaires concernant son État, et qui m'ont retenu quatre mois en chemin, j'ai examiné toutes choses avec soin, soit en allant ou en revenant. Étant donc à dix minutes de la ville de Cambalu, je trouvai une grande rivière, appelée Pulisachniz (Lou-Khéou) qui se décharge dans l'Océan, et qui transporte beaucoup de navires marchands. Il y a sur cette rivière un pont de marbre très beau, long de trois cents pas et large de huit, composé de vingt-quatre arcades, et ayant des lions, aussi de marbre, pour base du parapet, un à chaque extrémité [2].

1. Les pierres noires dont il est ici question ne sont autre chose que la houille, dont il est fait mention dans des livres chinois datant d'au moins vingt siècles. La houille est très abondante surtout dans les provinces septentrionales de la Chine, où l'on en fait une grande consommation ménagère. (P.)

2. Ce pont existe encore; mais, bien que très beau, il n'est plus tel que le décrit Marco Polo. Il a dû être reconstruit. (P.)

XXVIII

Des lieux au delà de la rivière de Pulisachniz.

Après avoir passé ce pont sur cette rivière et en allant trente milles de suite, on trouve plusieurs châteaux et maisons magnifiques, de même que de beaux vignobles et des champs très fertiles. Après avoir fait ces trente milles, on vient à une ville nommé Geogui (Tcheo-tcheou), qui est grande et belle, et où il y a plusieurs monastères consacrés aux idoles. On fait en cette ville de très bonnes et belles étoffes de soie et d'or et des toiles très fines. Il y a aussi beaucoup d'hôtelleries pour les étrangers et pour les voyageurs; les habitants sont bons artisans et adonnés au négoce. Étant sorti de cette ville, on vient à un certain double chemin, dont l'un conduit par la province de Cathay (ou Chine septentrionale) et l'autre au pays de Maugi (Chine méridionale) vers la mer. Sur celui qui conduit à la province de Cathay on trouve des châteaux, des villes, des vergers, des champs, qui sont peuplés de gens adonnés aux arts et au négoce, et fort affables et d'un commerce de vie aisé.

XXIX

Du royaume de Tainfu.

A dix journées de la ville de Geogui on vient au royaume de Tainfu[1], qui est grand et bien cultivé; car il y a beaucoup de vignes; dans la province de Cathay on ne récolte point du tout de vin, mais on y en porte de ce royaume-ci. On y exerce beaucoup de sortes d'industries et d'arts, et c'est là où l'on fabrique toutes sortes d'armes, pour le service du Grand Khan. De là, en allant vers l'occident, on entre dans

---

1. Tai-guan-fou, aujourd'hui chef-lieu de la province de Chan-si. (P.)

un pays fort agréable, orné de plusieurs villes et châteaux : ce pays abonde en toutes sortes de marchandises. En sortant de là, on trouve, à sept journées, une très grande ville, nommée Pianfu, où il y a de la soie en abondance.

XXX

Du château de Chincui, et de son roi pris par son ennemi.

De la ville de Pianfu (Ping-yang-fou) il y a deux journées jusqu'à un château magnifique, nommé Chincui, qui a été bâti par un roi nommé le *roi d'or,* et qui était ennemi du grand roi que l'on nomme vulgairement le grand Prêtre-Jean. Ce château est si fort par art et par nature, que le *roi d'or,* qui y commandait, ne craignait pas le plus puissant roi : de quoi les seigneurs de son voisinage n'étaient pas fort contents, parce qu'ils lui étaient comme soumis. Or le grand Prêtre-Jean avait à sa cour sept jeunes hommes fort courageux, qui lui promirent avec serment de lui livrer le roi d'or ; il leur promit de grandes récompenses s'ils en venaient à bout. Ils s'en allèrent donc à la cour du roi d'or et lui offrirent leurs services, pour mieux couvrir leur dessein ; il les reçut à son service, comme de fidèles serviteurs, ne craignant rien, ou faisant mine de ne se point méfier d'eux. Or deux ans se passèrent, sans qu'ils vissent jour à exécuter leur entreprise. Et comme le roi, au bout d'un si long temps, les regardait comme ses plus fidèles serviteurs, un jour il sortit avec eux et quelques autres, pour s'aller promener à un mille du château. Alors les traîtres, profitant de l'occasion, mirent l'épée à la main, et, s'étant saisis de lui, le menèrent au grand Prêtre-Jean pour s'acquitter de leur promesse. Celui-ci, ravi de le tenir entre ses mains, le fit bien surveiller et l'envoya garder les bêtes des champs ; et après l'avoir laissé pendant deux ans dans cet esclavage, il le fit habiller en roi ; et, en cet équipage royal, le fit amener en sa présence, et lui parla ainsi : « Vous avez présentement appris par expérience combien votre puissance était peu de chose, puisque je vous ai fait prendre dans votre château, et que je vous ai fait vivre depuis deux ans avec les bêtes; je pourrais à présent vous tuer, si je voulais, et personne des mortels ne peut vous tirer de mes mains. » A quoi le roi captif répondit : « Cela est vrai, il est ainsi. » Alors le grand Prêtre-Jean, lui dit : « Parce que vous vous êtes humilié devant moi, et que vous vous êtes regardé comme rien auprès de moi, je veux à l'avenir vous traiter en ami ; et je suis content d'avoir pu vous tuer si j'avais voulu. » Et alors il lui fit donner des chevaux et des domestiques pour le ramener à son château. Depuis ce temps-là il a porté honneur au grand Prêtre-Jean toute sa vie, et il a obéi à tous ses commandements.

XXXI

De la grande rivière appelée Caromoran, et du pays voisin.

A vingt milles du château de Chincui on trouve la rivière de Caromoran (ou fleuve Jaune) sur laquelle il n'y a point de pont, à cause qu'elle est trop large et trop profonde ; elle se décharge dans l'Océan. Il y a plusieurs villes bâties le long de cette rivière, dans lesquelles on exerce beaucoup de trafics. Ce pays abonde en gingembre, en soie et en oiseaux, surtout en faisans ; au delà de cette rivière, et après deux journées de chemin, on vient à la noble ville de Cianfu, où l'on fait de magnifiques étoffes de soie et d'or. Tous les habitants de ce pays-là et presque de toute la province de Cathay sont idolâtres.

XXXII

De la ville de Quenquinafu.

A huit journées de là, on trouve quantité de villes et de villages, des vergers et de très belles campagnes. La terre abonde en soie aussi bien qu'en bêtes et en oiseaux pour la chasse. Que si vous allez encore huit journées plus avant, vous trouverez la grande ville de Quenquinafu[1], qui est la capitale d'un royaume qui porte le même nom, lequel fut autrefois fort riche et fort célèbre. C'est Mangala, un des fils du Grand Khan, qui le gouverne aujourd'hui. Ce pays produit de la soie en abondance, et toutes les choses nécessaires à la vie ; on y exerce aussi plusieurs trafics. Les habitants sont idolâtres. Il y a hors de la ville un palais royal bâti dans une plaine, dans lequel Mangala tient sa cour. Il y a encore au milieu de la ville une autre maison royale très magnifique, dont les murailles sont dorées en dedans. Le roi passe son temps à la chasse avec ses courtisans, et à prendre des oiseaux, dont il y a grande quantité en ce pays-là.

XXXIII

De la province de Chunchi.

En s'éloignant de cette ville et du palais, et après trois journées de chemin, on va par une très belle plaine où il y a plusieurs villes et châteaux et qui est fort fertile en soie. Après cela on vient dans un pays de montagnes où l'on trouve, tant sur les montagnes que dans les vallées, quantité de villes et de villages, dépendants de la province de Chunchi. Les habitants sont idolâtres et adorent la terre. On fait aussi en ce pays-là la chasse aux lions, aux ours, aux cerfs, aux

---

1. Aujourd'hui Sin-gan-fou. (P.)

chevreaux, aux daims et autres semblables animaux. Ce pays peut avoir vingt journées de long, et, comme nous avons dit, il est composé de montagnes, de vallées et de beaucoup de forêts; mais il y a partout des hôtelleries pour les voyageurs.

XXXIV

De la ville d'Achalechmangi.

Il y a une province qui est contiguë à celle dont nous venons de parler, et qui s'appelle Achalechmangi, du côté de l'occident; elle est peuplée de villes et de châteaux. La ville capitale s'appelle Achalechmangi, et elle est frontière de la province de Mangi (Chine méridionale). Cette province a une plaine de trois journées d'étendue, après quoi l'on trouve des montagnes, des vallées et des forêts. Le pays, qui peut avoir vingt journées de long, a beaucoup de villes et de villages. Quant au reste, elle ne diffère en rien de l'autre province, car il y a beaucoup d'artisans, de négociants et de laboureurs. Le pays est bon pour la chasse de toutes sortes d'animaux sauvages, entre lesquels on en trouve de ceux qui portent le musc. Il croit en cette province du gingembre en quantité, de même que du riz et du blé.

XXXV

De la province de Sindinfu.

Il y a encore une autre province frontière de la susdite province de Chunchi, nommée Sindinfu, qui touche aussi à celle de Mangi. La ville principale s'appelle aussi Sindinfu[1], qui fut autrefois très grande et très riche; elle peut avoir vingt milles de tour. Elle a eu aussi un roi très riche et très puissant; lequel ayant laissé

---

1. Ancienne capitale du royaume de Chou, aujourd'hui Tching-tou, qui compte, dit-on, un million et demi d'habitants.

trois fils pour lui succéder, ils partagèrent la ville en trois parties, faisant ceindre chacun sa part de fortes murailles; mais le Grand Khan a réduit sous son obéissance et la ville et le royaume. Il passe une rivière, nommée Quianfu (le fleuve Kiang), par le milieu de cette ville. Cette rivière a un demi-mille de largeur; elle est fort profonde et fort poissonneuse; il y a plusieurs villes et châteaux bâtis sur ses bords; son cours s'étend à quatre-vingt-dix journées de cette ville. Les vaisseaux chargés de différentes marchandises montent par cette rivière en grand nombre. Il y a dans la ville de Sindinfu un pont de pierre pour la traverser, qui est long d'un mille et large de huit pas; et sur ce pont l'on élève tous les matins des boutiques de toutes sortes de marchandises, que l'on ôte le soir. Il y a aussi une maison bâtie sur ce pont, où demeurent les officiers du roi, pour recevoir un droit de tous ceux qui passent, de même que pour toutes sortes de denrées. En avançant à cinq journées de cette ville, on passe par une plaine où il y a des villes, des châteaux et beaucoup de maisons de campagne; on trouve là aussi beaucoup d'animaux sauvages.

XXXVI

De la province de Tebeth.

Après la plaine dont nous venons de parler, on vient à la province de Tebeth (Thibet) que le Grand Khan a assiégée et désolée; on en voit les restes par les débris de plusieurs villes et châteaux [1]. Elle peut avoir vingt journées de long. Et parce que ce n'est plus qu'une vaste solitude, n'y ayant presque plus d'habitants, il faut que les voyageurs portent leurs provisions en chemin pour vingt jours; et après que les hommes l'ont eu abandonnée, les bêtes féroces s'en sont empa-

---

1. La grande province du Tibet fut investie et assiégée par les armées de Mangu-Khan au milieu du treizième siècle.

rées. Ce qui fait que les chemins y sont fort dangereux, surtout la nuit; mais les marchands et autres voyageurs ont inventé un remède contre ces dangers. Il croît en ce pays-là de très grands roseaux de la longueur de quinze pas, et épais de trois paumes; d'un nœud à l'autre il y a trois paumes de distance; de sorte que quand les voyageurs veulent se reposer pendant la nuit, ils ramassent beaucoup de ces roseaux et y mettent le feu. D'abord qu'ils sentent le feu ils font de grands éclats; et cela fait un si grand bruit qu'on le peut entendre de quelques milles : ce qui écarte les animaux, qui ont peur du bruit, et les empêche d'approcher. C'est ainsi que les voyageurs traversent en sûreté cette province. Les chevaux et autres bêtes de charge que les marchands mènent en voyage sont aussi épouvantés du cliquetis de ces roseaux; et plusieurs ont échappé à leurs maîtres de la peur qu'ils ont eue et qui leur a fait prendre la fuite; mais les plus avisés voyageurs leur lient les pieds de devant afin qu'ils ne puissent pas s'enfuir.

XXXVII

D'un autre pays de Tebeth.

Après vingt journées de chemin et après avoir traversé la province de Tebeth, on rencontre plusieurs villes et maisons de campagne dans une autre province, dont les habitants sont idolâtres et cruels, comptant pour rien de voler et de brigander. Ils vivent de la chasse et des fruits que la terre produit. On trouve aussi dans leur pays de ces animaux qui portent le musc, que l'on appelle « gadderi ». Les habitants vont à la chasse de ces animaux avec des chiens, ce qui fait qu'ils ont beaucoup de musc. Ils ont une langue et une monnaie particulières; ils sont habillés des peaux de bêtes qu'il prennent ou de grosse bure. Ce pays est de la dépendance de la province de Tebeth. Le terrain est montagneux; il y a quelques endroits et quelques rivières où l'on trouve l'or. Ils se servent de corail pour monnaie, car cette pierre est fort estimée parmi eux; les femmes en portent des colliers et en mettent aussi à leurs idoles comme quelque chose de beau. Il y a dans ce pays-là de très grands chiens, presque aussi hauts que des ânes, dont ils se servent à la chasse des bêtes sauvages. Ils ont aussi des faucons et autres oiseaux de rapine; il y croit beaucoup de cinnamomes et autres aromates en quantité. Cette province est sous la domination du Grand Khan.

XXXVIII

De la province de Gaindu.

La province de Gaindu est contiguë à celle de Tebeth à l'occident; elle a un roi, mais il est tributaire du Grand Khan; il y a un lac où se trouvent une grande quantité de perles : elles seraient même à vil prix s'il était permis à tout le monde d'en prendre. C'est pourquoi il est défendu, sous peine de la vie, de pêcher des perles dans ce lac, sinon par la permission du Grand Khan. Il y a aussi dans cette province quantité de ces animaux nommés gadderi qui portent le musc. Ce lac où l'on pêche des perles est aussi abondant en poisson, et tout le pays est plein de bêtes sauvages, comme lions, ours, cerfs, daims, lynx, chevreaux et toutes sortes d'oiseaux. Il n'y croit point de vin, mais ils font à la place une boisson très bonne de grains de diverses sortes. On trouve là en quantité du girofle, que l'on cueille des arbres, qui ont de petites branches et la fleur blanche, dont le bout rapporte une grande quantité de ces clous[1]. Enfin il y croit du gingembre en abondance, des cinnamomes et autres sortes de bois de senteur, que l'on ne trouve point chez nous. On trouve aussi dans les montagnes de ce pays-

---

1. On sait que le clou de girofle est le bouton d'une fleur cueilli avant l'épanouissement.

là des pierres nommées turquoises, qui sont fort belles, mais qu'il n'est pas permis de transporter hors du pays. Les habitants de ce pays-là sont idolâtres. Leur monnaie principale consiste en grains d'or, qui valent suivant leur poids. Ils ont une plus petite monnaie qu'ils font de la manière suivante : ils cuisent dans une chaudière du sel, qui devient une espèce de pâte qu'ils coulent dans un moule et dont ils font de la monnaie.

Après avoir quitté cette province, on rencontre, au bout de dix journées de chemin, des châteaux et des villages en grand nombre, dont les habitants ont les mêmes coutumes que la province de Caniclu, et enfin l'on vient à une rivière nommée Brius, qui sert de borne à la province de Caniclu. On trouve dans cette rivière de l'or en abondance, et il croit sur ses bords du cinnamome en quantité.

XXXIX

De la province de Caraiam.

Après avoir traversé la rivière de Brius, on vient à la province de Caraiam (dans le Yu-Nan), qui contient sept royaumes; elle est sujette au Grand Khan, dont un fils nommé Esentemur était gouverneur de mon temps. Les habitants sont idolâtres; le pays nourrit de très bons chevaux. Ils ont une langue particulière et difficile. La ville capitale s'appelle Jaci (Li-Kian-fou), qui est une ville considérable où l'on fait beaucoup de trafic; il y a quelques chrétiens nestoriens et plusieurs mahométans. Ils ont du blé et du riz en abondance, quoiqu'ils ne fassent pas leur pain du blé, parce qu'ils ne sauraient le digérer à cause de la faiblesse de leur estomac, mais ils font leur pain de riz. Ils font aussi de plusieurs sortes de grains leur boisson, qui les enivre plus facilement que le vin ne pourrait faire. Ils se servent pour monnaie de certaines coquilles d'or et blanches, que l'on trouve dans la mer[1].

1. Les coquilles dites *porcelaines*. (P.)

On tire en cette ville beaucoup de sel de l'eau des puits, dont le roi obtient un grand profit. Il y a aussi un lac fort poissonneux, qui a bien cent milles de circonférence. Les hommes mangent la chair crue, mais préparée comme nous allons dire : premièrement ils la mortifient, et ensuite ils y mettent d'odoriférantes et excellentes huiles de diverses espèces très bonnes, et après cela ils la mangent.

XL

D'un pays situé dans la province de Caraiam, où il y a de très grands serpents.

En s'éloignant de la ville de Jaci on vient, après dix journées de chemin, au royaume dont la ville capitale s'appelle Caraiam (Tou-li-fou), et où commande Gogracam, fils de l'empereur Koubilaï. Tout le pays tire son nom de cette ville. Les rivières de ce pays-là produisent beaucoup d'or. On trouve aussi dans les marais et dans les montagnes de l'or, mais d'une autre espèce. Les habitants sont idolâtres. On trouve en ce pays-là de très grands serpents, dont il y en a de dix pas de long et gros de dix paumes. Leur tête est fort grosse; ils ont de grands yeux et larges comme deux pains; ils ont la gueule si grande qu'ils peuvent engloutir un homme d'un seul coup, quelque grand qu'il soit; ils ont aussi de grandes dents bien aiguës qui leur sont d'un grand usage; et il n'y a ni aucun homme ni aucun autre animal qui ose s'approcher ni même regarder ces serpents[1]. On les prend de cette manière : ce serpent a coutume de se retirer quelquefois dans des cavernes souterraines ou autres retraites dans les montagnes; il sort pendant la nuit et va parcourir la demeure des autres animaux, cherchant à en faire sa

---

1. Ces serpents, du genre boa, existent réellement, tels que les décrit Marco Polo. Les Chinois les nomment *mai-theou-che* ou serpents qui baissent la tête, parce qu'ils se tiennent ainsi en marchant. Ils atteignent jusqu'à quinze à vingt mètres de longueur. (Klaproth.)

pâture, car il ne craint aucune sorte d'animaux; il mange les grands et les petits, même les lions et les ours. Et quand il est repu, il retourne à sa caverne. Et comme le terrain est fort sablonneux, c'est une chose admirable de voir la profondeur des vestiges de cet animal : on dirait que c'est un muid de vin qu'on aurait roulé sur le sable. De sorte que les chasseurs, pour lui tendre des pièges, dressent des pieux ferrés par le bout, qu'ils cachent sous le sable, en sorte que la bête ne saurait les apercevoir; et ils en mettent en grand nombre, surtout autour de la retraite de la bête. Et quand, la nuit, elle vient à sortir, selon sa coutume, pour chercher à repaître et qu'en marchant elle enfonce sur ce sable mouvant, il arrive souvent qu'elle donne du ventre dans ces pointes de fer attachées aux pieux dont nous avons parlé, et qu'elle se tue de cette manière, ou du moins qu'elle se blesse mortellement. Et alors les chasseurs, qui sont cachés, accourent pour achever de tuer la bête, si elle vit encore, et ils en tirent le fiel, qu'ils vendent fort cher, car il est fort médicinal. Car quiconque aurait été mordu d'un chien enragé, s'il en boit la pesanteur d'un denier, il est d'abord guéri. On mange la chair de ce serpent, et les hommes en sont fort friands. Il y a aussi dans cette province d'excellents chevaux, que les marchands achètent pour les mener dans l'Inde. Les gens du pays ont coutume d'ôter aux chevaux deux ou trois os de la queue, afin qu'ils ne puissent pas, en courant, la remuer çà et là, ce qu'ils trouvent de mauvaise grâce.

Ils se servent à la guerre de cuirasses et de boucliers faits de cuir de buffle, de flèches et de lances; et avant que le Grand Khan eût réduit cette province sous sa domination, il y avait une détestable coutume, que quand quelque étranger de bonnes mœurs, prudent et honnête, venait loger chez eux, ils le tuaient pendant la nuit, s'imaginant que ses bonnes mœurs, sa prudence, son honnêteté, en un mot l'âme de cet homme demeurait dans la maison; et cette perfidie ou ignorance a fait que plusieurs voyageurs ont été tués en cet endroit; mais le Grand Khan, ayant soumis ce royaume à sa domination, a détruit cette impiété et cette folie.

XLI

De la province d'Arciadam.

En sortant de la province de Caraiam, après avoir marché pendant cinq jours, nous trouvons la province d'Arciadam ou pays des dents d'or, qui est aussi sujette du Grand Khan. La capitale s'appelle Unchiam (Young-tchang); les habitants se servent de l'or au poids dans le commerce, car on ne trouve point d'argent dans ce pays-là, non plus que dans les pays voisins. Ceux qui en apportent d'ailleurs le troquent contre de l'or, et gagnent beaucoup; ils boivent une boisson faite de riz et de parfums. Les hommes et les femmes de ce pays-là se couvrent les dents de lames d'or fort délicates, en sorte qu'on dirait qu'ils ont naturellement les dents d'or. Les hommes sont exercés à la guerre, ne s'adonnant qu'à cela ou à la chasse des bêtes sauvages et des oiseaux, et les femmes gardent la maison et s'attachent à leur ménage, ayant des esclaves pour les servir. C'est aussi une coutume pour ce pays-là que lorsqu'une femme a enfanté elle doit quitter le lit le plus tôt qu'elle peut pour vaquer au gouvernement de la maison; et pendant ce temps-là le mari se met au lit l'espace de quarante jours, pour avoir soin du nouveau-né. Car la mère ne fait autre chose à l'enfant que de lui donner le sein, et les parents ou amis viennent rendre visite au mari, quoiqu'ils ne soient pas venus voir la femme. Il n'y a point d'idoles dans cette province, sinon que chaque famille adore le premier de la race. Ils font leur demeure la plupart dans les montagnes ou dans des lieux déserts; les étrangers n'approchent point de leurs montagnes, parce qu'ils ne sont point accoutumés à l'air qui y règne et qui est fort corrompu. Ils n'ont point l'usage de l'écriture, mais ils se servent pour faire leurs obligations d'une certaine marque dont le débiteur et le créancier gardent chacun la moitié, qu'ils rejoignent ensemble suivant certains indices, pour preuve de la vérité de la chose. Il n'y a point de médecins en cette province, non plus que dans celles de Caniclu et de Cariam; mais lorsqu'il y a quelque malade, ils assemblent les magiciens ou ministres des idoles, et le malade leur expose sa maladie. Après cela les magiciens font une danse et sonnent de certains instruments, et invoquent leurs dieux en criant à tue-tête, jusqu'à ce qu'enfin un de la troupe des sauteurs et des joueurs soit inspiré du démon.

La cérémonie finie, ils consultent le malade sur ce qu'il ressent, et demandent au démon comment cette maladie est arrivée au patient, et ce qu'il faut faire pour le guérir; le démon répond par la bouche du malade que c'est parce qu'il a fait telle ou telle chose, comme par exemple pour avoir offensé tel dieu, que cette maladie lui est survenue. Alors les magiciens prient ce dieu de lui pardonner, promettant au nom du malade que s'il recouvre la santé il fera un sacrifice de son propre sang. Si le démon voit que le malade soit d'une nature qu'il ne puisse pas guérir, il a coutume de répondre : « Celui-là a si grièvement offensé ce dieu qu'il ne saurait l'apaiser par aucun sacrifice; » mais s'il doit en réchapper, ils ordonnent au malade d'offrir tant de béliers à têtes noires, et telles ou telles boissons, ou bien qu'il invite des magiciens avec leurs femmes pour offrir par leurs mains ces sacrifices, et qu'alors il sera agréable au dieu. D'abord les parents et les amis ont soin de faire préparer ce que le démon a ordonné. Ils tuent des béliers et en jettent le sang en l'air vers le ciel, et ayant fait appeler des mages avec leurs femmes, ils allument beaucoup de lumières et brûlent de l'encens par toute la maison; ils brûlent du bois d'aloès et jettent le jus des viandes en l'air, de même qu'une boisson faite de parfums. Cela étant achevé, ils se mettent de nouveau à chanter dans l'assemblée en l'honneur de l'idole galienne (médicale), ce que le malade prend pour la cause de sa guérison; mais ils crient si horriblement en chantant qu'on dirait qu'ils vont s'égosiller. Cela étant fait, ils interrogent de nouveau le magicien pour savoir si l'idole est contente; s'il répond que non, ils se disposent à faire ce qui leur sera ordonné pour l'apaiser; s'il répond que l'idole est satisfaite, alors les enchanteurs et les magiciens se mettent à table et mangent en grande joie les viandes qui ont été sacrifiées à l'idole et boivent les boissons qu'on lui a consacrées. Après que le repas est fini, chacun s'en retourne chez soi; et quand le malade a reçu la santé par la grâce du Dieu puissant, ces misérables aveugles en rendent des actions de grâces au démon.

XLII

Du grand combat entre les Tartares et le roi de Mien.

L'an de Notre-Seigneur 1272, il y eut une grande guerre à cause du royaume de Caraiam, dont nous avons parlé au chapitre précédent, et du royaume de Botiam. Car le Grand Khan envoya un des principaux de sa cour, nommé Nescordim, avec douze mille cavaliers, pour mettre à couvert la province de Caraiam de toute insulte. Ce Nescordim était un homme vaillant et prudent, et il avait de bons soldats, bien aguerris. Les rois de Mien (la Birmanie actuelle) et de Bangala (Bengale) sur ces nouvelles furent fort épouvantés, croyant que cette armée venait pour envahir leurs royaumes, et ramassèrent leurs troupes, qui se montaient tant en cavalerie qu'en infanterie à environ soixante mille hommes et deux mille éléphants. Ils campèrent de cette manière, ayant mis douze ou quinze hommes bien armés dans un certain château, et le roi de Mien s'avança avec son armée vers la ville de Vocia, où était l'armée des Tartares, et campa dans les campagnes à l'entour pendant trois jours, ne se méfiant de rien. Nescordim, ayant appris qu'il venait une si grande armée contre lui, eut grand'peur; mais il dissimula sa crainte, se reposant sur ce que sa petite armée était composée de vaillants guerriers. Étant donc sorti courageusement pour présenter le combat à l'ennemi, il se campa près d'une grande forêt qui était remplie de très grands arbres, n'ignorant pas que les éléphants avec les châteaux qu'ils portent sur leurs dos ne pourraient pas venir l'incommoder là. Alors le roi de Mien apprit que les Tartares paraissaient résolus d'aller à leur rencontre; mais les chevaux des Tartares sentant les éléphants qui étaient à l'avant-garde de l'armée de Nescordim furent si épouvantés, qu'il fut impossible par quelque moyen que ce fût de les mener du côté des éléphants, de sorte que les Tartares furent obligés de mettre pied à terre, et de les attacher aux arbres du pays et de venir à pied combattre les éléphants. Et parce que les soldats du premier rang de l'armée de Nescordim avaient tous des machines à jeter des pierres, et qu'ils étaient bons arbalétriers, ils firent une si grande décharge de flèches sur l'ennemi, que les éléphants se sentant blessés, et par la douleur de leurs blessures, se mirent en fuite et se retirèrent dans le bois avec beaucoup de vitesse; leurs conducteurs, s'efforçant de les faire tourner contre les ennemis, ne purent en venir à bout, car ils se dispersèrent çà et là. Et, étant entrés dans le bois prochain, ils rompirent les fortifications du camp et chassèrent les gens qui le défendaient. Ce que voyant, les Tartares coururent à leurs chevaux, et étant montés dessus, se jetèrent sur le camp du roi avec beaucoup de fureur et d'impétuosité. Le combat fut sanglant, et il tomba beaucoup de soldats de part et d'autre; le roi de Mien fut enfin mis en fuite avec les siens, et les Tartares, les poursuivant, en tuèrent encore beaucoup et obtinrent une entière victoire. Les Tartares après cela firent leurs efforts pour prendre les éléphants qui étaient dans le bois; mais comme ils se mirent à fuir, ils n'en auraient pris aucun, si quelques-uns des gens qu'ils avaient faits prisonniers dans la bataille ne les avaient aidés;

ce qui fit qu'ils en prirent environ deux cents. C'est depuis ce combat que le Grand Khan commença à se servir des éléphants dans ses armées, ce qu'il n'avait pas fait jusqu'alors. Le Grand Khan réduisit peu de temps après le pays du roi de Mien sous sa domination.

XLIII

D'un certain pays sauvage.

En sortant de la province de Caraiam, on vient à une descente qui dure près de trois jours, et où il n'y a aucune habitation, quoiqu'il y ait un lieu fort étendu dans lequel, trois jours de la semaine, les marchands tiennent une espèce de foire, de toutes sortes de marchandises. Il en vient beaucoup, qui descendent des montagnes de ce pays-là, et qui apportent de l'or, qu'ils échangent contre de l'argent, donnant une once d'or pour cinq onces d'argent, ce qui fait que plusieurs viennent de divers endroits qui apportent de l'argent pour avoir de l'or. Personne des étrangers ne peut monter sur ces hautes montagnes qui portent l'or: car le chemin est si raboteux et si difficile qu'on se perdrait plutôt soi-même que d'y trouver aucun habitant. Après cela on vient dans la province de Mien, qui est frontière de l'Inde du côté du midi. Cette province est fort sauvage et remplie de forêts et de bois, et où il y a un nombre infini d'éléphants et autres bêtes sauvages; mais il n'y a point là d'habitation d'hommes.

XLIV

De la ville de Mien et du tombeau du roi.

A quinze journées de chemin, on vient à la ville que l'on appelle Mien (aujourd'hui Taï-Koung), qui est grande et belle. C'est la capitale du royaume de même nom; elle est sujette du Grand Khan; les habitants sont idolâtres et parlent une langue particulière. Il y a eu en cette ville un roi fort riche, lequel, étant près de mourir, se fit faire un tombeau dont je vais donner la description. Il fit bâtir une tour de marbre de la hauteur de dix pas et épaisse à proportion : à chaque coin du mausolée étaient des tours rondes par en haut et couvertes d'or partout ; sur le sommet de ces tours, on devait mettre plusieurs petites cloches d'or, qui devaient sonner par le souffle du vent. On devait couvrir une autre tour d'argent et mettre sur le sommet des clochettes d'argent, qui devaient aussi rendre un certain son par la seule agitation du vent. Il fit bâtir ce tombeau pour immortaliser son nom et sa mémoire dans le monde [1]. Le Grand Khan, ayant subjugué la province de Mien, défendit d'endommager ce tombeau, qui était fait à l'honneur de son nom : car c'est une coutume observée parmi les Tartares de ne point troubler le repos des morts. Il y a dans cette province beaucoup d'éléphants, des bœufs sauvages, qui sont grands et beaux, des cerfs, des daims et plusieurs autres bêtes sauvages.

XLV

De la province de Bangala.

La province de Bangala (Bengale) est frontière au midi de celle de l'Inde. Le Grand Khan ne l'avait pas encore subjuguée lorsque j'étais à sa cour ; mais il avait envoyé une armée pour cela. Le pays a un roi et un langage particuliers. Tous les habitants sont idolâtres ; ils vivent de viande, de riz et de lait ; ils ont de la soie en grande quantité, et on en fait beaucoup de trafic. Il y a aussi des épices, du gingembre et du sucre en abondance, de même que diverses sortes de parfums. Il y a encore de grands bœufs qui égalent en grosseur les éléphants, mais non pas en grandeur.

---

1. Les découvertes faites aux temps modernes dans ces régions confirment les assertions de l'ancien voyageur.

Il y a en cette province beaucoup d'esclaves que les Indiens viennent querir pour les vender en divers pays.

XLVI

De la province de Cangigu.

Après la susdite province et avançant vers l'orient, on trouve celle de Cangigu[1], qui a aussi son roi et une langue particulière. Ses habitants sont idolâtres et tributaires du Grand Khan ; leur roi a environ trois cents femmes. On trouve beaucoup d'or dans cette province et beaucoup de parfums, mais on ne peut pas les transporter aisément ; parce que ce pays-là est fort éloigné de la mer. Il y a aussi beaucoup d'éléphants et de grandes chasses de toutes sortes de bêtes sauvages. Les habitants vivent de chair, de lait et de riz, ils n'ont point de vin ; mais ils font une boisson de riz et d'aromates, qui est fort bonne. Les hommes et les femmes ont coutume de se peindre avec des couleurs le visage, le cou, les mains, le ventre et les jambes, représentant des lions, des dragons et des oiseaux, et ils les gravent si profondément qu'il est très difficile de les effacer ; et plus ils ont de ces gravures, plus on les trouve beaux ou belles.

XLVII

De la province d'Amu.

La province d'Amu[2] est située à l'orient et sujette au Grand Khan. Les habitants sont idolâtres et ont une langue particulière. Ils ont beaucoup de troupeaux

---

1. Après de longues discussions sur la situation de ce royaume de *Cangigu*, M. Pauthier croit pouvoir affirmer qu'il correspondait à la province de Pa-pe-si-fou, ou des *huit cents belles femmes*, située entre le Laos et l'empire birman.
2. « C'est, dit M. Pauthier, l'Annam ou Toung-King qui est décrit sommairement dans ce chapitre. »

de toutes sortes d'animaux, et ils ont en abondance tout ce qui est nécessaire à la vie et de très bons chevaux, que les négociants mènent dans l'Inde. Ils ont aussi des chevreaux et des bœufs en quantité, parce que les pâturages y sont excellents. Les hommes et les femmes portent à leurs bras des bracelets d'or et d'argent de grand prix.

XLVIII

De la province de Tholoman.

La province de Tholoman [1] est éloignée de celle d'Amu de huit journées du côté de l'orient et sujette du Grand Khan, ayant un langage particulier et adorant les idoles. Les hommes et les femmes sont fort bien faits, quoiqu'ils aient le teint brun. La terre est très fertile ; on y voit plusieurs châteaux et des villes très fortes. Les hommes sont exercés aux armes et accoutumés à la guerre. Ils brûlent les corps morts, et ils enterrent les cendres et les os dans des cavernes sur les montagnes, pour qu'ils ne soient point foulés aux pieds des hommes ni des bêtes. Il y a beaucoup d'or, et ils se servent pour monnaie des coquillages que l'on trouve dans la mer.

XLIX

De la province de Gingui.

De la province de Tholoman en allant vers l'orient on rencontre celle de Gingui (Kouei-tcheou), et l'on marche pendant douze jours le long d'une rivière jusqu'à ce que l'on trouve une grande ville nommée Fungul [2]. Elle est sujette du Grand Khan, de même que tout le pays ; les habitants sont adonnés au culte des idoles.

1. Aujourd'hui département de Taï-ping (P.)
2. Aujourd'hui détruite. (P.)

On fabrique en cette province de belles étoffes d'écorce d'arbre, dont on fait des habits d'été. Il y a des lions en quantité, en sorte que personne n'oserait sortir la nuit hors de sa maison, car ils déchirent et dévorent tous ceux qu'ils rencontrent. Les navires qui montent et descendent sur la rivière ne sont point attachés au rivage à cause de ces lions; mais ils se tiennent à l'ancre au milieu, autrement les lions viendraient pendant la nuit et entreraient dans les vaisseaux et mangeraient tout ce qu'ils y trouveraient ayant vie.

Quoique ces lions soient grands et féroces, il y a cependant dans le pays des chiens si forts et si hardis qu'ils ne craignent point de les attaquer, et il arrive souvent qu'un homme à cheval avec son arc et deux chiens détruit un de ces lions. Car lorsque les chiens sentent le lion, ils courent sur lui en aboyant; surtout lorsqu'ils se voient soutenus du secours de l'homme, ils mordent le lion au derrière et à la queue. Et quoique le lion les menace de ses griffes, se tournant de côté et d'autre pour les attraper et les déchirer, les chiens s'en donnent de garde et n'en sont pas aisément blessés. Car pendant qu'il est occupé des chiens, le cavalier prend son temps pour lui décocher une flèche; cependant le lion s'enfuit, craignant que l'aboiement des chiens ne fasse venir d'autres chiens et d'autres hommes sur lui. Et lorsqu'il peut trouver un arbre, il se met à couvert derrière comme dans un fort, et, se tournant du côté des chiens, il se défend de toute sa force contre eux. Le cavalier, s'approchant de lui, tire encore des flèches, jusqu'à ce qu'il soit mort. Le lion ne voit pas les coups qui lui sont tirés, jusqu'à ce qu'enfin il tombe. Le pays abonde en soie, que les marchands transportent en diverses provinces.

L

Des villes de Cacausu, de Canglu et de Ciangli.

Après la province de Gingui on trouve plusieurs villes

et châteaux, et après qu'on a fait quatre journées de chemin on rencontre la très belle ville de Cacausu (Ho-Kian-fou), qui est de la province de Cathay, située au midi et abondante en soie, dont l'on fait de belles étoffes et des toiles mêlées d'or. A trois journées de cette ville du côté du midi, on trouve une autre grande ville nommée Canglu (Tchang-lou), qui abonde en sel, car le terrain est fort salineux. Voici comment ils tirent le sel. Ils amassent la terre en monceaux, où ils versent de l'eau pour attirer en bas l'humeur salée de la terre; puis ils tirent cette eau une seconde fois sur cette élévation de terre, et la cuisent devant le feu jusqu'à ce qu'elle soit tout à fait coagulée et réduite en masse de sel. Cinq journées par delà la ville de Canglu on trouve encore une autre ville nommée Ciangli (Thoi-nan), au travers de laquelle passe une grande rivière, très commode pour l'abord des vaisseaux chargés de marchandises; il se tient là une foire considérable.

LI

Des villes de Cudinfu et Singuimatu.

En avançant plus avant vers le midi on trouve, à six journées de là, une grande ville nommée Cudinfu[1], qui a eu autrefois son roi, avant qu'elle fût réduite sous la domination du Grand Khan. Elle a quarante autres villes dans sa dépendance, qui ont toutes de beaux plantages. En continuant d'aller vers le midi, après avoir fait trois journées de chemin, on rencontre une autre ville remarquable nommée Singuimatu[2], près de laquelle coule une grande rivière venant du côté du midi, que les habitants ont partagée en deux bras, l'un qui va à l'orient vers Mangi, et l'autre à l'occident vers Cathay. Il vient par ces deux ruisseaux un nombre

---

1. Yen-tcheou, capitale de la province où naquit le philosophe Khoung-fou-tse (Confucius). (P.)
2. Tsi-wing-tcheou, chef-lieu d'arrondissement appartenant à la province de Chang-toun. (P.)

infini de petits bateaux chargés de marchandises. De Singuimatu si vous faites douze journées vers le midi, vous trouvez continuellement des villages où l'on tient beaucoup de foires. Les habitants de ces pays-là sont idolâtres et obéissent au Grand Khan.

LII

Du grand fleuve Caromoran et des villes Conigangui et Caigui.

En suivant le premier chemin dont nous avons parlé, on rencontre un grand fleuve nommé Caromoran[1], que l'on dit prendre sa source dans le royaume du grand Prêtre-Jean. Il est large d'un mille et si profond qu'il porte les plus grands navires; il est aussi fort poissonneux. Non loin de l'embouchure de ce fleuve et à l'endroit où il se décharge dans l'Océan, il y a bien quinze mille navires, formant une flotte, que le Grand Khan entretient là afin d'être toujours en état de mener une armée dans les îles de la mer qui sont de sa domination, au cas qu'il en soit besoin. Parmi ces vaisseaux il y en a de si grands qu'ils peuvent porter quinze chevaux et autant d'hommes pour les monter, sans compter les vivres et le fourrage nécessaires pour les uns et les autres. Il y a outre cela environ vingt matelots dans chaque navire. Tout près de l'endroit où se tient cette flotte, il y a deux villes bâties sur le rivage, dont l'une s'appelle Conigangui et l'autre Caigui. Après avoir traversé ce fleuve, on entre dans la province de Mangi, dont nous allons parler.

1. Ou fleuve Noir, à cause de ses eaux troubles. C'est le fleuve Jaune actuel.

LIII

De la province de Mangi, et de la piété et de la justice du roi.

La province de Mangi[1] a eu un roi nommé Facfur, qui était riche et puissant, et, excepté le Grand Khan, il n'y en avait pas de plus grand que lui dans tous ces pays-là. Son royaume était bien fortifié, il le croyait inexpugnable et ne craignait point les irruptions de ses voisins, ce qui fit que ce roi et ses peuples tombèrent dans la mollesse et dans la nonchalance par trop de présomption. Les villes étaient munies de larges fossés pleins d'eau. Ils manquaient de chevaux, parce qu'ils croyaient n'avoir rien à craindre, ce qui faisait que leur roi vivait dans de continuelles délices. Il entretenait environ mille parasites et il avait une nombreuse garde. Il exerçait cependant la justice, conservait la paix et aimait la miséricorde; personne n'osait offenser son prochain ni troubler l'amitié fraternelle, autrement il aurait été puni. Il régnait dans ce royaume-là une si grande concorde, que les artisans laissaient souvent leurs boutiques ouvertes pendant la nuit sans crainte des voleurs. Les voyageurs et les étrangers pouvaient aller le jour et la nuit par tout le royaume sans rien craindre. Le roi était pieux et bienfaisant envers les pauvres, et il secourait tous ceux qui étaient dans l'indigence. C'est pourquoi il avait soin de faire recueillir tous les enfants trouvés, qui se montaient quelquefois, dans une seule année, jusqu'à vingt mille; et il les faisait nourrir à ses dépens. Car en ce pays-là les pauvres femmes abandonnent communément leurs enfants, afin que quelqu'un les prenne et les nourrisse. Le roi cependant donne des enfants trouvés aux riches de son royaume pour en avoir soin, principalement à ceux qui

---

1. Sous ce nom se trouve désignée la Chine méridionale, que le fleuve Jaune sépare du Cathay ou Chine septentrionale.

n'en ont point, et il leur ordonne d'adopter ceux-là. A l'égard de ceux qu'il nourrit à ses dépens, il les marie ensemble et leur donne de quoi vivre.

LIV

De quelle manière Baian, général de l'armée du Grand Kan, réduit la province de Mangi sous la puissance de son maître.

L'an de Notre-Seigneur 1268, le grand khan Koubilaï, convoitant la province de Mangi, s'en rendit le maître de la façon que nous allons dire : il envoya une grande armée composée de cavalerie et d'infanterie, dont il donna le commandement à Baian-Chinsan, lequel nom signifie « lumière à cent yeux »; celui-ci en entrant dans la province de Mangi commença par assiéger la ville de Conigangui, et la somma de se soumettre à l'obéissance de l'empereur son maître; mais, les habitants ayant refusé de le faire, il se retira sans avoir fait aucun dommage, et alla faire la même sommation à une seconde ville. Celle-ci refusant, comme l'autre, il alla à une troisième et de là à une quatrième et à une cinquième, ayant été refusé partout; mais étant venu à la sixième ville, il l'assiégea avec beaucoup de hardiesse et l'emporta. Après quoi il en fit autant des autres, en sorte qu'en fort peu de temps il en soumit une douzaine. Car son armée était composée de vaillants guerriers. Le Grand Khan lui envoya une autre armée qui ne cédait en rien à la première, ce qui jeta une grande épouvante dans le cœur des habitants de Mangi, et qui leur fit perdre courage. Or Baian fit marcher son armée vers la capitale nommée Quinsai, et où le roi de Mangi tenait sa cour. Le roi, voyant l'audace et le courage des Tartares, fut dans une extrême peur et se retira avec une grande suite dans de certaines îles inexpugnables, ayant mené avec lui environ mille navires, et laissant à la reine sa femme, en qui il avait beaucoup de confiance, le soin de défendre la ville de Quinsai. La reine se comporta avec un courage au-dessus de son sexe et n'oublia rien de tout ce qu'elle crut nécessaire pour la défense de la ville; et ayant entendu que le général de l'armée tartare s'appellait Baian-Chinsan ou Cent-Yeux, elle en fut fort étonnée, et son courage commença à se ralentir, surtout ayant été informée par ses astrologues et les magiciens que la ville de Quinsai ne serait jamais prise que par un homme à cent yeux. Et parce qu'il semblait contre nature qu'un homme pût avoir cent yeux, et que le nom de ce général devait signifier le pronostic, elle le manda et lui remit volontairement la ville et le royaume, ne voulant pas davantage résister aux destins. Ce que les habitants de la ville et du royaume ayant appris, ils se soumirent aussitôt au Grand Khan, excepté une seule ville, nommée Sanisu, laquelle ne put être soumise en trois ans. La reine alla se rendre à la cour du Grand Khan, qui la reçut avec beaucoup d'honneur. Le roi son mari demeura dans ses îles, où il acheva le reste de sa vie.

LV

De la ville de Conigangui.

La première ville qui se présente à ceux qui vont dans la province de Mangi s'appelle Conigangui. Elle est grande et considérable par ses richesses; elle est bâtie sur le fleuve de Caromoran; il y a là des vaisseaux en quantité; on fait aussi là beaucoup de sel, en sorte que quarante villes en reçoivent leur provision, de quoi le Grand Khan tire un grand profit. Les habitants de cette ville et des lieux circonvoisins sont idolâtres, et brûlent les corps morts.

LVI

Des villes de Panchi et de Chain.

Par delà la ville de Conigangui, après une journée de chemin et allant vers le septentrion, on trouve la ville de Panchi (Pao-ying) grande, belle et bien marchande ; elle abonde en soie et en toutes choses nécessaires à la vie ; la monnaie du Grand Khan a cours dans cette ville. Le chemin qui mène de Conigangui à Panchi est pavé de belles pierres, à droite et à gauche [1], et il n'y en a point d'autre pour entrer dans la province de Mangi. De cette ville de Panchi jusqu'à Chain (Pao-yeou), il y a une journée de chemin ; c'est aussi une belle ville ; il y a quantité de poisson, de bêtes fauves et d'oiseaux pour la chasse.

LVII

De la ville de Tingui.

A une journée de là, on vient à la ville de Tingui (Toung-tchéou), qui, quoiqu'elle ne soit pas fort grande, a cependant en abondance toutes les choses nécessaires à la vie : car il y a ici beaucoup de vaisseaux, vu qu'elle n'est pas loin de l'Océan. Dans l'intervalle de cette ville à la mer il y a plusieurs salines, auprès desquelles cette ville est bâtie. En sortant de Tingui, à une journée de chemin, en allant vers le septentrion, on trouve une fort belle ville nommée Zanguy (Yan-tchéou), située dans le plus beau pays du monde, et qui a vingt-sept autres villes sous sa dépendance. Et moi, Marco, j'ai commandé dans cette ville pendant trois ans par ordre du Grand Khan.

---

1. Chaussée qui suit le canal Impérial. (P.)

LVIII

Comment la ville de Sianfu fut prise par machines.

A l'occident, il y a un pays nommé Nanghi (Gan ou Ngan-Khin), qui est riche et agréable, où l'on fait une grande quantité d'étoffes de soie et or; il y a aussi du froment en abondance. La ville principale de ce pays-là se nomme Sianfu (Siang-yang); elle a douze autres villes qui sont de sa dépendance. Cette ville a été assiégée pendant trois ans par les Tartares, sans qu'ils aient pu la prendre, pendant que toute la province de Mangi fut subjuguée. Car elle est entourée de tous côtés de marais, en sorte que l'on n'en saurait approcher, sinon du côté du septentrion. Car, pendant que les Tartares l'assiégeaient, les assiégés recevaient continuellement des vivres et autres rafraîchissements par mer, ce qui chagrinait beaucoup le Grand Khan. Ce fut dans ce temps-là que j'allai à la cour dudit empereur, avec mon père et mon oncle; et nous lui donnâmes un conseil, pour prendre, en peu de temps, cette ville par le moyen de certaines machines dont l'usage n'était pas connu en ce pays. Ayant approuvé notre conseil, nous fîmes faire, par des charpentiers chrétiens, trois machines si grandes qu'elles jetaient des pierres de trois cents livres pesant. Après en avoir fait l'épreuve, le roi les fit mettre sur des vaisseaux et les envoya à son armée; ils les dressèrent devant la ville de Sianfu, et commencèrent à les faire jouer avec tant d'impétuosité contre la ville, que la première pierre étant tombée sur une maison l'écrasa presque entièrement. Les Tartares, ayant vu l'effet de ces machines, en furent fort étonnés; mais ceux de la ville, voyant le danger où ils se trouvaient, vu qu'ils n'étaient plus en sûreté dans leurs maisons ni sous leurs murailles, capitulèrent et se rendirent au Grand Khan, pour éviter une ruine totale [1].

---

1. Ce chapitre a donné lieu à de nombreux commentaires : car, outre

LIX

De la ville de Singui et d'une grande rivière.

On compte quinze milles de la ville de Sianfu à celle de Singui, qui, quoiqu'elle ne soit pas grande, possède néanmoins un grand nombre de vaisseaux. Elle est bâtie sur le bord d'une très grande rivière, telle qu'il n'y en a point de pareille dans le monde, nommé Quiam (le fleuve Kiang); elle est large en quelques endroits de dix milles, en d'autres de huit, et en d'autres de six, et sa longueur est de cent journées de chemin. Il y a sur ce fleuve quantité de vaisseaux, qui vont et viennent en si grande quantité que l'on dirait qu'en tout le monde on n'en pourrait pas trouver un si grand nombre. Il y a dans cette ville une foire très célèbre, où l'on amène des marchandises de toutes sortes d'endroits, par le moyen de cette rivière. Il y a environ deux cents autres villes sur le bord de cette rivière : car elle arrose seize provinces, et il n'y a pas une de ces provinces qui n'ait au moins mille navires. Les plus grands vaisseaux de ces pays-là sont couverts d'un seul pont, et chaque navire n'a qu'un mât pour mettre voile. Ils ne se servent point de cordes (de chanvre) si ce n'est pour le mât et les voiles; mais ils font les manœuvres et les autres cordes de grands roseaux (bambous), dont on tire ordinairement les vaisseaux sur le fleuve. Ils coupent ces roseaux, qui peuvent avoir quinze pas de long, et, ramassant les débris de ces roseaux, ils les tordent et en font des cordes très

---

que les textes de Marco Polo offrent beaucoup de variantes, des historiens chinois qui parlent de ce siège semblent dire qu'on y fit usage de véritables « canons à feu »; mais ce sont là de simples hypothèses. La question de priorité d'invention de la poudre est encore trop mal élucidée pour que l'on puisse rien admettre de certain à ce sujet. Selon les uns, les premiers « corps explosifs » seraient d'origine asiatique ; selon d'autres, l'Europe pourrait en revendiquer l'invention. Toujours est-il que notre auteur ne dit rien de particulier à ce propos.

longues dont quelques-unes sont de trois cents pas de long ; et ces manœuvres sont plus fortes que les cordes de chanvre mêmes.

LX

De la ville de Caigui.

La ville de Caigui (Koua-tcheou) est une petite ville bâtie sur le rivage de la rivière, vers le sud-est, dont nous avons parlé. Il croît dans son terroir une si grande provision de blé et de riz, qu'on en apporte jusqu'à la cour du Grand Khan. Car il y a plusieurs lacs que le Grand Khan a fait réunir, et qui donnent un passage convenable à des bateaux qui vont et qui viennent, quoique souvent plusieurs vaisseaux y doivent charger et porter du froment par toute la terre, jusqu'à un autre lac où il y a d'autres navires pour les décharger et qui vont plus loin. Il y a, auprès de la ville de Caigui, une certaine ville bâtie au milieu de la rivière, où l'on voit un monastère rempli de moines qui servent les idoles; et c'est le principal monastère de tous ceux qui s'adonnent au service des idoles.

LXI

De la ville de Cingianfu.

Cingianfu (Tchin-kiang-fou) est une ville dans la province de Mangi, où l'on fait beaucoup d'ouvrages d'or et de soie. Les chrétiens nestoriens y ont des églises, qu'y a fait bâtir un nommé Masareis, nestorien, qui commandait en cette ville-là de la part du Grand Khan vers l'an de Notre-Seigneur 1288.

LXII

De la ville de Cingingui, et du massacre de ses habitants.

Après être sorti de la ville de Cingianfu, à trois journées, on vient à la ville de Cingingui (Tchang-tchéou), et l'on trouve sur la route beaucoup de villes et de villages, où il se fait un grand trafic de toutes sortes de marchandises, et où les habitants s'adonnent à toutes sortes d'arts. La ville de Cingingui est grande et riche, et abondante en tout ce qui est nécessaire à la vie. Lorsque Baiam, général des Tartares, assiégeait la province de Mangi, il envoya de certains chrétiens que l'on appelait Alains[1] contre cette ville, qui l'assiégèrent si vivement que les habitants furent obligés de se rendre. Étant entrés dans la ville, ils ne firent mal à personne, parce que tout le monde se soumit de bon cœur au Grand Khan. Comme ils trouvèrent en cette ville de fort bon vin et en quantité, ils burent si copieusement qu'ils s'enivrèrent, et, accablés de sommeil, ils ne songèrent point à poser des gardes pendant la nuit. Ce qu'ayant remarqué les habitants, qui les avaient reçus d'abord de bonne volonté, ils se jetèrent sur eux pendant qu'ils dormaient et les tuèrent tous sans en excepter un seul. Baiam, ayant appris cette nouvelle, envoya contre la ville une autre armée, qui, s'emparant bientôt de ses défenses, mit à mort sans miséricorde tous les habitants, pour venger les victimes.

---

1. Ces Alains, d'origine scythe, envahirent l'Asie, dans la seconde moitié du IIIe siècle, en compagnie des Vandales, des Suèves et des Burgundes ou Bourguignons. Ils habitaient des contrées du Caucase où ils sont aujourd'hui connus sous le nom d'*Assetes*. Ils furent subjugués en partie par les lieutenants de Djengis-Khan; et la population, emmenée en Tartarie et en Chine, se retrouve sous le règne de Koubilaï-Khan, petit-fils de Djengis. (P.)

LXIII
De la ville de Singui.

Singui (Sou-tcheou) est une belle et grande ville qui peut avoir soixante milles de circuit; elle est fort peuplée, de même que toute la province de Mangi; mais les habitants ne sont pas belliqueux; ils sont bons marchands et bons artisans, et il y a beaucoup de médecins et de philosophes. Il y a dans la ville de Singui des ponts de pierre dont les arches sont si hautes que les plus grands navires, sans baisser leurs mâts, peuvent passer dessous. Il croît en cette province de la rhubarbe et du gingembre en quantité. Cette ville a sous sa dépendance seize autres villes fort marchandes; les habitants sont habillés d'étoffes de soie, car l'on y fait de ces étoffes en quantité. Le nom de Singui signifie en leur langue « ville de la Terre », de même qu'ils ont une autre ville nommée Quinsai, qui veut dire « ville du Ciel », qui sont deux villes très remarquables dans ces pays orientaux.

LXIV
De la noble ville de Quinsai.

A cinq journées de la ville de Singui, il y a une autre ville remarquable nommée Quinsai[1], qui veut dire « ville du Ciel »; elle est une des plus grandes du monde. Moi Marco, j'ai été dans cette ville et l'ai examinée diligemment en remarquant les coutumes et les mœurs du peuple. C'est pourquoi je rapporterai en peu de mots ce que j'ai vu et remarqué. Cette ville a cent milles de circuit; elle a douze mille ponts de pierre, dont les arches sont si hautes que les plus grands vaisseaux peuvent y passer dessous sans baisser leurs mâts. La ville

---

[1]. Hang-tcheou, ancienne capitale de l'empire des Soung, qui fut un des principaux centres où se forma la civilisation chinoise.

est bâtie dans un marais à peu près comme Venise, en sorte que sans le grand nombre de ses ponts il serait impossible d'aller d'une rue à l'autre. Il y a des artisans et des négociants en si grand nombre que cela paraîtrait incroyable si je le rapportais. Les maîtres ne travaillent point, mais ils ont des garçons pour cela. Les habitants de cette ville vivent dans les délices, mais surtout les femmes; ce qui les fait paraître plus belles qu'ailleurs. Du côté du midi il y a un grand lac dans l'intérieur des murailles de la ville, qui a trente milles de circonférence [1], sur lequel on voit plusieurs maisons de gentilshommes, ornées dehors et dedans. Il y a là aussi des temples des idoles. Au milieu du lac il y a deux petites îles, où l'on voit dans chacune un très magnifique château ou palais, dans lesquels on garde tous les ustensiles nécessaires à de grands festins; car tous les citoyens donnent de grands repas et mènent là leurs invités pour les recevoir avec plus d'honneur. Il y a dans cette ville de Quinsai des maisons très magnifiques; il y a aussi dans chaque rue des tours publiques, où chacun retire ses effets dans les incendies. Car cette ville a beaucoup de maisons de bois; ce qui fait qu'elle est sujette au feu. Les habitants sont idolâtres; ils mangent la chair de cheval, de chien et d'autres animaux impurs; ils se servent de la monnaie du Grand Khan. Le Grand Khan y a mis une forte garnison, pour la tenir en bride; et, pour empêcher les vols et les homicides, il y a une patrouille de dix hommes, la nuit, sur chaque pont. Il y a dans l'enceinte de cette ville une montagne qui soutient une tour, sur le haut de laquelle il y a des tables de bois que l'on y conserve; les gardes qui font sentinelle toutes les nuits, dès qu'ils aperçoivent le feu en quelque endroit de la ville, frappent sur ces tables avec des maillets de bois, dont le bruit se fait entendre par toute la ville et réveille

---

1. La Grande Géographie chinoise dit qu'en 1354 les murs de cette ville avaient six mille quatre cents tchangz, ce qui équivaut à environ vingt-quatre kilomètres.

les habitants et les met en état d'éteindre le feu. On frappe aussi ces tables lorsqu'il arrive quelque sédition. Toutes les places de la ville sont pavées de pierres, ce qui la rend très propre. On y voit aussi plus de trois mille bains qui servent aux hommes pour se laver : car cette nation fait consister toute la pureté dans celle du corps. Cette ville est éloignée de l'Océan de vingt-cinq milles à l'orient. Il vient en cet endroit-là une infinité de vaisseaux de l'Inde et des autres pays. La rivière, sur laquelle on amène toutes sortes de marchandises, vient de Quinsai à ce port-là. Comme la province de Mangi est fort étendue, le Grand Khan l'a partagée en neuf royaumes, à chacun desquels il a donné un roi. Tous ces rois sont puissants, mais ils sont sujets du Grand Khan; c'est pourquoi ils lui rendent compte tous les ans de leur administration et lui payent un certain tribut. Un de ces rois demeure dans la ville de Quinsai et commande à cent quarante villes. Toute la province de Mangi contient mille et deux cents villes, dans chacune desquelles il y a des garnisons mises par le Grand Khan pour tenir les peuples dans leur devoir. Les soldats ou gardes de ces villes sont comme le ramassis de plusieurs nations et tirés de l'armée du Grand Khan. Il y a dans cette province et principalement dans celle de Mangi une grande attention pour le mouvement des astres, par le moyen desquels on observe l'horoscope des enfants le jour de leur naissance, remarquant exactement le jour et l'heure que l'enfant vient au monde et la nature de la planète qui présidait alors. Ils se règlent par ces jugements astrologiques dans toutes les actions de la vie, et surtout dans leurs voyages. C'est aussi une coutume en ce pays-là, quand quelqu'un meurt, que ses parents se couvrent de gros sacs et portent le corps mort en chantant; ils peignent sur du papier les images de serviteurs, de servantes, de chevaux et de monnaie, et brûlent tout cela avec le cadavre, croyant que le mort jouit de tout cela réellement en l'autre monde, et qu'il aura autant de serviteurs qu'il y en a eu de peints sur ces papiers. Après cela ils font sonner plusieurs instruments de musique, disant que leurs dieux recevront le mort en l'autre vie avec une pareille cérémonie. Il y a dans la ville de Quinsai un palais fort magnifique où le roi Facfur faisait autrefois sa résidence; le mur extérieur qui défend ce château est de figure carrée et contient dix milles de circonférence, et est large à proportion. Dans l'enceinte du mur il y a de beaux vergers qui donnent d'excellents fruits; il y a aussi plusieurs fontaines et viviers remplis de poissons. Au milieu est le palais royal, dont nous avons parlé, qui est très ample et très beau, ayant vingt cours d'une égale grandeur, dans chacune desquelles dix mille hommes pourraient se remuer. Toutes ces cours sont peintes et embellies royalement. Au reste, on compte dans la ville de Quinsai six cent mille familles, en comptant pour chaque famille le père, la mère, les enfants, les domestiques, etc. Il n'y a qu'une seule église de chrétiens nestoriens. C'est aussi la coutume dans cette province et dans toute celle de Mangi que chaque chef de famille écrive son nom sur la porte de sa maison, celui de sa femme et de toute sa famille jusqu'au nombre des chevaux qu'il a; et lorsqu'il meurt quelqu'un de sa famille ou qu'on change de logis, on efface le nom du mort ou de celui qui a changé de lieu; mais l'on écrit le nom d'un nouveau-né ou d'un enfant adoptif. Par ce moyen-là on peut savoir aisément le nombre de tous les habitants de la ville. Les hôteliers écrivent de même sur leur porte les noms des voyageurs et des hôtes qui logent chez eux et quel jour et quel mois ils sont arrivés.

LXV

Des revenus que le Grand Khan tire de la province de Mangi.

Le Grand Khan exige tous les ans beaucoup du sel que l'on fait dans la ville de Quinsai et dans son territoire;

il tire des autres choses, et surtout des marchandises, une si grande somme d'argent qu'elle est incalculable. Cette province produit une grande quantité de sucre, et toute espèce d'aromates. Le Grand Khan reçoit trois et demi par cent mesures d'aromates; il en fait de même de tous les biens des marchands. Il tire aussi un grand revenu du vin fait de riz et d'aromates; les artisans, surtout d'une douzaine de conditions, lui rendent un certain profit. Il tire dix pour cent des aunes de soie, qui, dans la province de Mangi, se font en quantité. Moi Marco j'ai une fois entendu faire le récit de tout ce que retire le Grand Khan de la province de Quinsai chaque année, et qui n'est que la neuvième partie de la province de Mangi : la somme montait, excepté le revenu du sel, à quinze millions d'or et six cent mille livres.

LXVI

De la ville de Tampingui.

En partant de la ville de Quinsai et allant vers le septentrion, on trouve continuellement de belles plantations et des champs cultivés, jusqu'à ce qu'à une journée de chemin on vient à la très belle et très remarquable ville de Tampingui (Chao-hing-fou, chef-lieu du Tchékiang). A trois journées de cette ville, allant toujours vers le septentrion, on trouve des villes et des châteaux en quantité, et qui sont si près les uns des autres qu'on dirait de loin qu'ils ne sont tous qu'une grande ville. Il y a grande abondance de vivres en ce quartier-là ; il y croit aussi des roseaux (bambous) de la longueur de quinze pas et de quatre paumes de circonférence. Allant plus avant, et à trois journées de là, on rencontre une belle et grande ville, au delà de laquelle, continuant toujours son chemin du côté du septentrion, on rencontre beaucoup d'autres villes et de châteaux. Il y a dans ce pays-là beaucoup de lions, qui sont grands et féroces ; mais l'on n'y trouve point de moutons, ni dans la province de Mangi; mais il y a une grande quantité de bœufs, de chevreaux, de boucs, de porcs. A quatre journées de chemin, on rencontre une autre belle ville, nommée Ciangiam (Soui-tchang-hien, chef-lieu d'un canton du département de Tchou-tcheou), qui est bâtie sur une montagne, laquelle montagne partage une rivière en deux parties, qui prennent leur cours par des chemins tout opposés. A trois journées plus loin, on trouve la ville de Cugui, qui est la dernière de la province.

LXVII

Du royaume de Fugui.

Ayant laissé derrière soi la ville de Cugui, on entre dans le royaume de Fugui (Fou-Tcheou) où, après avoir marché six jours, il faut aller par des montagnes et des vallées, où l'on trouve beaucoup de villes et de châteaux. Ce pays-là produit en quantité tout ce qui est nécessaire à la vie; la chasse y est aussi abondante, tant pour les bêtes sauvages que pour les oiseaux, et il y a des lions en quantité. Le gingembre croît là en abondance; il y croît aussi une certaine fleur assez semblable au safran, c'est d'une autre espèce, quoiqu'on s'en serve au même usage. L'on mange de la chair humaine en ce pays-là avec grand plaisir, pourvu que les hommes ne soient pas morts de maladie. Quand ils vont à la guerre, ils se font à chacun une marque au front avec un fer chaud; et il n'y a parmi eux que le général seul qui aille à cheval. Ils se servent de lances et de boucliers; et quand ils ont tué quelqu'un de leurs ennemis, ils en boivent le sang et en mangent la chair : car ce sont des gens très cruels.

LXVIII

Des villes de Quelinfu et Unquen.

Après avoir fait les six journées dont nous avons parlé, on vient à une ville nommée Quelinfu, qui est grande et considérable, bâtie sur le bord d'une rivière qui passe près des murailles. Il y a sur cette rivière trois ponts de pierre ornés de colonnes de marbre très magnifiques; ces ponts ont huit pas de largeur et mille de long. Cette ville a en abondance de la soie, du gingembre; les hommes et les femmes y sont beaux. On y trouve des poules qui ont du poil au lieu de plumes, comme les chats; leur poil est noir, mais elles pondent de fort bons œufs. Et parce que ce pays-là est rempli de lions, les chemins y sont fort dangereux. A quinze milles de cette ville, on en trouve une autre nommée Unquen; il croît dans son territoire quantité de sucre, que l'on transporte à la cour du Grand Khan, c'est-à-dire à la ville de Cambalu.

LXIX

De la ville de Fugui.

A quinze milles plus loin on rencontre la ville de Fugui[1], qui est la capitale et l'entrée du royaume de Concha (Fo-Kien), qui est un des neuf royaumes compris dans la province de Mangi. Il y a dans cette ville une très forte garnison pour défendre la province et les autres villes et pour réprimer les séditieux qui voudraient se rebeller contre l'empereur. Il passe à travers cette ville une grande rivière qui a bien un mille de largeur (le fleuve Min-Kiang); et parce que cette ville n'est pas fort éloignée de la mer Océane, il s'y

---

1. Fou-tcheou, ville maritime, dont l'arsenal a été détruit, en 1884, par la flotte française, sous les ordres de l'amiral Courbet.

tient une foire considérable où l'on apporte de l'Inde un grand nombre de perles et d'autres pierres précieuses; il y a aussi du sucre en abondance et toutes sortes de vivres.

LXX

Des villes de Zeiton et de Figui.

Après avoir traversé la rivière ci-dessus, et à cinq journées de chemin, on va à la ville de Zeiton [1]; l'on ne trouve jusque-là ni villes ni châteaux. Ce pays est abondant en tout ce qui est nécessaire à la vie; et il y a des montagnes et des forêts; sur les arbres des forêts on ramasse la poix. La ville de Zeiton est fort grande; elle a un fort bon port, où il vient une grande quantité de vaisseaux indiens, chargés de diverses sortes de marchandises. Il y a un des plus beaux marchés qui soient au monde; car le poivre et tous les aromates qui vont d'Alexandrie dans tous les pays chrétiens sont transportés de cette foire à Alexandrie. Le Grand Khan tire un fort grand revenu de cette ville, car sur chaque vaisseau il a un certain droit qui monte très haut; peu s'en faut qu'il ne tire la moitié de chaque espèce de parfums. Il y a aussi en ce pays-là une autre ville nommée Figui (Tek-Houa) qui est considérable, surtout par les belles écuelles (porcelaines) que l'on y fait. Cette province a une langue particulière. Ce que nous avons dit jusqu'ici de la province de Mangi suffira; et quoique nous n'ayons fait la description que de deux royaumes des neuf qu'elle comprend, nous avons jugé à propos de passer les autres sous silence pour parler de l'Inde [2], où nous avons demeuré pendant quelque temps et où nous avons vu plusieurs choses admirables et que nous avons, pour ainsi dire, touchées du doigt.

1. Thsiouan-tcheou, dans la province du Fou-kien.
2. Comme on le verra, le voyageur comprend sous ce nom tous les territoires asiatiques alors connus qui ne font pas partie de l'empire du Grand Khan, à commencer par le Japon, qu'il appelle Zipangu.

LIVRE III

I

Quelles sortes de navires il y a dans l'Inde.

Nous commencerons ce troisième livre, où nous traiterons de l'Inde, par les vaisseaux (jonques) qui y sont en usage. Les plus grands navires dont les Indiens se servent sur mer sont faits ordinairement de bois de sapin [1] ; ils n'ont qu'un pont, que nos matelots appellent couverture, sur lequel il y a environ quarante loges pour les marchands. Chaque vaisseau a un gouvernail, quatre mâts et autant de voiles ; les planches en sont jointes avec des clous de fer, et les fentes en sont bien étoupées. Et parce que la poix ou goudron est rare dans leur pays, ils goudronnent leurs vaisseaux avec de l'huile d'un certain arbre, mêlée avec de la chaux [2]. Les grands vaisseaux peuvent porter deux cents hommes, qui les conduisent en mer avec des rames ; chaque navire peut outre cela porter environ six mille caisses. Il y a de petites chaloupes attachées à la queue de ces grands vaisseaux, et qui servent à la pêche et à jeter les ancres.

II

De l'île de Zipangu.

L'île de Zipangu [3], qui est située dans la haute mer,

---

1. Ou de quelque bois analogue par sa légèreté, car le sapin n'est pas fort répandu dans les régions chaudes de l'Asie.
2. Ciment nommé gallegate de Surate, composé de chaux vive réduite en poussière et d'huile dans laquelle on a fait fondre du brai sec. (P.)
3. Le Japon, en chinois Ji-pen-kouet, royaume du Soleil levant. (P.)

est éloignée du rivage de Mangi de quinze cents milles ; elle est fort grande ; ses habitants sont blancs et bien faits ; ils sont idolâtres et ont un roi qui est indépendant de tout autre. Il y a dans cette île de l'or en très grande abondance ; mais le roi ne permet que fort difficilement qu'on en transporte hors de l'île. C'est pourquoi aussi il n'y a guère de marchands qui aillent négocier dans cette île. Le roi a un palais magnifique, dont la couverture est de lames d'or pur, de même que chez nous les grandes maisons le sont de plomb ou de cuivre. Les cours et les chambres sont aussi couvertes de ce précieux métal. On trouve en ce pays-là des perles en abondance, rondes, grosses, et de couleur rouge, qui sont bien plus estimées que les blanches. Il y a aussi d'autres pierres précieuses, lesquelles, jointes à la grande quantité d'or[1] qu'il y a dans cette île, la rendent très riche.

III

De quelle manière le Grand Khan envoie une armée pour s'emparer de l'île de Zipangu.

Le grand khan Koubilaï, ayant appris que l'île de Zipangu était si riche, songea aux moyens de s'en rendre le maître. C'est pourquoi, ayant envoyé deux chefs, dont l'un s'appelait Abatan et l'autre Nonsachum, il leva deux grandes armées pour l'assiéger. Ces généraux, étant partis des ports de Zeiton et de Quinsai avec plusieurs vaisseaux chargés de cavalerie et d'infanterie, mirent à la voile vers l'île de Zipangu ; et ayant mis pied à terre, ils ravagèrent le plat pays et détruisirent tous les châteaux qui se trouvèrent à leur rencontre ; mais avant que de subjuguer l'île, il survint entre eux un fâcheux différend touchant la prééminence, ni l'un ni l'autre ne voulant céder le commandement à son compagnon, ce qui causa un obstacle

---

1. Le Japon est en effet très riche en mines d'or.

dangereux au succès de leur entreprise. Car ils ne prirent qu'un seul château, lequel étant pris, ceux qui avaient été chargés de le défendre par le roi de Zipangu furent condamnés par le général à être passés par le fil de l'épée. Parmi ces misérables il s'en trouva huit qui avaient de certaines pierres attachées à leurs bras, dont l'efficace était telle, sans doute par les enchantements diaboliques, qu'il fut impossible en aucune manière de les blesser, bien moins de les tuer avec le fer, en sorte que l'on résolut de les assommer à coups de leviers [1].

IV

Les vaisseaux des Tartares se brisent et périssent.

Il arriva un jour que, s'étant levé sur mer une furieuse tempête, les vaisseaux des Tartares furent jetés sur les côtes; sur quoi les matelots ayant pris conseil éloignèrent de terre leurs vaisseaux, sur lesquels étaient les deux armées tartares. Mais, la tempête augmentant, plusieurs des navires s'entr'ouvrirent, et beaucoup de monde fut submergé. Il y en eut parmi ceux-ci qui se sauvèrent sur des planches et autres débris à une petite île dont ils n'étaient pas fort éloignés, et qui est assez près de l'île de Zipangu [2]. Ceux qui échappèrent avec leurs vaisseaux s'en retournèrent chez eux; on compta jusqu'à trente mille hommes de ceux qui s'étaient sauvés du naufrage dans cette petite île, après que leurs vaisseaux furent rompus. Et comme ils ne savaient comment faire pour sortir de là, et que l'île, qui était inhabitée, ne pouvait leur fournir des vivres, ils n'attendaient plus que la mort.

---

1. Marco Polo parle ici d'après ce qu'il a pu entendre dire par des soldats ayant fait partie de l'expédition. Les Orientaux, comme le remarque très justement M. Pauthier, ne sont pas seuls à croire au pouvoir des amulettes. « On pourrait citer chez nous, dit-il, des militaires qui ont cru être préservés des boulets et des balles par certains objets bénits qu'ils portaient sur eux. »

2. Apparemment l'île de Sado.

V

De quelle manière les Tartares évitent le danger présent de la mort, et s'en retournent à l'île de Zipangu.

La tempête étant apaisée, les habitants de l'île de Zipangu vinrent avec beaucoup de vaisseaux et en grand nombre pour attaquer les Tartares qui étaient sans armes dans cette petite île, où ils ne pouvaient recevoir du secours de personne. Ayant donc mis pied à terre, et laissé leurs vaisseaux près du rivage, ils allèrent chercher les Tartares; mais ceux-ci, usant de prudence, se cachèrent non loin du bord de la mer, en attendant que les arrivants fussent un peu loin. Alors ils sortent de leurs retraites, entrent dans les vaisseaux des Zipanguiens, et se sauvent adroitement du danger, en laissant leurs ennemis dans l'île. Et allant de ce pas à l'île de Zipangu avec les pavillons et les enseignes zipanguiens, qu'ils avaient trouvés dans les vaisseaux, ils se rendirent dans la principale ville de l'île. Les habitants, voyant les enseignes de leur nation et croyant que c'étaient leurs gens qui revenaient victorieux, sortirent au-devant d'eux et les introduisirent, sans les savoir leurs ennemis, dans leur ville. Ceux-ci, y étant, les chassèrent tous, excepté quelques femmes.

VI

De quelle manière les Tartares sont chassés à leur tour de la ville qu'ils avaient surprise.

Or le roi de Zipangu, ayant appris tout ce qui se passait, renvoya d'autres vaisseaux pour délivrer ses gens, qui étaient enfermés, comme nous avons dit, dans la petite île. Il assiégea la ville que les Tartares avaient surprise, et il en fit fermer toutes les avenues avec tant de diligence qu'il ne pouvait sortir ni entrer personne. Car il jugeait très nécessaire que les Tartares assiégés ne pussent pas donner avis de ce qui se passait au Grand Khan, leur prince; autrement c'eût été fait de son île. Le siège dura sept mois, au bout desquels les Tartares, voyant qu'il n'y avait pas d'apparence de secours, rendirent la ville au roi de Zipangu, et s'en retournèrent sains et saufs chez eux. Cela arriva l'an de Notre-Seigneur 1289.

VII

De l'idolâtrie et de la cruauté des habitants de l'île de Zipangu.

Les Zipanguiens adorent plusieurs idoles différentes : car les unes ont la tête d'un bœuf, d'autres d'un cochon, d'autres d'un chien, et enfin d'autres de divers animaux. Ils en ont qui ont quatre faces dans une même tête, d'autres trois, une à l'ordinaire et les deux autres à côté, sur chaque épaule. Il y en a enfin qui ont plusieurs mains, les unes quatre, les autres vingt, et d'autres jusqu'à cent; celles qui ont le plus de mains sont estimées plus véritables. Et lorsqu'on demande à ces gens-là d'où ils tiennent cette tradition, ils répondent qu'ils imitent en cela leurs pères, et qu'ils ne doivent point croire autre chose que ce qu'ils ont reçu d'eux [1]. Les Zipanguiens ont une autre coutume; quand ils attrapent quelque étranger, s'il peut se racheter de leurs mains par argent ils le laissent aller; mais s'il n'a point d'argent, ils le tuent et le font cuire; après quoi ils le mangent avec leurs amis et leurs parents [2].

1. Tout ce qui vient d'être dit se rapporte au culte bouddhique, qui de longue date s'était répandu dans toute l'Asie orientale et dont chaque peuple personnifiait à sa façon les mythes symboliques.
2. D'anciens récits de voyageurs confirment cette assertion. (P.)

VIII

De la mer de Cim.

La mer où sont ces îles (de Zipangu et autres) s'appelle la mer de Cim[1], ce qui veut dire la mer qui avoisine le Mangi : car dans leur langage les habitants de ces îles appellent le Mangi du nom de Cim. Or, dans cette mer, selon le témoignage des pêcheurs et marins, il y a sept mille quatre cents îles, qui sont presque toutes habitées et qui produisent en grande quantité toutes sortes d'épices et choses précieuses, tant comme produits des arbres et des plantes que comme métaux et pierreries. A vrai dire, la distance de ces îles est grande, et les marins de la province de Mangi sont les seuls qui s'y rendent. Ils y vont pendant l'hiver et en reviennent pendant l'été, parce qu'il n'y a que deux sortes de vents qui y règnent et qui sont directement opposés : le vent d'hiver, servant pour y aller, et le vent d'été, pour en revenir[2].

IX

De la province de Ciamba.

En partant du port de Zeiton et naviguant vers le sud-ouest, on vient à la province de Ciamba[3], qui est éloignée de ce port de mille et cinquante milles. Elle est fort grande et a des moutons en abondance. Les habitants sont idolâtres et ont un langage particulier.

---

1. *Cim* ou *Tchin*, dont les Occidentaux ont fait le nom de *Chine*. Ce nom fut donné par les Japonais au grand empire continental à l'époque où le fameux Chi-Hoang-Ti, de la dynastie de *Thsin* (221-208 avant notre ère), étendit ses conquêtes sur une grande partie de l'Asie. (P.)
2. Ces îles innombrables, dont Marco Polo ne parle d'ailleurs que par ouï-dire, sont évidemment celles dont les géographes modernes forment le vaste archipel de la Malaisie.
3. Province de la Cochinchine actuelle.

L'an de l'Incarnation du fils de Dieu 1268, le Grand Khan envoya un général nommé Sogatu avec une puissante armée pour subjuguer cette province; mais lorsqu'il fut arrivé dans le pays, il reconnut que les villes y étaient si bien fortifiées et les châteaux si forts qu'il était comme impossible de les prendre. Il brûla cependant toutes les maisons de campagne, coupa les arbres et causa tant de dommage dans cette province que le roi se rendit de lui-même tributaire du Grand Khan, afin qu'il fît retirer ce général hors de ses terres. Ils firent un accord, à savoir, que le roi de Ciamba enverrait tous les ans au Grand Khan vingt éléphants des plus beaux. Et moi, Marco, j'ai été dans cette province, dont le roi avait alors une si grande multitude de femmes qu'il avait trois cent vingt-six fils ou filles, et dont cent cinquante de ses fils étaient déjà en âge de porter les armes. Il y a beaucoup d'éléphants en ce pays-là, et du bois d'aloès en abondance ; on y trouve aussi des forêts d'ébène.

X

De l'île de Java.

Après avoir laissé la province de Ciamba, on navigue vers le midi pendant quinze cents milles, jusqu'à la grande ville nommée Java, qui peut avoir de circuit trois mille milles. Elle a un roi qui n'est tributaire de personne. Il y a du poivre en abondance, des noix muscades et autres aromates. Plusieurs marchands vont là trafiquer, car ils gagnent beaucoup sur les marchandises qu'ils en apportent. Les habitants de l'île sont idolâtres, et le Grand Khan n'a pu jusqu'ici les réduire sous sa domination.

XI

De la province de Soucat.

En naviguant de l'île de Java, on compte sept cent milles jusqu'aux îles nommés Sondur et Condur[1] par delà lesquelles en avançant entre le midi et l'ouest, on compte cinquante milles jusqu'à la province de Soucat (Bornéo), qui est très riche et très étendue; elle a son propre roi et un langage particulier. Les habitants sont idolâtres. L'on nourrit en ce pays-là de très grands ours apprivoisés. Il y a aussi beaucoup d'éléphants et de l'or en quantité. Ils se servent pour monnaie de grains d'or. Il y a peu d'étrangers qui abordent dans cette province, parce que les gens y sont trop inhumains.

XII

De l'île de Petan.

En s'éloignant de la province de Soucat, on navigue l'espace de cinq cents milles vers le midi jusqu'à l'île de Petan (Bintang dans la presqu'île de Malacca), dont le terroir est la plus grande partie en forêts et en bois; les arbres y sont odoriférants et rendent un grand profit. De là on vient dans le royaume de Maletur (Malacca), où il y a une grande abondance d'aromates; les habitants y ont une langue particulière.

XIII

De l'île qui est appelée la petite Java.

Par delà l'île de Petan en naviguant par le vent dit siroch, on trouve la petite Java (Sumatra), éloignée de

---

[1] Iles des Deux-Frères et de Condor. (P.)

Petan de cent milles. On dit qu'elle a de circuit deux mille milles. Cette île est divisée en huit royaumes, et les habitants ont une langue particulière. Elle produit divers parfums qui ne sont point connus en notre pays. Les habitants sont idolâtres. Cette île est si avancée du côté du midi, que l'étoile tramontane (étoile polaire) n'y peut plus être vue[1]. Moi Marco j'ai été dans cette province, et j'ai parcouru six de ses royaumes, à savoir celui de Ferlech, celui de Basman, celui de Samara, celui de Dragoiam, celui de Lambri et celui de Fansur; je n'ai point été dans les deux autres.

XIV

Du royaume de Ferlech.

Les habitants de ce royaume, qui occupent les montagnes, ne suivent aucune loi, mais vivent en bêtes, adorant la première chose qui se rencontre le matin dans leur chemin. Ils mangent la chair des animaux purs et impurs, et même celle des hommes. Ils sont mahométans, ayant appris cette loi des marchands saracéniens qui viennent là.

XV

Du royaume de Basman.

Il y a dans ce royaume une langue particulière, et les habitants vivent en bêtes. Ils reconnaissent le Grand Khan pour leur seigneur, mais ils ne lui payent aucun tribut, si ce n'est qu'ils lui envoient quelquefois des présents de bêtes sauvages. On trouve là une grande

---

1. L'île de Sumatra est en effet placée sur la ligne équatoriale, point extrême de visibilité de l'étoile polaire, que les anciens marins appelaient la *tramontane*. On sait que l'expression proverbiale *perdre la tramontane* est un souvenir du temps ou, la boussole n'étant pas inventée, les navigateurs ne pouvaient plus se diriger quand ils cessaient de voir l'étoile correspondant au pôle boréal.

quantité d'éléphants et de licornes[1], et ces animaux sont un peu plus petits que les éléphants, ayant le poil d'un buffle et le pied comme un éléphant; ils ont la tête faite comme un éléphant, et ils cherchent aussi bien que les cochons la boue et l'ordure; ils portent une grosse corne noire au milieu du front; ils ont la langue rude et ils en blessent souvent les hommes et les animaux. Ce pays abonde aussi en singes de diverses espèces, de grands et de petits, qui sont très semblables aux hommes. Les chasseurs les prennent et les épilent, excepté à l'endroit de la barbe et de certaines autres parties du corps; et après les avoir tués, ils les assaisonnent de plusieurs herbes odoriférantes; après cela ils les font sécher, et ils les vendent aux négociants, qui les portent en divers endroits de la terre et font accroire que ce sont de petits hommes que l'on trouve dans les îles de la mer.

XVI

Du royaume de Samara.

J'ai été, moi Marco, dans le royaume de Samara avec mes compagnons pendant cinq mois; mais ce ne fut pas sans beaucoup d'ennui : car nous attendions là que le temps fût propre à naviguer. Les habitants y vivent comme des bêtes, mangeant la chair humaine d'un grand appétit. C'est pourquoi, méprisant leur compagnie, nous nous bâtimes de petites baraques de bois tout près de la mer, où nous nous tenions sur la défensive contre les insultes de cette canaille. On ne voit dans ce royaume-là ni la Grande ni la Petite Ourse (constellations polaires boréales), comme les astronomes les appellent, tant cette île est éloignée du septentrion. Les habitants sont idolâtres; ils ont là de fort bons poissons, et en abondance; mais il n'y croît point

---

1. Sous le nom de licorne ou unicorne, qu'on donne souvent à un animal fabuleux, Marco Polo désigne évidemment le rhinocéros.

du blé. Ils font du pain de riz. Ils n'ont point de vignes non plus, mais ils tirent une boisson de certains arbres de la manière suivante. Il y a en ce pays-là beaucoup d'arbres qui n'ont que quatre branches (sorte de palmiers), lesquels ils coupent dans une certaine saison de l'année et dont il sort une liqueur qu'ils ramassent. Elle coule en si grande abondance que dans un jour et une nuit ils peuvent remplir du flux d'une seule branche une cruche; après quoi ils en emplissent une autre, jusqu'à ce que la branche ne coule plus, et c'est là leur vendange[1]. Ils ont un moyen de rendre ce flux plus abondant par les arrosements des eaux, qu'ils répandent sur les racines de l'arbre lorsqu'il pleure trop lentement; mais alors cette liqueur n'est pas si agréable que lorsquelle coule naturellement. Ce pays est aussi très abondant en noix d'Inde (cocos).

XVII

Du royaume de Dragoiam.

Les hommes de ce royaume sont pour la plupart très sauvages; ils adorent les idoles et ont un langage particulier et un roi. Ils ont une coutume parmi eux qui est que quand quelqu'un est malade, ses amis et ses parents assemblent les magiciens et les enchanteurs, pour leur demander si le malade en réchappera; et ceux-ci répondent ce que les démons leur suggèrent. S'ils disent qu'il n'en réchappera pas, ils ferment la bouche du patient pour lui empêcher la respiration; et ainsi le font mourir, pour qu'il ne meure pas de maladie. Puis ils dépècent sa chair, la cuisent et la mangent, et ce sont les parents et les meilleurs amis qui font cette horrible action. Ils disent pour leurs raisons que si sa chair pourrissait, elle serait convertie en vers, et que ces vers enfin, ne trouvant plus à se repaître sur son

---

[1]. Chacun a entendu parler du vin de palmier, boisson très agréable et très capiteuse.

cadavre, mourraient à la fin de faim, de quoi l'âme du défunt souffrirait de grandes peines en l'autre monde. Ils enterrent les os dans les cavernes des montagnes, de peur qu'ils ne soient foulés aux pieds des hommes et des animaux. Et lorsqu'ils prennent un homme d'un pays étranger, s'il ne peut pas racheter sa vie avec de l'argent, ils le tuent et le mangent.

XVIII

Du royaume de Lambri.

Il y a encore un autre royaume dans la susdite île nommé Lambri, où il croît des arbres de brésil[1] en grande quantité ; lorsqu'ils ont poussé, on les transplante et les laisse trois ans en terre ; après quoi on les déracine de nouveau. Moi, Marco, j'ai apporté des graines de ces arbres avec moi en Italie, et je les ai fait semer ; mais ils n'ont pas poussé, faute de chaleur suffisante. Les habitants de ces pays-là sont idolâtres. On trouve quelques hommes qui ont une queue comme un chien, de la longueur d'une paume ; mais ils se retirent dans les montagnes. Il y a aussi des licornes et plusieurs autres sortes d'animaux.

XIX

Du royaume de Fansur.

Il croît dans le royaume de Fansur d'excellent camphre qui se vend au poids de l'or. Les habitants font du pain de riz, car ils n'ont point de blé. Ils font une boisson de la liqueur des arbres, comme nous avons expliqué ci-dessus. Il y a en ce pays-là de certains arbres,

---

1. Le bois dit de brésil était dès longtemps connu en Europe, où on l'apportait comme matière tinctoriale, sans que ceux qui l'employaient en connussent la provenance exacte. Notons que, plus tard, le Brésil actuel dut son nom à cela que ceux qui le découvrirent y trouvèrent l'arbre qui fournit ce précieux bois.

dits « mori » (sagou ou arbre à pain), qui ont l'écorce fine, et sous laquelle on trouve une espèce de farine excellente, qu'ils apprêtent fort bien. C'est un mets délicat, et dont j'ai quelquefois mangé avec délectation.

XX

De l'île de Necuram.

On compte par mer de l'île de Java cent cinquante milles jusqu'aux îles Necuram et Anganiam (îles Nicobar). Le peuple de l'île de Necuram vit tout à fait bestialement, il n'a point de roi : ils vont tout nus, tant les hommes que les femmes. Ils ont des parcs remplis d'arbres, du sandal, des noix d'Inde et des clous de girofle; ils ont aussi des brésils en abondance et quantité d'aromates.

XXI

De l'île d'Angania.

L'île d'Angania est grande, les habitants y vivent en bêtes, ils sont sauvages et très cruels, ils adorent les idoles et vivent de chair, de riz et de lait ; ils mangent aussi de la chair humaine. Les hommes sont mal bâtis, car ils ont la tête faite comme celle d'un chien, de même que les dents et les yeux. Il y a dans cette île une étrange abondance de toutes sortes de parfums, de même que des arbres fruitiers de toutes les sortes.

XXII

De la grande île de Seilam.

Depuis la susdite île du côté du sud-ouest, on compte mille milles jusqu'à l'île de Seilam (Ceylan), qui est estimée pour une des meilleures îles du monde, ayant deux mille et quarante milles de circuit. Elle a été autrefois plus grande. Car l'on dit dans le pays qu'elle avait autrefois trois mille et six cents milles de tour ; mais le vent du septentrion soufflant avec impétuosité pendant plusieurs années, les vagues de la mer ont tellement empiété sur cette île qu'avec le temps elles ont englouti jusqu'à des montagnes et beaucoup d'autres terres. Cette île a un roi très riche et qui ne paye tribut à personne ; les habitants sont idolâtres et vont presque tout nus. Ils n'ont point d'autre blé que le riz, dont ils vivent et de lait. Ils ont en abondance de la graine de sésame, dont ils font de l'huile. Ils tirent leur boisson des arbres suivant la manière expliquée ci-dessus. Cette île produit plusieurs pierres précieuses, entre autres des rubis, des saphirs, des topazes et des améthystes. Le roi de cette île a un rubis que l'on croit être le plus beau qui soit au monde, car il est long d'une paume et de la grosseur de trois doigts ; il brille comme le feu le plus ardent et n'a aucun défaut. Le Grand Khan a voulu donner à ce roi une belle ville pour ce rubis ; mais il refusa de le donner, sous prétexte qu'il le tenait de ses prédécesseurs. Les habitants de cette île ne sont point guerriers ; mais lorsqu'ils sont obligés de faire la guerre, ils prennent des étrangers à leur solde, surtout des mahométans.

XXIII

Du royaume de Maabar, qui est dans la grande Inde.

Par delà l'île de Seilam, et à soixante milles, on trouve la province de Maabar[1], qui est appelée aussi la grande Inde. C'est une terre ferme et non pas une île. Il y a cinq rois dans cette province, qui est très riche. Dans le premier de ces royaumes, nommé Lar, règne Senderba ; on y trouve des perles en grande quantité.

---

1. Malgré l'analogie de nom, il ne s'agit pas ici du Malabar, mais du Coromandel, qui est au nord-est du cap Comorin, tandis que le Malabar est au nord-ouest, sur la côte opposée, et il en sera parlé plus loin sous le nom de Mélibar. (P.)

Entre ce continent et une certaine île, il y a un bras de mer presque à sec et vaseux; en quelques endroits il n'a pas plus de dix pas de profondeur, en quelques autres il n'en a que trois et même deux : c'est là que l'on ramasse les perles. Plusieurs marchands viennent là avec beaucoup de vaisseaux grands et petits, et font descendre des hommes au fond de la mer, et pêchent des coquilles dont on recueille des perles. Ces pêcheurs, quand ils ne peuvent plus rester sous l'eau, reviennent dessus en nageant; après cela ils replongent de nouveau, ce qu'ils font plusieurs jours de suite. Il y a aussi dans ce bras de mer de grands poissons qui tueraient facilement un homme, si on ne se servait contre eux de l'artifice suivant. Les marchands amènent avec eux de certains magiciens, que l'on appelle « abrajamin » (brahmanes ou prêtres de Brahma) : ces magiciens conjurent ces poissons par leurs enchantements et leur art magique, en sorte qu'ils ne peuvent plus faire de mal à personne. Or pendant la nuit, qui est le temps où les négociants font la pêche des perles, ces magiciens interrompent l'effet de leurs conjurations, de crainte que les voleurs, sentant qu'il n'y aurait pas de danger, ne se jettent dans la mer et n'enlèvent les coquilles avec les perles. Or il n'y a personne que ces enchanteurs qui sache les paroles de cette conjuration. Cette pêche des perles ne se fait pas pendant toute l'année mais seulement pendant les mois d'avril et de mai; mais on pêche une très grande quantité de perles dans ce peu de temps. Les marchands donnent au roi le dixième, aux magiciens le vingtième et récompensent libéralement les pêcheurs. Au reste, depuis la mi-mai on ne trouve plus de perles en cet endroit, mais on en trouve dans un autre, qui est éloigné de trois cents milles de celui-là; et on les pêche là pendant les mois de septembre et d'octobre. Les habitants de cette province vont tout nus; le roi va nu tout comme les autres, portant au col un collier d'or orné de saphirs, de rubis et d'autres pierres précieuses. Il a aussi pendu au col un cordon de soie où il y a cent et quatre pierres précieuses, à savoir des perles de moyenne grosseur, qui est comme une espèce de chapelet, sur lequel il récite pendant la journée autant d'oraisons, qu'il marmotte à ses dieux. Il porte aussi à chaque bras et à chaque jambe trois cercles d'or, où il y a des pierres précieuses enchâssées. Les doigts de ses pieds et de ses mains sont aussi ornés de petites pierres très précieuses, enchâssées aussi dans de l'or.

XXIV

Du royaume de Lar et des diverses erreurs de ses habitants.

Tous les habitants du royaume de Lar sont idolâtres : plusieurs adorent un bœuf comme une divinité, c'est pourquoi ils n'en tuent aucun ; et quand il en meurt quelqu'un, ils oignent leurs maisons de sa graisse [1]. Il y en a cependant parmi eux qui, quoiqu'ils ne tuent point de bœuf, en mangent cependant bien la chair quand ils ont été tués par d'autres. On dit que l'apôtre saint Thomas a été mis à mort dans cette province, et que l'on y a conservé son corps jusqu'à présent dans une église. Il y a dans ce pays-là beaucoup de magiciens, qui s'adonnent aux augures et aux divinations. Il y a aussi beaucoup de monastères où l'on sert les idoles ; certains habitants leur consacrent leurs filles, quoiqu'ils les gardent dans leurs maisons, excepté les jours que les prêtres des idoles veulent faire leurs solennités. Car alors ils font venir ces filles et ils chantent avec elles à l'honneur de leurs faux dieux, d'un ton aussi déplaisant que forcé. Ces filles portent aussi à manger avec elles, et présentent ces mets à l'idole. Et pendant qu'ils chantent et trépignent, ils s'imaginent que leurs dieux mangent de ce qui leur a été

---

1. On sait que le bœuf et la vache sont considérés comme animaux sacrés par les Hindous.

présenté; et surtout ils répandent en leur présence le jus des viandes, à quoi ils croient que leurs dieux prennent un singulier plaisir. Ces cérémonies étant achevées, les filles s'en retournent chez elles. Elles continuent de servir ainsi les idoles jusqu'à ce qu'elles soient mariées. On observe encore en ce pays-là une coutume, que quand le roi est mort et qu'on le mène pour être brûlé, plusieurs de ses soldats se jettent dans le feu dans l'espérance que dans l'autre vie ils ne seront point séparés de lui; les femmes font la même chose lorsque leurs maris doivent être brûlés, dans l'espérance qu'elles seront leurs épouses en l'autre monde. Et ceux qui n'observent point cela ne sont aucunement estimés parmi les gens du pays. Il y a encore une autre coutume étrange en ce pays-là : si quelqu'un est condamné pour crime, il regarde comme une faveur de s'égorger lui-même à l'honneur de quelque dieu. Car si le roi lui accorde cette grâce-là, alors tous ses parents et ses amis s'assemblent, et dix ou douze lui mettent le couteau sur la gorge; ils l'assoient sur une chaise et le mènent par toute la ville en criant : « Cet homme se doit tuer à l'honneur de tel ou tel dieu. » Après quoi il se perce lui-même, en criant : « Je me tue en l'honneur d'un tel dieu. » Cela dit, il écarte sa plaie, et l'achève lui-même avec un autre fer; et il se fait tant de plaies qu'enfin il en meurt. Les parents brûlent son corps avec beaucoup de joie.

XXV

De plusieurs différentes coutumes du royaume de Lar.

C'est une coutume en ce pays-là que le roi aussi bien que ses sujets s'assoient à terre; et lorsqu'on les reprend de cette coutume, ils ont coutume de répondre : « Nous sommes nés de la terre et nous devons retourner en terre, c'est pourquoi nous voulons honorer la terre. » Ils ne sont point accoutumés à la guerre, et quand ils y vont, ils ne se revêtent point d'habillements propres à se garantir des coups, mais ils portent des boucliers et des lances. Ils ne tuent aucun animal; mais quand ils veulent manger de la viande, ils font en sorte que des gens d'une autre nation tuent les animaux. Tant les hommes que les femmes se lavent le corps deux fois par jour; et si quelqu'un voulait se dispenser de cette règle, il serait regardé comme un hérétique. Ils punissent rigoureusement les vols et les homicides. Ils n'ont pas l'usage du vin; et si quelqu'un avait été surpris à en boire, il serait regardé comme un infâme et comme incapable de témoigner en justice. On refuse aussi comme témoins ceux qui ont osé s'exposer aux dangers de la mer, car on les regarde comme des désespérés.

XXVI

De quelques autres circonstances de ce pays-là.

Il ne vient point de chevaux dans le pays; mais le roi de Lar et les quatre autres rois dépensent une grande somme d'argent, tous les ans, pour en acheter. Car il n'y a point d'année qu'ils n'en achètent plus de dix mille, que les négociants amènent d'autres pays, et dont ils tirent un grand profit. On achète plusieurs fois des chevaux dans une année, parce que les chevaux ne sauraient vivre longtemps dans ce pays-là, et que ceux qui en ont soin ne savent par quel moyen guérir leurs maladies; quand quelques cavales mettent bas leurs poulains, ils ont toujours quelques défauts qui les rendent inutiles, car ils viennent avec les pieds tordus ou quelques autres incommodités. Il ne croit aucun blé dans cette province; mais il y a beaucoup de riz, dont il est impossible de nourrir les chevaux, à moins qu'on ne leur donne ce riz cuit avec de la viande. En ce pays-là il ne pleut guère que dans les mois de juin, juillet et août : s'il ne pleuvait pas dans ces mois-là, personne ne pourrait vivre à cause de l'extrême chaleur. Le pays est fertile en toutes sortes d'oiseaux que l'on ne connaît point en notre pays.

XXVII

De la ville où est enterré le corps de saint Thomas.

Dans la province de Maabar, qui est la grande Inde, on conserve le corps de saint Thomas apôtre, qui a souffert le martyre en cette province pour l'amour de Jésus-Christ. Son corps repose dans une petite ville où il y a beaucoup de chrétiens et de mahométans, qui lui rendent l'honneur qui lui est dû. Il vient peu de marchands en cette ville-là, parce qu'il y a peu de négoce. Les habitants du pays disent que cet apôtre a été un grand prophète et ils l'appellent Avoryam, qui veut dire « saint homme ». Les chrétiens qui viennent de loin pour honorer son corps emportent avec eux quand ils s'en vont de la terre où l'on dit qu'il a été mis à mort, et en mêlent à la boisson des malades pour leur guérison, croyant que c'est un remède souverain.

Ils disent qu'en l'an 1277 il fut fait le miracle suivant à son tombeau : Le prince, ayant une grande moisson de riz à faire et n'ayant pas assez de place pour le serrer, s'empara de l'église et des maisons qui dépendaient de cette église dédiée à saint Thomas, et y serra son riz malgré ceux qui gardaient ces lieux. Or il arriva quelque temps après que le saint lui apparut la nuit, tenant une verge de fer à la main, et la lui présentant au gosier le menaçait de le tuer, en disant : « Si vous ne sortez au plus tôt de mes maisons, que vous avez témérairement occupées, vous mourrez d'une mort honteuse. » Lorsqu'il s'éveilla, il laissa, suivant le commandement de l'apôtre, son église ; de quoi les chrétiens furent fort consolés et remercièrent Dieu et son saint.

XXVIII

De l'idolâtrie des païens de ce royaume-là.

Tous les habitants du royaume de Maabar, tant hommes que femmes, sont noirs ; mais ils emploient quelque moyen pour cela, s'imaginant que plus on est noir et plus on est beau. Car ils frottent les enfants trois fois la semaine d'huile de sésame, ce qui les rend très noirs ; celui qui parmi eux est le plus noir est le plus estimé. Les idolâtres rendent aussi noires les images de leurs dieux, disant que les dieux sont noirs et tous les saints ; mais ils peignent le démon blanc, assurant que les démons sont de cette couleur. Et lorsque ceux qui adorent le bœuf vont à la guerre, ils portent avec eux du poil d'un bœuf sauvage et le lient au crin de leurs chevaux. Les gens de pied l'attachent à leurs cheveux ou à leurs boucliers, croyant que cela les garantira de tout danger : car ils regardent un bœuf sauvage comme très saint.

XXIX

Du royaume de Mursili, où l'on trouve les diamants.

Par delà le royaume de Maabar, à mille milles, on trouve celui de Mursili (Masulipatan), qui ne paye tribut à personne. Les habitants vivent de chair, de riz et de lait et sont mahométans. On trouve en quelques montagnes de ce royaume-là des diamants : car lorsqu'il pleut les hommes vont aux endroits où les ruisseaux coulent des montagnes, et ils trouvent beaucoup de diamants dans le gravier. En été ils montent aussi sur les montagnes, quoique avec beaucoup de peine à cause de l'extrême chaleur qu'il fait, et s'exposent à un danger évident à cause des grands serpents qui sont là en grand nombre ; ils cherchent dans les vallées des montagnes et dans les autres lieux caverneux, des diamants, et quelquefois ils en trouvent en abondance. Et voici comment : il y a dans ces montagnes des aigles blancs, qui mangent les serpents dont nous avons parlé ; les hommes allant par les montagnes, et souvent, à cause des chemins difficiles et des précipices, ne pouvant pas descendre dans les vallées, y jettent des morceaux de viande fraîche ; les aigles, apercevant ces morceaux, viennent pour les prendre, et de cette manière ils emportent les diamants qui se sont attachés à la viande. Les hommes, ayant vu où l'aigle est allé, courent à cet endroit et trouvent les petites pierres qui sont autour du nid ; mais si les aigles mangent la viande sur-le-champ, les chasseurs prennent garde où il se retire la nuit pour dormir, et ils vont chercher les diamants au milieu et parmi leur fiente. Les rois et les gens de qualité achètent les plus beaux diamants, et ils permettent aux marchands d'emporter les autres. Cette province abonde en tout ce qui est nécessaire à la vie, et surtout il y a un grand nombre de béliers de très forte taille.

XXX

Du royaume de Laë.

Après avoir quitté la province de Maabar et allant vers l'occident, on trouve la province de Laë, qui est habitée par les abrajamins (sectateurs de Brahma), qui ont en horreur tout mensonge. Ils n'ont chacun qu'une femme, ils ont en abomination le rapt et le vol, ils ne se servent pour la vie ni de chair ni de vin et ne tuent aucun animal. Ils sont idolâtres et s'attachent aux augures. Quand ils veulent acheter quelque chose, ils considèrent premièrement leur ombre, et suivant le jugement qu'ils forment, ils payent la marchandise. Ils mangent peu et font de grandes abstinences. Ils usent dans leur boisson d'une certaine herbe qui aide beaucoup à la digestion. Ils ne se font jamais saigner. Il y a parmi eux quelques idolâtres, qui vivent très austèrement à l'honneur de leurs idoles. Ils vont tout nus et disent qu'ils n'ont pas de honte de ce qui est sans péché. Ils adorent les bœufs et se frottent avec beaucoup de révérence le corps d'une huile qu'ils font de leurs os. Ils ne se servent point de couteaux en mangeant; mais ils mettent leur manger sur des feuilles sèches, qu'ils prennent aux arbres qui portent les pommes dites de Paradis (bananiers) ou de quelques autres arbres. Ils ne mangent ni fruits ni herbes vertes, car ils disent que toutes ces choses, si elles sont vertes, ont vie et âme. C'est pourquoi ils ne veulent point les tuer, de peur de faire un grand péché en privant de la vie aucune créature. Ils dorment sur la terre nue et ils brûlent les corps morts.

XXXI

Du royaume de Coilum.

En allant du royaume de Maabar à l'autre partie de la côte, on trouve à cinq cents milles le royaume de Coilum[1], où il y a beaucoup de chrétiens, de juifs et de païens. Le roi de ce pays-là ne paye tribut à personne, et les peuples ont un langage particulier. Il y croît beaucoup de poivre, car les forêts et autres lieux sont pleins des petits arbres qui le portent. On le recueille dans les mois de mai, juin et juillet. Il y a en ce pays-là de si grandes chaleurs qu'il est impossible de vivre. Les rivières même y sont si chaudes qu'on peut y cuire un œuf. On fait beaucoup de sortes d'ouvrages en ce pays-là, à cause du grand gain que les négociants qui viennent les acheter y apportent. On trouve aussi là beaucoup d'animaux qui ne sont point dans les autres pays. Car on y trouve des lions gris, des paparaux (perroquets) qui ont les pieds blancs et le bec rouge, des poules toutes différentes des nôtres. Ils croient que cette diversité vient de la grande chaleur du climat. Il n'y croît point de froment, mais du riz. Ils

---

1. Quilou ou Koulem, sur la côte du Malabar.

font une boisson avec du sucre au lieu de vin. Il y a plusieurs astrologues et médecins. Ils vont presque tout nus, tant hommes que femmes. Ils deviennent noirs et difformes par la trop grande ardeur du soleil, mais ils croient au contraire en être plus beaux. Ils prennent des femmes parmi leurs parents au troisième degré, et ils épousent aussi leur belle-mère quand le père est mort, et leur belle-sœur quand le frère est mort, ce qui se pratique d'ailleurs dans toute l'Inde.

XXXII

De la province de Comar.

Le pays de Comar[1] est la partie de l'Inde où le pôle arctique peut encore être vu, mais on ne peut le voir depuis l'île de Java jusqu'à ce pays-là, parce que tous les pays qui sont entre deux sont au delà de la ligne équinoxiale. Ce pays est fort sauvage ; il y a beaucoup d'animaux qui sont inconnus dans les autres pays, surtout des singes, qui ressemblent parfaitement aux hommes ; il y a aussi des lions et des léopards en grand nombre.

XXXIII

Du royaume d'Eli.

En sortant de la province de Comar et allant vers l'occident, on trouve à trois cents milles le royaume d'Eli, qui a son roi particulier et une langue particulière. Les habitants sont idolâtres. Le roi est très riche et possède de grands trésors ; mais il n'a pas un grand peuple, quoique le pays soit fortifié par nature. Il y croît une grande quantité de poivre, de gingembre et d'autres aromates. Si quelque navire chargé est obligé de relâcher dans cette province, par tempête ou par

---

1. Apparemment la région que termine le cap *Comorin*.

nécessité, les habitants s'emparent de tout ce qu'il y a dans le vaisseau et disent aux commandants : « Vous aviez résolu d'aller ailleurs avec vos marchandises, mais notre dieu et la fortune vous ont adressés ici : c'est pourquoi nous profitons de ce qu'ils nous envoient. »

XXXIV

Du royaume de Mélibar.

Après le royaume d'Éli on vient au royaume de Mélibar (le Malabar actuel), qui est dans la grande Inde vers l'occident, qui a son roi particulier, qui ne paye tribut à personne et a une langue particulière. Les habitants sont idolâtres. Il y a en ce royaume beaucoup de pirates, qui tous les ans écument la mer avec cent navires et prennent tous les vaisseaux marchands qu'ils trouvent. Ils mènent avec eux leurs femmes et leurs enfants et passent tout l'été sur mer, fermant le passage à tous les marchands, en sorte que très difficilement ils peuvent s'échapper de leurs lacs. Car avec vingt navires ils tiennent les passages de cent milles, mettant un de leurs vaisseaux de cinq milles en cinq milles ; lorsqu'ils aperçoivent un vaisseau chargé de marchandises, ils donnent un signal avec de la fumée, pour avertir le plus proche de leurs navires, et ainsi de l'un à l'autre ils savent dans un moment qu'il y a un navire à prendre, et alors on détache autant de vaisseaux qu'il est nécessaire pour prendre celui qui arrive. Ils ne font point d'autre mal aux hommes de ce navire que de les mettre à terre, les priant d'aller chercher d'autres marchandises et de revenir par le même chemin. Il y a en ce pays-là une grande abondance de poivre, de gingembre et de noix d'Inde (cocos).

XXXV

Du royaume de Gozurath.

Il y a auprès du royaume de Mélibar un autre royaume nommé Gozurath, qui a un roi particulier et une langue particulière. Ce royaume est dans la petite Inde, vers l'occident ; on y voit le pôle arctique sur l'horizon à six brasses de hauteur, ce qui fait sept ou huit degrés célestes. Il y a aussi en ce royaume des pirates, qui, quand ils ont pris quelques marchands, les obligent de boire du tamarin avec de l'eau de la mer, qui leur donne d'abord le flux de ventre. Ils font ainsi parce que quand les marchands aperçoivent de loin les pirates, ils ont coutume d'avaler les perles et les pierres précieuses qu'ils portent, de peur qu'ils ne les prennent ; mais ceux-ci, qui n'ignorent pas leur finesse, les obligent de rendre les pierres qu'ils ont avalées. Il y a en ce pays-là grande abondance de poivre sauvage et de gingembre. Il y a aussi certains arbres dont on recueille une grande quantité de soie. Cet arbre croît de la hauteur de six pas, et rapporte du fruit pendant vingt années ; après quoi il ne vaut plus rien. On prépare aussi en ce royaume du cuir très beau et aussi bon qu'on en puisse trouver ailleurs.

XXXVI

Des royaumes de Tana, de Cambaeth, et de quelques autres.

Du royaume dont nous avons parlé ci-dessus on va par mer aux royaumes de Tana, de Cambaeth (Cambay), de Semenath, qui sont situés à l'occident, où l'on fait plusieurs sortes d'ouvrages. Chacun de ces royaumes a son roi et sa langue particulière. Je ne peux pas en dire beaucoup de choses, parce qu'ils sont dans la Grande Inde, dont je n'ai pas dessein de parler, si ce n'est de quelques endroits situés sur le bord de la mer.

XXXVII

Des deux îles où les hommes et les femmes vivent séparément.

A cinq cents milles par delà du royaume de Semenath, du côté du midi, il y a deux îles éloignées l'une de l'autre de trente milles : dans l'une les hommes demeurent, elle est pour cela appelée île Mâle; tandis que l'autre où habitent les femmes est appelée île Femelle[1]. Ils sont chrétiens, tant les hommes que les femmes, et se marient ensemble. Les femmes ne viennent jamais à l'île des hommes, mais les hommes viennent à celle des femmes, et ils demeurent pendant trois mois de suite avec elles, à savoir chacun avec sa femme et dans sa maison. Après quoi, ils s'en retournent dans leur île, où ils demeurent tout le reste de l'année. Les femmes gardent les fils qu'elles ont de leurs maris jusqu'à l'âge de quatorze ans; après quoi elles les renvoient à leurs pères. Ces femmes ne font pas autre chose que d'avoir soin de leurs fils et de recueillir les fruits de la terre; mais les hommes travaillent pour nourrir leurs femmes et leurs enfants. Ils sont adonnés à la pêche et prennent des poissons en quantité, qu'ils vendent, étant desséchés, aux marchands et dont ils tirent un grand profit. Ils vivent de chair, de poisson, de riz et de lait. Cette mer abonde en baleines et en grands poissons. Les hommes n'ont point de roi; mais ils ont un évêque qu'ils regardent comme leur seigneur, et qui est suffragant de l'archevêque de Scoira, dont nous allons parler.

---

1. Les commentateurs ne se sont pas encore accordés sur la situation et l'identité de ces îles.

XXXVIII

De l'île de Scoira.

En avançant vers le midi, à la distance de cinq cents milles, on trouve une autre île nommée Scoira[1], dont les habitants sont chrétiens et ont un archevêque. On fait en cette île beaucoup de sortes d'ouvrages, car elle abonde en soie et en poissons. Ils n'ont point d'autres graines que le riz. Ils vont tout nus et vivent de chair, de lait et de poissons. Les pirates apportent dans cette île beaucoup de biens qu'ils volent et qu'ils y viennent vendre. Car les habitants, sachant que toutes ces choses ont été enlevées aux Turcs et aux idolâtres, les achètent volontiers. Il y a dans cette île, parmi les chrétiens, beaucoup d'enchanteurs, qui peuvent par leur art conduire les vaisseaux en mer comme ils veulent, quand même ils auraient un vent favorable ; car alors ils peuvent leur donner un vent contraire et amener les vaisseaux dans l'île malgré eux[2].

XXXIX

De la grande île de Madaigascar.

Après avoir quitté l'île de Scoira et naviguant du côté du midi pendant mille milles, on vient à Madaigascar (Madagascar), qui est mise au nombre des plus riches îles du monde. On dit qu'elle contient quatre mille milles de tour ; les habitants sont mahométans. Ils n'ont point de roi, mais ils sont gouvernés par quatre des plus anciens. Cette île produit beaucoup plus d'éléphants qu'aucun pays du monde. Il y a une île nommée Zanzibar qui fait un grand trafic d'ivoire, car en tout le monde je ne pense pas qu'il y ait une si grande quantité

---

1. Socotra, à l'entrée du golfe d'Ormuz.
2. Toujours les choses que Marco Polo a entendu dire.

d'éléphants que dans ces deux îles. On ne mange point dans cette île d'autre viande que celle de chameau, laquelle chair est fort saine aux habitants; il y a une multitude presque infinie de ces animaux dans cette île. Il y a outre cela dans cette île des forêts de sandals et de bon rouge, dont on fait plusieurs ouvrages. On prend aussi dans la mer de grandes baleines, d'où l'on tire de l'ambre. Il y a des lions, des léopards, des cerfs, des daims, des chevreuils et plusieurs autres sortes d'animaux et d'oiseaux propres à la chasse. Enfin on y trouve diverses espèces d'oiseaux dont on n'a jamais entendu parler chez nous. Plusieurs marchands viennent en cette île à la faveur du flux de la mer. Car on peut venir en vingt jours de la province de Maabar à cette île de Madaigascar avec le flux de la mer; mais on a de la peine à en sortir; et il faut quelquefois trois mois pour surmonter les dificultés de ce flux, parce que la mer porte toujours vers le midi avec beaucoup d'impétuosité[1].

XL

D'un très grand oiseau nommé ruc.

Il y a encore d'autres îles par delà Madaigascar; mais l'accès en est très difficile à cause de l'impétuosité de la mer. Il parait dans ces îles, en un certain temps de l'année, une espèce d'oiseau fort surprenant, nommé ruc[2], ayant la figure d'un aigle, mais d'une grandeur extraordinaire. Ceux qui ont vu de ces oiseaux disent que la plupart de leurs plumes sont de dix pas de long, qu'elles sont grosses à proportion et que tout

---

[1]. Ces remarques sur les courants de la mer africaine sont absolument confirmées par les observations scientifiques modernes. (P.)

[2]. C'est l'oiseau fabuleux *ruc*, *rouk* ou *roc*, dont il est souvent fait mention dans les légendes indiennes et dans lequel les naturalistes modernes pensent reconnaître l'*Epyornis* ou quelque autre représentant des espèces d'oiseaux gigantesques dont la race est aujourd'hui éteinte, mais dont l'existence est attestée par des restes d'ossements, et notamment par les œufs énormes qu'on retrouve parfaitement conservés.

leur corps répond à cela. Cet oiseau est si fort qu'il prend sans aucun secours que de ses propres forces un gros éléphant et l'élève en haut, puis le laisse tomber pour en faire sa pâture. Moi, Marco, ayant entendu parler de cet oiseau, je pensais que c'était un griffon, qui est un animal à quatre pieds, quoiqu'il ait des plumes. Il est en tout semblable au lion, si ce n'est qu'il a la mine d'un aigle; mais ceux qui avaient vu de ces rucs assuraient constamment qu'ils n'avaient rien de commun avec tous les autres animaux, et qu'il n'avaient que deux pieds comme les autres oiseaux. De mon temps, l'empereur Koubilaï avait un certain courrier qui avait été détenu prisonnier dans ces îles, et qui, ayant été relâché, raconta à son retour des choses surprenantes de ces pays-là et des diverses sortes d'animaux que l'on y trouve.

XLI

De l'île de Zanzibar.

On trouve là aussi une autre île qui contient deux milles de circuit, ayant un roi particulier et un langage distingué. Les habitants sont idolâtres, les hommes sont gros et courts; et s'ils étaient grands à proportion, ils pourraient passer pour des géants. Ils sont si forts qu'un de ces gens-là portera la charge de quatre ou cinq autres. Ils sont grands mangeurs, et un repas d'un de ces hommes-là pourrait suffire à cinq de notre pays. Ils sont noirs et vont nus. Ils ont beaucoup de cheveux et si crépus qu'il faut les mouiller pour pouvoir les étendre. Ils ont la bouche grande, les narines larges et retroussées, les oreilles grandes et le regard affreux. Les femmes sont aussi laides, ayant les yeux affreux, la bouche grande et le nez gros. Ils vivent de chair, de riz, de lait et de dattes. Ils n'ont point de vin; mais ils font une certaine boisson avec du riz, du sucre et autres épices. Plusieurs marchands débarquent en cette île parce qu'il y a beaucoup de baleines et d'éléphants. Ces insulaires sont forts et hardis ; et comme ils n'ont point de chevaux, ils se servent à la guerre de chameaux et d'éléphants, bâtissant sur ces derniers des châteaux de bois, qui peuvent contenir jusqu'à quinze et vingt hommes tout armés. Leurs armes consistent en des lances, des poignards et des pierres. Ces sortes de châteaux portatifs sont couverts de cuir. Quand ils vont à la guerre, ils donnent aux éléphants un breuvage qui les rend plus hardis. Cette île abonde en lions, léopards et autres bêtes sauvages, que l'on ne voit point dans les autres pays. Ils ont encore une espèce d'animal qu'ils appellent « gaffa » (girafe), qui a le col long de trois pas ; il a les jambes de devant bien plus longues que celles de derrière ; il a la tête petite, et il est de plusieurs couleurs et marqueté par le corps ; cet animal est doux et ne fait de mal à personne.

XLII

De la multitude des îles qui sont dans l'Inde.

Outre les îles ci-dessus mentionnées, il y en a plusieurs autres dans l'Inde, qui sont sujettes et dépendantes des premières et des principales. Le nombre de ces îles est si grand que l'on ne saurait le dire au juste. Si nous croyons les pilotes et ceux qui ont navigué longtemps dans ces mers-là, ces îles sont au nombre de douze mille et sept cents.

XLIII

De la province d'Abasia.

Nous avons fait jusqu'à présent la description des pays différents de l'Inde Majeure et Mineure. La Grande Inde commence depuis la province de Maabar et finit au royaume de Rescomaran ; l'Inde Mineure commence depuis le royaume de Ciamba et finit au royaume de Murfili. Maintenant nous parlerons de l'Inde Moyenne, qui est proprement nommée Abasia[1]. C'est un pays très grand et divisé en sept royaumes qui ont chacun leur roi, dont il y en a quatre chrétiens et trois mahométans. Les chrétiens portent une croix d'or sur le front, qui leur est appliquée au baptême; les mahométans, de leur côté, ont une marque qui leur tient depuis le front jusqu'au milieu du nez. Il y a aussi beaucoup de juifs, qui sont marqués avec un fer chaud sur les deux mâchoires. Il y a tout près de ce pays-là une autre province nommée Aden, où l'on dit que saint Thomas, apôtre de Notre-Seigneur Jésus-Christ, a prêché la foi et qu'il en a converti plusieurs; après quoi il alla trouver le roi de Maabar, où il mourut pour la confession du nom de Jésus-Christ.

XLIV

D'un certain homme qui fut maltraité par ordre du sultan.

L'an de Notre-Seigneur Jésus-Christ 1258, le premier des rois d'Abasia voulut, pour un motif de dévotion, aller visiter les Lieux Saints à Jérusalem, de sorte qu'ayant fait part de son dessein à ses conseillers, ils

---

1. L'Abyssinie, ancienne Éthiopie. — On pourra trouver singulier que le voyageur donne le nom d'Inde Moyenne à une contrée africaine fort distante d'ailleurs des deux autres Indes; mais peut-être ne faut-il pas entendre la désignation *Moyenne* comme s'appliquant à un territoire intermédiaire. Il semble que Marco Polo ait voulu établir l'ordre par l'étendue des pays dont il parle, et la région abyssinienne viendrait, selon lui, au deuxième rang. A cette époque, d'ailleurs, la configuration des diverses parties du monde connu n'était pas encore bien nettement indiquée par les travaux des géographes, et nous avons vu dans le récit de Rubruquis (chap. xv) qu'il était alors admis que « le cours du Tanaïs ou Don servait de limite entre l'Europe et l'Asie, comme celui du Nil séparait l'Asie de l'Afrique ». Quoi qu'il en soit, selon Marco Polo, l'Inde Majeure se compose de la région comprise entre les bouches du Gange et celles de l'Indus (Hindoustan actuel), et l'Inde Mineure, des pays placés entre les bouches du Gange et les frontières méridionales de la Chine proprement dite (Indo-Chine d'aujourd'hui).

le dissuadèrent d'entreprendre ce voyage, lui représentant les dangers des chemins, particulièrement parce qu'il fallait passer en plusieurs endroits sur la terre des mahométans; mais ils lui conseillèrent d'y envoyer plutôt quelque évêque en sa place et de le charger de quelque présent pour Jérusalem. Le roi agréa ce conseil et envoya un évêque venant dans le pays d'Aden (encore ainsi nommé), qui est habité par les mahométans, qui haïssaient Jésus-Christ d'une haine implacable; il fut pris par ces infidèles et mené au roi d'Aden. Le roi ayant appris de lui qu'il était envoyé de la part du roi d'Abasia à la Terre Sainte, il le chargea de menaces pour lui faire renoncer le nom de Jésus-Christ et embrasser l'Alcoran. L'évêque, persévérant dans sa foi, répondit qu'il aimait mieux mourir que d'abjurer Jésus-Christ pour suivre Mahomet. Alors le sultan, rempli de rage en mépris de Jésus-Chrit et du roi d'Abasia, lui fit infliger les plus cruels outrages; après quoi il le renvoya au roi d'Abasia. Ce roi, voulant venger l'injure faite à Jésus-Christ, leva une grande armée d'infanterie, de cavalerie et d'éléphants portant des châteaux sur leur dos, et déclara la guerre au roi d'Aden. Mais le sultan, ayant fait alliance avec deux autres rois, s'en alla à la rencontre du roi d'Abasia. Le combat s'étant donné, beaucoup des gens du roi d'Aden y furent tués, et le roi d'Abasia demeura victorieux. C'est pourquoi il entra dans le pays d'Aden avec son armée et commença à le ravager d'une étrange manière, tuant tous les mahométans qui voulaient faire résistance. Il resta dans ce royaume un mois entier; et, après avoir causé beaucoup de dommage à son ennemi, il retourna dans son pays chargé de gloire et d'honneur, se réjouissant d'avoir châtié la perfidie du sultan.

XLV

Quelles sortes de différentes bêtes on trouve dans la province d'Abasia.

Les habitants d'Abasia vivent de chair, de lait et de riz. Ce pays a plusieurs villes et villages où l'on fait plusieurs ouvrages ; on y trouve de très bon bouracan et des étoffes de soie en abondance. Les Abasiniens ont aussi beaucoup d'éléphants ; ils ne naissent point dans le pays, mais on les tire des îles. Les girafes, les lions, les léopards, les chevreaux et diverses autres espèces d'oiseaux, que l'on ne trouve point ailleurs, y naissent en quantité. Outre cela il y a en ce pays-là de très belles poules et de grands strutchions (autruches), presque aussi gros que des ânes, et plusieurs autres bêtes et oiseaux propres à la chasse. Enfin l'on y trouve des chats de plusieurs espèces, dont quelques-uns ont la face presque semblable à celle de l'homme.

XLVI

De la province d'Aden.

La province d'Aden a un roi particulier qu'ils appellent sultan, ayant sous sa domination des mahométans, qui ont les chrétiens en abomination. Ce pays est orné de beaucoup de villes et de châteaux et a un très bon port, où viennent plusieurs navires qui y apportent diverses sortes d'épiceries. Les marchands d'Alexandrie viennent acheter ces aromates, et les chargent dans de petits bateaux qu'ils conduisent par une certaine rivière pendant sept journées de chemin [1] ; après quoi ils en chargent des chameaux, qui les portent à trente journées de là, jusqu'à un autre fleuve appelé d'Égypte (le

---

1. Il semble ici que la mer Rouge soit considérée comme une rivière. (P.)

Nil), où étant arrivés, il les chargent de nouveau sur des vaisseaux qui les mènent à Alexandrie ; et il n'y a point de plus court chemin que celui-là pour aller de ces pays orientaux à Alexandrie[1]. Ces négociants amènent outre cela beaucoup de chevaux quand ils vont dans l'Inde pour trafiquer. Le roi d'Aden exige de ces marchands qui passent par son pays et emportent des parfums et autres marchandises, un très fort droit, ce qui lui rapporte un grand profit. Lorsque le sultan d'Égypte, en l'an 1200, assiégeait Acre pour la reprendre aux chrétiens, le sultan d'Aden lui envoya trente mille cavaliers et quarante chameaux. Ce n'est pas qu'il fût aise qu'il réussît dans son entreprise, mais parce qu'il souhaitait la destruction des chrétiens. A quarante milles du port d'Aden, en allant vers le septentrion, on trouve la ville d'Escier[2], qui a sous sa dépendance plusieurs autres villes et châteaux et qui appartiennent tous au roi d'Aden. Il y a aussi près de cette ville un très bon port, d'où l'on transporte un nombre infini de chevaux dans l'Inde. Ce pays abonde en encens blanc qui est très bon, qui découle de certains petits arbres peu différents des sapins. Les habitants font des ouvertures dans l'écorce de ces arbres pour en tirer l'encens, et, malgré la chaleur qui est fort grande, il en coule beaucoup de liqueur. Il y a aussi en ce pays-là des dattiers et des palmiers ; mais il n'y a point de grains, si ce n'est un peu de riz ; il y a, en récompense, de très bons poissons, surtout des thons, qui passent pour excellents. Ils n'ont point de vin, mais ils font une bonne boisson avec du riz, des dattes et du sucre. Les moutons que l'on trouve en ce pays-là sont petits et, n'ayant point du tout d'oreilles, ils ont seulement à la place deux petites cornes. Les chevaux, les bœufs, les chameaux et les moutons vivent de poissons : c'est leur manger ordinaire, vu qu'à cause de l'extrême

1. Ce passage indique bien que Marco Polo, par une erreur géographique très concevable, considère le territoire abyssinien comme se rattachant au continent asiatique, et par conséquent aux deux autres Indes.
2. Entre Aden et Oman. (P.)

chaleur il est impossible de trouver de l'herbe sur terre. Il se fait trois mois de l'année une pêche, où il se prend une si grande quantité de poisson qu'il est impossible de l'exprimer : ces mois sont mars, avril et mai. Ils sèchent ces poissons et les gardent; et ils en donnent toute l'année à leurs bêtes au lieu de pâturage. Ces animaux mangent plus volontiers de ces poissons secs que des poissons frais. Les habitants font aussi du biscuit de poisson sec, et voici comment : ils coupent le poisson fort menu et le réduisent en poudre, après quoi ils en font une pâte et la laissent sécher au soleil; et ils mangent, eux et leurs bêtes, de ce pain-là toute l'année.

Ici prend fin en réalité la relation régulière de Marco Polo; mais les divers manuscrits qui nous l'ont conservée, et qui jusque-là s'accordent comme disposition générale des matières, offrent une partie supplémentaire plus ou moins étendue, où sont rangés, sans qu'un même ordre y soit observé, des notes détachées, des récits épisodiques. Sans aucun doute, ces fragments émanent de la même main que le corps du livre. Son récit principal achevé, l'auteur a voulu y joindre maints souvenirs qui n'avaient pu y trouver place; mais les copistes sont venus qui ont fait, chacun à leur manière, un choix dans cet ensemble accessoire. Le texte que nous avons suivi a gardé quatre chapitres consacrés aux pays qui s'étendent entre les frontières septentrionales de la Chine et les régions polaires. Ces pays, qui forment ce qu'on appelle aujourd'hui la Russie d'Asie et qui restèrent absolument inconnus des Occidentaux jusqu'au siècle dernier, durent forcément de très longue date être, comme aujourd'hui, en relations fréquentes et suivies avec le grand empire qui les avoisine. Pendant son séjour au Cathay, Marco Polo fut donc à même de se renseigner très exactement sur ces contrées et sur leurs habitants. Nous en trouvons la preuve dans ces chapitres, que nous avons d'autant mieux cru devoir conserver que, contrôlés par les récits modernes, ils démontrent une fois de plus jusqu'à quel point sont dignes de crédit les assertions du célèbre Vénitien.

XLVII

D'un certain pays habité par les Tartares.

Jusqu'à présent j'ai parlé des pays orientaux qui sont du côté du midi ; je toucherai à présent en peu de mots quelques contrées situées au septentrion, ayant oublié d'en parler dans les autres livres. Dans les pays septentrionaux il y a beaucoup de Tartares qui ont un roi de la race des empereurs de cette nation ; ils gardent les mêmes coutumes et les mêmes manières de vivre que les anciens Tartares. Ils sont tous idolâtres, et ils adorent un certain dieu qu'ils appellent Natigai, et qu'ils croient maître souverain de la terre et de tout ce qu'elle produit. Ils font beaucoup d'images et de simulacres de ce dieu. Ils ne demeurent point dans les villes ni dans les villages, mais sur les montagnes et dans les campagnes de ce pays-là. Ils sont en grand nombre, ils n'ont point de blé, mais ils vivent de chair et de lait. Ils vivent ensemble en bonne intelligence et obéissent de bon gré à leur roi. Ils ont un nombre presque infini de chevaux, de chameaux, de bœufs, de moutons et d'autres bêtes à cornes. Ils ont aussi de très grands ours, de fort beaux renards, et l'on y trouve des ânes sauvages en grande quantité. Entre les petites bêtes, ils en ont une certaine espèce dont on tire de très belles peaux, appelées vulgairement zibelines. Il y a aussi plusieurs autres sortes d'animaux sauvages, dont ils tirent de la viande suffisamment pour se nourrir.

XLVIII

D'un autre pays presque inaccessible à cause des boues et des glaces.

Il y a encore d'autres pays dans cette partie du septentrion, mais plus avant que celui dont nous venons de parler, dont l'un est plein de montagnes et produit divers animaux, comme des ermelines (hermines), diverses sortes d'erculiens (écureuils), des renards noirs et d'autres, dont les habitants tirent de fort belles pelleteries, et que les marchands y vont acheter pour apporter en nos pays; mais les chevaux, les bœufs, les ânes, les chameaux et autres gros animaux pesants ne sauraient aller dans ces endroits-là, car c'est un pays plein de marais et d'étangs, à moins que ce soit en hiver lorsque tout est gelé. Car dans d'autres temps, quoiqu'il y ait toujours de la glace et qu'il y fasse un fort grand froid, la glace n'est cependant pas assez forte pour porter un chariot ou des bêtes pesantes, puisque les hommes ont bien de la peine à marcher sur cette terre, tant c'est fangeux et marécageux. Ce pays peut avoir vers le septentrion treize journées d'étendue, et c'est là que les habitants ont de ces animaux qui donnent ces belles pelleteries, dont ils tirent un gain considérable. Car il vient là des marchands de toutes sortes de pays pour acheter de ces pelisses, et qui en emportent tous les ans une grande quantité. Voici comment ces marchands sont introduits dans ce pays-là : ils ont des chiens accoutumés à tirer des carrosses (traîneaux); ces voitures n'ont pas de roues, et sont faites de bois fort léger et fort uni; deux hommes peuvent tenir dans ces traîneaux, sans crainte de renverser dans la boue, parce qu'ils sont fort larges d'assiette. Quand il vient donc quelque marchand, il se sert d'une pareille voiture, à laquelle on attache six de ces chiens d'une certaine manière, et en quelque endroit que les conduise le conducteur, qui est assis dans le traîneau avec le marchand, ils traînent ce petit engin au travers de l'eau et de la boue, sans aucune résistance. Et comme ils ne pourraient supporter ce travail plus d'un jour, à la fin de la journée on les détache et on en reprend d'autres, y ayant dans ce pays-là beaucoup de villages qui nourrissent de ces chiens exprès pour cet usage, et de cette manière un marchand peut aller jusqu'au fond de ces pays-là. Ces traîneaux ne sauraient porter de lourds fardeaux, les chiens ne pouvant pas traîner plus que le marchand, le voiturier et un paquet de peaux. Le marchand est donc obligé de changer de pareille voiture tous les jours, jusqu'à ce qu'il soit arrivé dans les montagnes où l'on vend de ces pelisses.

XLIX

Du pays des Ténèbres.

Il y a encore un autre pays bien plus avant dans le septentrion que ceux dont nous venons de parler, car c'est tout à fait à l'extrémité. On appelle ce pays-là Ténébreux, parce que le soleil n'y paraît pas pendant une grande partie de l'année[1], de sorte que les ténèbres n'y règnent pas seulement pendant la nuit, mais aussi pendant le jour. Il ne paraît qu'un faible crépuscule fort obscur; les hommes de ce pays-là sont beaux, grands, de bonne corpulence, mais pâles de couleur. Ils n'ont ni roi ni prince, vivent en bêtes et font tout ce qui leur plaît, sans s'embarrasser de civilité ni d'humanité. Les Tartares, qui sont voisins de cette nation, font souvent des courses dans ce pays Ténébreux, leur enlèvent leurs bêtes et tout ce qu'ils rencontrent, et leur causent bien d'autres dommages. Et comme ces brigands sont en fort grands dangers dans leur irruption, à cause de la nuit, qui tombe incon-

---

1. On sait que les régions boréales ont chaque année en hiver une nuit de plusieurs mois et en été un jour de même durée.

tinent et qui pourrait les surprendre, voici la ruse dont ils se servent pour l'éviter. Quand ils sont résolus à faire quelqu'une de ces courses, ils amènent avec eux des cavales avec leurs poulains, qu'ils laissent à l'entrée du pays avec des gardes, ne menant avec eux que les cavales. Et quand ils reviennent avec leur butin et que la nuit les surprend, alors, par le moyen de leurs cavales, qui s'empressent de retourner à leurs poulains, ils retrouvent leur chemin sans aucune difficulté. Car ils lâchent dans ce temps-là la bride à leurs cavales et les laissent aller à leur volonté. En quoi je trouve qu'ils ont raison de leur faire cette gracieuseté, vu le service considérable qu'elles leur rendent. Car la nature les porte tout droit à l'endroit où sont leurs poulains, et par ce moyen les hommes retrouvent leur chemin, qu'ils n'auraient pu trouver sans l'assistance de ces bêtes. Les habitants de ce pays-là ont aussi diverses sortes d'animaux dont ils tirent de précieuses pelisses, qu'ils portent dans les autres pays et dont ils tirent un grand profit.

L

De la province de Rutheni.

Les Ruthéniens (ou Russes, Russiens) occupent une très grande province, qui s'étend presque jusqu'au pôle arctique. Ils sont chrétiens selon les rites des Grecs ; ils sont blancs et beaux, tant les hommes que les femmes ; ils ont les cheveux plats. Ils payent tribut au roi des Tartares, auxquels ils sont voisins du côté de l'orient. Il y a aussi chez eux une grande quantité de pelleteries précieuses, et ils ont beaucoup de mines d'argent ; mais le pays est très froid, parce qu'il s'étend du côté de la mer Glaciale. Il y a cependant quelques îles dans cette mer où l'on trouve des gerfauts et des faucons en abondance, que l'on transporte en différentes parties du monde...

FIN

TABLE DES MATIÈRES

Avant-Propos. 5

VOYAGE DE GUILLAUME DE RUBRUQUIS

I. — Notre départ de Constantinople, et notre arrivée à Soldaïa, première ville des Tartares. 23
II. — De la demeure des Tartares. 28
III. — De leurs lits, de leurs idoles et cérémonies avant de boire. 30
IV. — De leur boisson et de quelle manière ils invitent et excitent les autres à boire. 31
V. — De leur nourriture et manière de manger. 32
VI. — Comme ils font leur boisson de koumis. 33
VII. — Des animaux dont ils se nourrissent, de leurs habillements et de leurs chasses. 35
VIII. — De la façon dont les hommes se rasent et des ornements des femmes. 37
IX. — Des ouvrages des femmes et de leurs mariages. . . 38
X. — De leur justice, jugements, de leurs mort et sépultures. 40
XI. — De notre entrée sur les terres des Tartares. 42
XII. — De la cour de Scacatay; difficulté que les chrétiens font de boire du koumis. 44
XIII. — Comme les Alains vinrent devers nous la veille de la Pentecôte. 46
XIV. — D'un Sarrasin qui disait se vouloir faire baptiser et de certains hommes qui semblent être lépreux. . . 47
XV. — Des souffrances et incommodités que les nôtres endurèrent en ce voyage et de la sépulture des Comans. . 49

XVI. — Du pays où était Sartach et des peuples qui lui obéissent.............................. 52
XVII. — De la cour de Sartach et de sa magnificence... 53
XVIII. — Comment nous reçûmes commandement d'aller trouver Baatu, père de Sartach 57
XIX. — L'honneur que Sartach, Mangu-Khan et Ken-Khan font aux chrétiens ; l'origine de Cingis et des Tartares.. 59
XX. — De Sartach, des Russiens, Hongrois et Alains et de la mer Caspienne....................... 61
XXI. — De la cour de Baatu et comment il nous reçut.. 63
XXII. — De notre voyage à la cour de Mangu-Khan... 67
XXIII. — Du fleuve Jagag et de divers pays et nations de ce côté-là.................................. 70
XXIV. — De la faim, de la soif et des autres misères que nous souffrîmes en ce voyage............... 71
XXV. — De la mort de Ban et de l'habitation des Allemands en ces pays-là.............................. 73
XXVI. — Du mélange des nestoriens, sarrasins et idolâtres. 75
XXVII. — De leurs temples et idoles et comment ils se comportent au service de leurs dieux 76
XXVIII. — Des diverses nations de ces endroits-là, et de ceux qui avaient la coutume de manger leur père et leur mère............................... 78
XXIX. — De ce qui nous arriva en allant au pays des Naymans................................. 81
XXX. — Du pays des Naymans ; de la mort de Ken-Khan, de sa femme et de son fils aîné............... 82
XXXI. — De notre arrivée à la cour de Mangu-Khan... 84
XXXII. — D'une chapelle chrétienne, et de la rencontre d'un faux moine nestorien nommé Sergius...... 86
XXXIII. — Description du lieu de l'audience et ce qui s'y passa................................... 90
XXXIV. — D'une femme de Lorraine et d'un orfèvre parisien, que nous trouvâmes en ce pays-là......... 94
XXXV. — De Théodolus, clerc d'Acre, et autres...... 96
XXXVI. — De la fête de Mangu-Khan, et comment sa principale femme et son fils aîné se trouvèrent aux cérémonies des nestoriens......................... 98
XXXVII. — Du jeûne des nestoriens, d'une procession

que nous fîmes au palais de Mangu et de plusieurs visites.. 102
XXXVIII. — Comment la dame Cotta fut guérie par le faux moine Sergius. 104
XXXIX. — Description des pays qui sont aux environs de la cour du Khan ; des mœurs, monnaies et écriture. . . . 107
XL. — Du second jeûne des peuples d'Orient en carême. . 110
XLI. — De l'ouvrage de Guillaume l'orfèvre, et du palais du Khan à Caracorum. 112
XLII. — Célébration de la fête de Pâques. 116
XLIII. — De la maladie de Guillaume l'orfèvre, et du prêtre Jonas. 117
XLIV. — Description de la ville de Caracorum, et comment Mangu-Khan envoya ses frères contre diverses nations. 119
XLV. — Comment ils furent examinés plusieurs fois, et de leurs conférences et disputes avec les idolâtres. . . . 123
XLVI. — Comme ils furent appelés devant le Khan à la Pentecôte ; de la profession de foi des Tartares, et comme il fut parlé de leur retour. 126
XLVII. — Des sorciers et devins qui sont parmi les Tartares. 130
XLVIII. — D'une grande fête, et des lettres que le Khan envoya au roi de France saint Louis. 135
XLIX. — Comme ils partirent de Caracorum pour aller vers Baatu, et de là à la ville de Saray 140

VOYAGE DE MARCO POLO

LIVRE PREMIER

I. — Comment Nicolas et Marco Polo s'en allèrent en Orient. 147
II. — Comment ils allèrent à la cour du grand roi des Tartares 148
III. — Avec quelle bonté ils furent reçus du Grand Khan . . 149
IV. — Ils sont envoyés au pontife de Rome par le Grand Khan. 150
V. — Ils attendent l'élection d'un nouveau pontife. 151
VI. — Ils retournent vers le roi des Tartares 152
VII. — Comment les Vénitiens sont reçus par l'empereur des Tartares. 153

TABLE DES MATIÈRES

VIII. — Comment Marco Polo, se rendit agréable au Grand Khan. 153

IX. — Après plusieurs années passées à la cour du Grand Khan, ils obtiennent de retourner à Venise 154

X. — Leur retour à Venise. 155

XI. — De l'Arménie Mineure. 156

XII. — De la province de Turquie 157

XIII. — De l'Arménie Majeure 157

XIV. — De la province de Géorgie 158

XV. — Du royaume de Mosul 159

XVI. — De la ville de Baldachi. 160

XVII. — De la ville de Taurisium. 161

XVIII. — De quelle manière une certaine montagne fut transportée hors de sa place 161

XIX. — Du pays des Perses. 162

XX. — De la ville de Jasdi. 163

XXI. — De la ville de Kerman. 163

XXII. — De la ville de Camandu et du pays de Reobarle . . 164

XXIII. — De la ville de Cormos 165

XXIV. — Du pays qui est entre les villes de Cormos et de Kerman. 167

XXV. — Du pays qui est entre Kerman et la ville de Cobinam. 168

XXVI. — De la ville de Cobinam. 168

XXVII. — Du royaume de Trimochaim et de l'arbre du soleil, appelé par les Latins « l'arbre sec ». 169

XXVIII. — D'un certain fameux tyran et de ses affaires . . 170

XXIX. — Comment le susdit tyran fut tué 172

XXX. — De la ville de Chebourkan. 172

XXXI. — De la ville de Balac 173

XXXII. — Du royaume de Taican 173

XXXIII. — De la ville de Cassem. 174

XXXIV. — De la province de Balascia. 175

XXXV. — De la province de Bascia. 176

XXXVI. — De la province de Chesimur 176

XXXVII. — De la province de Vocam et de ses hautes montagnes 177

XXXVIII. — De la province de Cassar 178

XXXIX. — De la ville de Samarcham. 179

XL. — De la province de Yarchan. 180

TABLE DES MATIÈRES

XLI. — De la province de Cotam.	180
XLII. — De la province de Peim.	181
XLIII. — De la province de Ciartiam.	181
XLIV. — De la ville de Lop et d'un fort grand désert.	182
XLV. — De la ville de Sachion et de la coutume qu'on observe de brûler les corps morts.	183
XLVI. — De la province de Camul.	185
XLVII. — De la province Chinchinthalas.	186
XLVIII. — De la province de Suchur.	187
XLIX. — De la ville de Campition.	187
L. — De la ville d'Ézina et d'un autre grand désert.	188
LI. — De la ville de Caracorum et de l'origine de la puissance des Tartares.	189
LII. — Les Tartares élisent un roi d'entre eux, lequel fait la guerre au roi Uncham.	190
LIII. — Le roi Uncham est vaincu par les Tartares.	191
LIV. — Suite des rois tartares et de leur sépulture sur la montagne d'Altaï.	192
LV. — Des mœurs et coutumes les plus générales des Tartares.	193
LVI. — Des armes et des vêtements des Tartares.	194
LVII. — Du manger des Tartares.	194
LVIII. — De l'idolâtrie et des erreurs des Tartares.	195
LIX. — De la valeur et de l'industrie des Tartares.	196
LX. — De la justice et des jugements des Tartares.	196
LXI. — Des campagnes de Bargu et des îles qui sont à l'extrémité du septentrion.	197
LXII. — Du pays d'Erigimul et de la ville de Singui	198
LXIII. — De la province d'Egrigaia.	199
LXIV. — De la province de Teuduch, de Gog et Magog, et de la ville des Cianiganiens.	200
LXV. — De la ville de Ciandu et de son bois, et de quelques fêtes des Tartares.	201
LXVI. — De quelques moines idolâtres.	204

LIVRE II

I. — De la puissance et de la magnificence de Koubilaï, très grand roi des Tartares.	205

TABLE DES MATIÈRES

II. — De quelle manière le roi Koubilaï a souffert la rébellion de son oncle Naiam. 206
III. — De quelle manière Koubilaï se précautionna contre ses ennemis. 206
IV. — De quelle manière Koubilaï vainquit Naiam. 207
V. — De quelle manière mourut Naiam. 208
VI. — Koubilaï impose silence aux juifs et aux mahométans. 209
VII. — De quelle manière le Grand Khan récompensa ses soldats. 210
VIII. — Portrait du roi Koubilaï, de ses femmes et de ses fils. 211
IX. — De son palais dans la ville de Cambalu, et de sa belle situation. 212
X. — Description de la ville de Cambalu. 214
XI. — Des faubourgs et des marchands de la ville de Cambalu. 215
XII. — Le Grand Khan a une fort nombreuse garde. ... 215
XIII. — Du magnifique appareil de ses festins. 216
XIV. — Comment on célèbre le jour de naissance du roi. . 217
XV. — Du premier jour de l'an, jour solennel parmi les Tartares. 218
XVI. — Des bêtes sauvages que l'on envoie de tous côtés au Grand Khan. 220
XVII. — De quelle manière le Grand Khan fait prendre les bêtes sauvages à l'aide des bêtes apprivoisées. 220
XVIII. — De l'ordre observé quand le Grand Khan va à la chasse. 221
XIX. — De la chasse aux oiseaux par le Grand Khan. .. 222
XX. — Des tentes magnifiques du Grand Khan. 223
XXI. — De la monnaie du Grand Khan. 225
XXII. — Des douze gouverneurs des provinces et de leur office. 226
XXIII. — Des courriers et des messagers du Grand Khan, et des maisons qui leur sont destinées sur les routes. . 227
XXIV. — De la prévoyance de l'empereur pour les cas de cherté des vivres. 228
XXV. — De quelle boisson on use dans la province de Cathay, à la place du vin. 229
XXVI. — Des pierres qui brûlent comme le bois. 229

TABLE DES MATIÈRES

XXVII. — De la rivière de Pulisachniz et de son pont magnifique. 230
XXVIII. — Des lieux au delà de la rivière de Pulisachniz . 231
XXIX. — Du royaume de Tainfu 231
XXX. — Du château de Chincui, et de son roi pris par son ennemi 232
XXXI. — De la grande rivière appelée Caromoran, et du pays voisin. 233
XXXII. — De la ville de Quenquinafu 234
XXXIII. — De la province de Chunchi. 234
XXXIV. — De la ville d'Achalechmangi. 235
XXXV. — De la province de Sindinfu 235
XXXVI. — De la province de Tebeth. 236
XXXVII. — D'un autre pays de Tebeth. 237
XXXVIII. — De la province de Gaindu. 238
XXXIX. — De la province de Caraiam. 239
XL. — D'un pays situé dans la province de Caraiam, où il y a de très grands serpents. 240
XLI. — De la province d'Arciadam. 242
XLII. — Du grand combat entre les Tartares et le roi de Mien. 244
XLIII. — D'un certain pays sauvage. 246
XLIV. — De la ville de Mien et du tombeau du roi. . . . 246
XLV. — De la province de Bangala 247
XLVI. — De la province de Cangigu 248
XLVII. — De la province d'Amu. 248
XLVIII. — De la province de Tholoman. 249
XLIX. — De la province de Gingui 249
L. — Des villes de Cacausu, de Canglu et de Ciangli . . . 250
LI. — Des villes de Cudinfu et Singuimatu. 251
LII. — Du grand fleuve Caromoran et des villes Conigangui et Caigui 252
LIII. — De la province de Mangi, et de la piété et de la justice du roi. 253
LIV. — De quelle manière Baian, général de l'armée du Grand Khan, réduit la province de Mangi sous la puissance de son maître 254
LV. — De la ville de Conigangui 255
LVI. — Des villes de Panchi et de Chain. 256

LVII. — De la ville de Tingui 256
LVIII. — Comment la ville de Sianfu fut prise par machines 257
LIX. — De la ville de Singui et d'une grande rivière . . . 258
LX. — De la ville de Caigui. 259
LXI. — De la ville de Cingianfu 259
LXII. — De la ville de Cingingui, et du massacre de ses habitants. 260
LXIII. — De la ville de Singui. 261
LXIV. — De la noble ville de Quinsai. 261
LXV. — Des revenus que le Grand Khan tire de la province de Mangi 264
LXVI. — De la ville de Tampingui. 265
LXVII. — Du royaume de Fugui. 266
LXVIII. — Des villes de Quelinfu et Unquen. 267
LXIX. — De la ville de Fugui. 267
LXX. — Des villes de Zeiton et de Figui. 268

LIVRE III

I. — Quelles sortes de navires il y a dans l'Inde. 269
II. — De l'île de Zipangu. 269
III. — De quelle manière le Grand Khan envoie une armée pour s'emparer de l'île de Zipangu. 270
IV. — Les vaisseaux des Tartares se brisent et périssent. . 271
V. — De quelle manière les Tartares évitent le danger présent de la mort, et s'en retournent à l'île de Zipangu. . 272
VI. — De quelle manière les Tartares sont chassés à leur tour de la ville qu'ils avaient surprise. 272
VII. — De l'idolâtrie et de la cruauté des habitants de l'île de Zipangu. 273
VIII. — De la mer de Cim 274
IX. — De la province de Ciamba. 274
X. — De l'île de Java. 275
XI. — De la province de Soucat. 276
XII. — De l'île de Petan. 276
XIII. — De l'île qui est appelée la petite Java. 276
XIV. — Du royaume de Ferlech. 277
XV. — Du royaume de Basman. 277

XVI. — Du royaume de Samara.		278
XVII. — Du royaume de Dragoiam.		279
XVIII. — Du royaume de Lambri.		280
XIX. — Du royaume de Fansur.		280
XX. — De l'île de Necuram.		281
XXI. — De l'île d'Angania.		281
XXII. — De la grande de Seilam.		281
XXIII. — Du royaume de Maabar, qui est dans la grande Inde.		282
XXIV. — Du royaume de Lar et des diverses erreurs de ses habitants.		284
XXV. — De plusieurs différentes coutumes du royaume de Lar.		286
XXVI. — De quelques autres circonstances de ce pays-là.		286
XXVII. — De la ville où est enterré le corps de saint Thomas.		287
XXVIII. — De l'idolâtrie des païens de ce royaume-là.		288
XXIX. — Du royaume de Mursili, où l'on trouve les diamants.		288
XXX. — Du royaume de Laë		289
XXXI. — Du royaume de Coilum.		290
XXXII. — De la province de Comar.		291
XXXIII. — Du royaume d'Eli.		291
XXXIV. — Du royaume de Melibar		292
XXXV. — Du royaume de Gozuràth.		293
XXXVI. — Des royaumes de Tana, de Cambaeth, et de quelques autres		293
XXXVII. — Des deux îles où les hommes et les femmes vivent séparément		294
XXXVIII. — De l'île de Scoira		295
XXXIX. — De la grande île de Madaigascar.		295
XL. — D'un très grand oiseau nommé ruc.		296
XLI. — De l'île de Zanzibar.		297
XLII. — De la multitude des îles qui sont dans l'Inde.		298
XLIII. — De la province d'Abasia.		298
XLIV. — D'un certain homme qui fut maltraité par ordre du sultan.		299
XLV. — Quelles sortes de différentes bêtes on trouve dans la province d'Abasia.		301

XLVI. — De la province d'Aden	301
XLVII. — D'un certain pays habité par les Tartares	304
XLVIII. — D'un autre pays presque inaccessible à cause des boues et des glaces	305
XLIX. — Du pays des Ténèbres	307
L. — De la province de Rutheni	308